日本文明論

―日本人に訴える、もっと自信と誇りを―

高木　勲

目次

序論

（一）人間の根源的願望＝「不老不死」

人間の根源的な願望は「不老不死」だろう。中国を統一した最初の皇帝、始皇帝（紀元前二五九～紀元前二一〇年）は方士の徐福の提言を入れ、三〇〇〇人の童男童女と技術者と共に徐福を東方海上の島国に派遣、不老不死の仙薬を探させたという。その島国は日本と云われ、徐福等はそのまま居付き、その子孫が秦氏を名乗り、日本国、第八十代首相、羽田孜（はたつとむ）はその子孫で、徐福出航地の一つと云われる中国浙江省慈渓市の徐福小学校の校名揮毫は羽田孜（日本徐福会名誉会長）が行ったと云う。

「不老不死」の仙薬の有無は別として、今や日本は世界一の「健康長寿」の国である。**世界保健機関**（**WHO**）が二〇一六年五月に発表した「世界保健統計」で、二〇一五年の日本人の平均寿命は八三・七歳、（女性は八六・八歳、男性は八〇・五歳）で**一九四ヵ国中**、**世界一**だった。

また、健康上支障なく日常を送れる期間を示す「健康寿命」も七四・九歳と**世界一**であった。

人間の等しく願望する「不老不死」、その現実的な目標である「健康長寿」のレベルは、国として見た時、その国の進化到達度云わば文明レベルを表す最も分かり易い端的な指標と云えよう。

人口一億二七〇〇万人（二〇一五年十月現在。世界一〇位）を擁する現代の日本社会は世界最高レベルの文明社会と云える。

順位	国名	平均寿命男女（歳）[2015年]	順位	国名	平均寿命男性（歳）[2015年]	順位	国名	平均寿命女性（歳）[2015年]
1	日本	83.7	1	スイス	81.3	1	日本	86.8
2	スイス	83.4	2	アイスランド	81.2	2	シンガポール	86.1
3	シンガポール	83.1	3	オーストラリア	80.9	3	韓国	85.5
4	オーストラリア	82.8	4	スウェーデン	80.7	3	スペイン	85.5
4	スペイン	82.8	5	イスラエル	80.6	5	フランス	85.4
6	アイスランド	82.7	6	イタリア	80.5	6	スイス	85.3
6	イタリア	82.7	6	日本	80.5	7	オーストラリア	84.8
8	イスラエル	82.5	8	カナダ	80.2	7	イタリア	84.8
9	フランス	82.4	9	スペイン	80.1	9	イスラエル	84.3
9	スウェーデン	82.4	10	オランダ	80	10	カナダ	84.1

（1）平均寿命ベスト10（2015年）WHO

順位	国名	平均寿命 男女平均(歳) [2015年]
1	日本	74.9
2	シンガポール	73.9
3	韓国	73.2
4	スイス	73.1
5	イスラエル	72.8
5	イタリア	72.8
7	アイスランド	72.7
8	フランス	72.6
9	スペイン	72.4

（2）健康寿命ベスト10（2015年）WHO

	平均寿命	健康寿命	差
日　本	83.7	74.9	8.8
ドイツ	81.0	71.3	9.7
フランス	82.4	72.6	9.8
イギリス	81.2	71.4	9.8
イタリア	82.7	72.8	9.9
カナダ	82.2	72.3	9.9
アメリカ	79.3	69.1	10.2

（3）先進7か国（G7）

（WHO：「World Health Statistics 2016」より）

（二）真の豊かさ＝包括国富

十三世紀後半、中東、アジア諸国を歴訪、「東方見聞録」を公にしたマルコ・ポーロ（西暦一二五四～一三二四年）は、中国の東方海上にある「黄金の国ジパング」を「莫大な金を産出し、宮殿や民家は黄金でできている」と報じ、後のコロンブス、コルテス、マゼランらを初めヨーロッパ諸国による所謂「大航海時代」「植民地獲得時代」招来の一契機となった。

「黄金の国ジパング」の二十一世紀の現況は如何なのか、ＧＤＰに代わる指標として国連の開発した最新の指標＝総合的な豊かさ・包括国富ＩＷＩ（ｉｎｃｌｕｓｉｖｅ　ｗｅａｌｔｈ　ｉｎｄｉｃａｔｅ）で検討したい。―国連「総合的な富裕度報告書２０１２」

（１）新指標開発の経緯

二〇〇七年六月「イースタンブル宣言」

国連、国連開発計画、経済協力開発機構（ＯＥＣＤ）、欧州委員会、イスラム諸国会議機構、世界銀行の六団体が主催、採択されたのが「イースタンブル宣言」で、「伝統的な経済指標である一人当たりＧＤＰを超える社会進歩の測定方法＝統計的指標を開発する事を要請する」と宣言した。

GDP指標はユダヤ系ロシア人のサイモン・クズネッツ教授（一九七一年ノーベル経済学賞受賞）が発明。一九三四年アメリカで採用。同氏によれば「GDPで国民の幸せは計れない、何故なら国の軍事力算定が目的だから」と述べている。

二〇〇八年二月、フランスのサルコジ大統領が米コロンビア大学のスティグリッツ教授にGDPに代わる新指標開発を要請、二〇〇九年九月、同教授は新指標の在り方を論じた報告書を発表。

二〇一一年四月、国連総会にて「国連統計局にGDPを超える新指標と新統計の開発を要求する」決議を満場一致で採択。決議を受けて潘基文国連事務総長はケンブリッジ大学のダスグプタ教授に研究チームの編成、新指標の開発を委嘱。

二〇一二年六月、ダスグプタ・チームは「総合的な富裕度報告書」を発表した。

(2)「総合的な富裕度（ｉｎｃｌｕｓｉｖｅ　ｗｅａｌｔｈ）**報告の内容。**

従来のGDP概念が一定期間の流量（ｆｌｏｗ）を表したのに対し、新指標は現在残高（ｓｔｏｃｋ）を表す。企業会計の損益計算書に対し、貸借対照表に当たる。また測定目的はGDPがある期間の国の経済規模測定であるのに対し、新指標は個人の持続可能な福利厚生度（幸福度）測定を目指す。

測定対象はGDPが国内総生産＝個人消費＋設備投資＋政府支出＋輸出－輸入であるのに対し、新指標は福利厚生度に資する資本として人的資本、生産した資本、相互信頼度を表す社会関係資本、天然資本の四資本を挙げ、その内、未だ測定困難な社会関係資本（スティグリッツ報告で重視しているが）を除き三資本を測定合算した。

1、人的資本＝（教育年数＋訓練年数）×教育を受けた人数×平均賃金の現在価値
2、生産した資本＝過去に投資した企業設備や道路、港湾などの資本設備の現在価値
3、天然資本＝鉱物資源、水田、牧草地、植林した森林等の現在価値。

他に、ダスグプタ・チームは健康資本と云う新たな概念を打ち出した。その計算方法は、その国の一人一人の平均余命に平均賃金を掛け今後の賃金獲得可能額を算出。それを一定の利子率で割り引いた現在価値を健康資本額とした。

（3）調査対象及び対象期間

今回調査対象とした二〇ヵ国は、アジア、欧州、アメリカ大陸、アフリカ、大洋州より

選び、世界の人口の五六％、ＧＤＰの七二％を擁する。報告書ではそれぞれの国の一九九〇～二〇〇八年の十八年間のパフォーマンスをＩＷＩ＝包括富裕度指標（二〇〇〇年米ドル基準換算）で評価した。

（４）計算結果

目的とした一人当たりＧＤＰ指標を超える総合的豊かさ＝個人の持続可能な福利厚生度の指標は別表の通りで日本が第一位となった。

以下二位アメリカ、三位カナダ、四位ノルウェー、五位オーストラリア、六位ドイツ、七位英国、八位フランス、九位サウジアラビア、一〇位ベネズエラ、一一位ロシア、一二位チリ、一三位ブラジル、一四位南アフリカ、一五位コロンビア、一六位エクアドル、一七位中国、一八位ナイジェリア、一九位インド、二〇位ケニアとなった。

日本は生産した資本及び人的資本で一位、天然資本で一三位、三者総合して一位となった。即ち経済が高い生産性を保持するに必要な企業設備や道路港湾等の基幹設備の水準（日本一二万ドル、米国七万ドル）と国民の教育水準や業務遂行能力である人的資本の水準（日本三一万ドル、米国二九万ドル）が他のいかなる国よりも高く評価された。

また一九九〇～二〇〇八年の十八年間で日本は植林等により天然資本の増えた唯一の国で一九九〇年の五五一六億ドルから二〇〇八年には六一七五億ドルと天然資本総額が増

加、天然資本の持続可能性を明示した。（日本の森林比率六八・五％―二〇一四年―は世界有数。更に二〇〇六年一月打ち上げの日本の地球観測技術衛星だいち1号がブラジルのアマゾン熱帯雨林違法伐採防止の監視等に大きく貢献。他方二〇〇四年、ノーベル平和賞を受賞した植林活動家アフリカ・ケニア出身のワンガリ・マータイ女史はReduce（削減）、Reuse（再利用）、Recycle（再資源化）に資源に対するRespect（尊敬）の念が込められている唯、一語句の日本語の「もったいない」「MOTTAINAI」に感動、世界的に持続可能な循環型社会の構築を目指す「MOTTAINAI」運動を展開した。「もったいない」は自然への畏怖、他との共生を願う日本文明の特徴をよく表している。

なお参考数値としての健康資本額ではノルウェーが一位、日本は二位で、理由は平均余命、平均賃金共に両国はトップレベルにあるが、ノルウェー側が積極的な移民（若い）受け入れ政策を採った結果（ノルウェーの二〇一〇年の人口四七〇万人の内一二％、五一万人が二〇〇〇年～二〇一〇年の十年間の受け入れ移民。移民は若年層が多く平均余命押し上げ）による。

更に今回、極めて枢要ではあるが計算困難であるとして計算対象外とされた社会関係資本（個人の公的私的組織との信頼度）は一国一文明の同一民族国家の日本が世界のトップレベルであることは確実で、まさに日本はこれ等を含めた総合的豊かさにおいて世界のトップレベルに位置する。

（別表）

一人当たりの総合的な豊かさ　1～20位

順　位	総合的豊かさ	生産した資本	人的資本	天然資本	健康資本	国全体の順位
1 日　本	435,466	118,193 (1)	312,394 (1)	4,879 (13)	6,557,727 (2)	2
2 米　国	386,351	73,243 (3)	291,397 (2)	21,711 (7)	6,346,200 (3)	1
3 カナダ	331,919	56,520 (6)	171,960 (5)	103,439 (1)	5,047,126 (5)	7
4 ノルウェー	327,621	90,274 (2)	201,361 (3)	35,986 (6)	6,793,765 (1)	15
5 オーストラリア	283,810	66,970 (4)	132,376 (8)	84,463 (3)	4,930,699 (7)	11
6 ドイツ	236,115	59,513 (5)	161,914 (6)	14,688 (8)	4,989,385 (6)	4
7 英　国	219,089	24,386 (8)	192,953 (4)	1,751 (18)	5,478,969 (4)	5
8 フランス	208,623	51,774 (7)	154,190 (7)	2,658 (17)	4,873,159 (8)	6
9 サウジアラビア	189,043	19,468 (9)	66,370 (9)	103,204 (2)	2,703,146 (9)	12
10 ベネズエラ	110,264	14,121 (10)	55,851 (10)	40,292 (5)	2,046,362 (11)	13
11 ロシア	72,137	9,328 (12)	14,916 (15)	47,893 (4)	1,413,368 (15)	8
12 チリ	60,649	13,003 (11)	35,092 (11)	12,555 (9)	2,126,500 (10)	17
13 ブラジル	38,706	7,644 (13)	23,804 (12)	7,258 (12)	1,765,475 (12)	9
14 南アフリカ	37,431	6,515 (14)	21,147 (13)	9,768 (10)	1,482,141 (13)	14
15 コロンビア	26,779	6,377 (15)	11,051 (16)	9,351 (11)	1,441,128 (14)	16
16 エクアドル	25,613	4,298 (17)	16,639 (14)	4,675 (14)	990,480 (17)	19
17 中　国	15,027	4,637 (16)	6,571 (17)	3,819 (16)	1,088,892 (16)	3
18 ナイジェリア	5,924	388 (20)	1,474 (20)	4,062 (15)	567,125 (19)	18
19 インド	5,176	1,458 (18)	2,388 (18)	1,330 (19)	588,921 (18)	10
20 ケニア	3,194	793 (19)	1,707 (19)	694 (20)	475,024 (20)	20

豊かさの計測に用いた主要な変数

⑴人的資本／①年齢別および性別人口　②年齢別および性別死亡率　③金利　④雇用　⑤教育実績　⑥賃金　⑦年齢別および性別労働力人口

⑵生産した資本／①投資額　②減価償却率　③資産の寿命　④産出高伸び率　⑤人口　⑥生産性

⑶天然資本（化石燃料・鉱物資源・森林資源・農業用地・漁業）

⑷健康資本／①年齢ごとの人口　②年齢別死亡率　③統計上の寿命　④金利

総合的な豊かさ指数に関わるもの／①全要素生産性　②炭素排出による被害　③石油の資本利得

（注）2008年数値 2000年米ドル価格表示。（　）内は順位。

（出典）国連「総合的な富裕度報告書2012」をもとに著者作成。

（福島清彦論文「衝撃の国連レポート…世界一豊かな日本」より。『21世紀の日本最強論』2015年9月、文藝春秋刊）

更に注目すべきは対象となった西暦二〇〇八年は日本の人口数が最高の一億二八〇〇万人となった年であり、以降日本は総人口減少傾向に入っている。

従って総人口数で割った一人当たり包括国富は高値を追う傾向となる。

一国一文明の日本にとって、人口減少問題は極めて重要な問題であり、地球、人類の存亡危機の世紀と云われる二十一世紀において、日本文明の意義・役割も踏まえて対応策を講ずる必要がある。

できれば西暦二一〇〇年の日本人口規模は国立社会保障・人口問題研究所の中位集計の五〇〇〇万人ではなく、国連推計の八〇〇〇万人（現在のドイツ規模）を確保すべきと考える。

他方、西暦二〇〇〇年米ドル（包括国富計算の基準値）は一〇七・七七円、二〇一六年年間平均米ドルは一〇八・一五円、二〇一八年は一一〇・四円でほぼ同水準。

ただ今後、日本経済の実力からして二〇一〇年の年間平均八七・七八円、二〇一一年の年間平均七九・八〇円、二〇一二年の年間平均七九・七九円までは別として、基本的には円高傾向と思われ、先述した人口漸減傾向と併せ、中期的には日本の一人当たり包括国富は世界最高レベルを維持すると思われる。

またフランスの経済学者トマ・ピケティのベストセラー『二十一世紀の資本』で注目され

ている経済格差問題について、その国の富の格差を示すジニ係数（〇が完全平等で一が完全不平等、〇・四が警戒ライン、〇・六が暴動危機ライン）で日本は〇・三三六で米国の〇・三八九、英国の〇・三四四より格差の少ない社会と云える。（ＯＥＣＤの二〇一五年資料）。

なおこの国連包括国富統計は二年毎に見直されることとなっており、二〇一四年の一人当たり包括国富は対象国を一四〇ヵ国に拡大、対象年次を一九九〇年～二〇一〇年と二〇年に増やし、また算式を一部変更し、1位は人口三三万人のアイスランドとなり、日本は一五位との事、明細不詳だが、主要国ではトップレベルと思われる。（参考までに二〇一五年の一人当たりＧＤＰではルクセンブルクが一位、四位マカオ、五位カタール、六位アイルランド、八位シンガポール、一一位アイスランド、一三位サンマリノと日本は二六位―世界一八八ヵ国）。

こうしてユーラシア大陸東端の島国・日本は、二十一世紀初頭において、人間の本源的な欲望である「不老不死」、その現実的な目標である「健康長寿」において「平均寿命」「健康寿命」共に世界一となった。

更に各国機関がＧＤＰに代わる指標として、等しく新開発を望み、これに応えて国連が初めて実施した総合的豊かさ＝個人の持続可能な福利厚生度（幸福度）の新指標において、

世界のトップレベルとなった。
東洋の一島国日本の世界に占めるこうした注目事項でのトップ・ランキングは、改めてその背景にある日本固有文明につき識者の注目を呼んでいる。

（参考）
下図の右欄、英国エコノミスト誌の一人当たり包括国富は日本一位、二位米国と続いている。但し左欄、総額の順位はカナダの次にロシア（八位）が入り、ベスト一〇よりオーストラリアが脱落する（一五頁表右端欄の順位参照）。また最下段出所の（Ｔｈｅ　ｒｅａｌ　ｗｅａｌｔｈ）の表現に注目される。

図表１　包括的資本の国際比較（左欄；総額順位、右欄；一人当り順位）

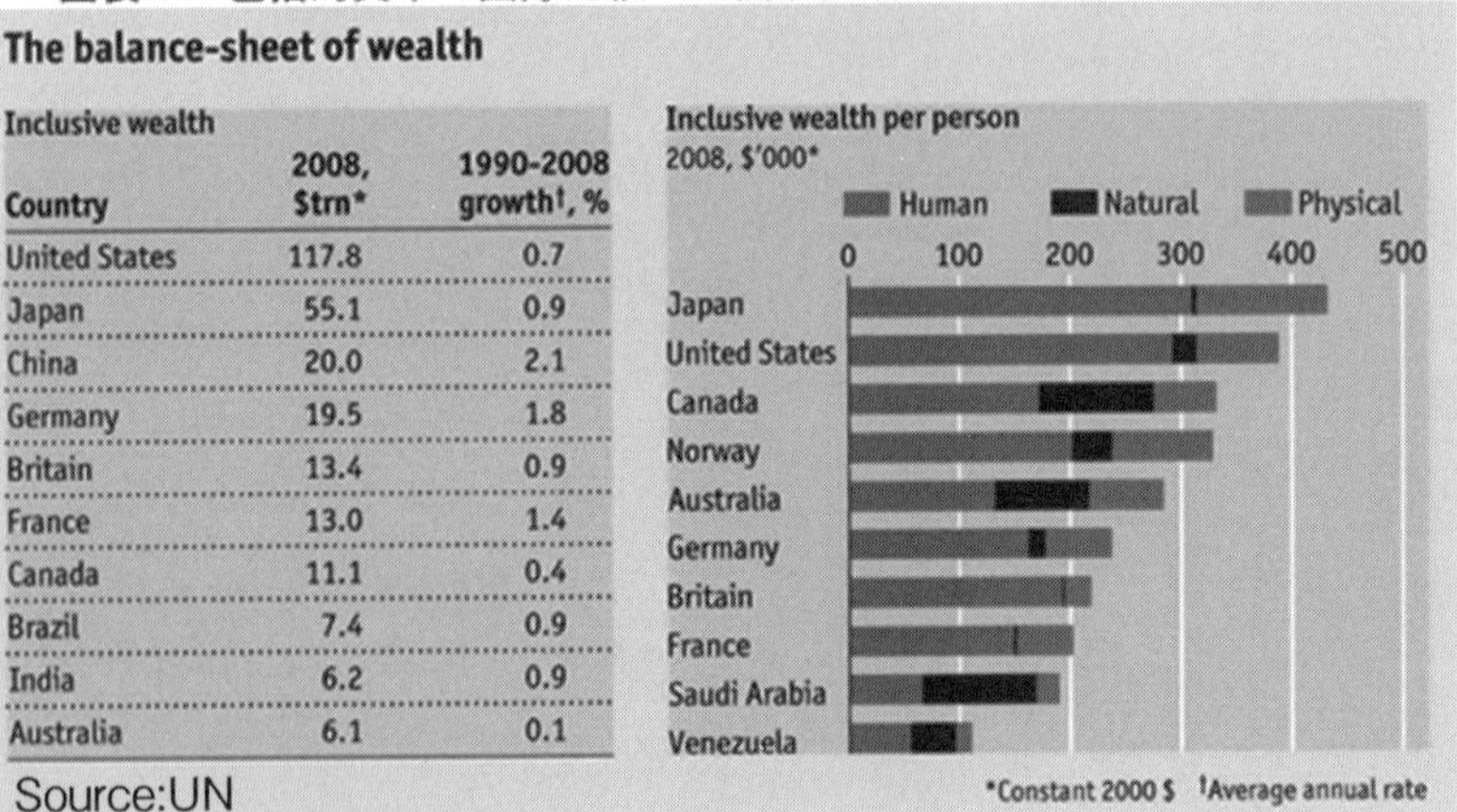

The balance-sheet of wealth

Inclusive wealth

Country	2008, $trn*	1990-2008 growth†, %
United States	117.8	0.7
Japan	55.1	0.9
China	20.0	2.1
Germany	19.5	1.8
Britain	13.4	0.9
France	13.0	1.4
Canada	11.1	0.4
Brazil	7.4	0.9
India	6.2	0.9
Australia	6.1	0.1

Source:UN

*Constant 2000 $　†Average annual rate

（英Economist誌、2012年6月30日付け"The real wealth of nations"）

第一部　日本文明論諸説、平行進化、特質、背景、示唆事例

第一章　日本文明論諸説

文明論序論で述べたように、こうして一国一文明の日本は、二十一世紀初頭（二〇一五年）において、人類の本源的な欲望である「不老不死」、その現実的な目標である「健康長寿」において「平均寿命」「健康寿命」共に世界一（一九四ヵ国中）となった。

更に各国機関がＧＤＰに代わる指標として、等しく新開発を望み、これに応えて国連が初めて実施した総合的豊かさ＝個人の持続可能な福利厚生度（幸福度）の新指標において、世界各地域代表二〇ヵ国中、米、独、英、仏等先進諸国を抑えてトップとなった。（国連―総合的な富裕度報告書二〇一二）。

東洋の一島国日本の快挙は改めて日本固有文明につき、心ある識者の注目を呼んでいる。それでは現代の文明論学者は日本文明について如何なる見方をしているのか、見てみよう。

梅棹忠夫（文化人類学者、生態学者、国立民族学博物館初代館長）氏は昭和三十二年（西暦一九五七年）一月「**文明の生態史観**」を発表（中央公論同年二月号）し、旧世界（アジア、ヨーロッパ、北アフリカ）を二つに分け、中緯度温帯にあり、乾燥地帯遊牧民の暴力から遠く、自成的遷移（内部からの変革）により、同似の封建時代を経てブルジョワジーを育成し、高度資本主義を確立した東端の日本と西端の西欧を第一地域とし、巨大な乾燥地帯を含むユーラシア大陸の残りの主要部を第二地域とし、そこでは中国、インド、ロシア、イスラムの四大ブロックがあり、他成的遷移（外部の影響で変革）で、専制政治による王権の興亡が繰り返され、資本主義は未成熟とした。（『文明の生態史観』一九九二年、中公叢書）。

奇しくも同年（西暦一九五七年）四月、**カール・アウグスト・ウイットホーゲル**（ユダヤ系ドイツ人、中国学者、米国に亡命）は、梅棹忠夫の「文明の生態史観」の発表直後に大著『**東洋的専制―全面的権力の比較研究**』を出版し、中国が春秋戦国時代から大規模な灌漑治水事業を始め、官僚的中央集権国家に移行、それ以降、封建制度を経験せず、ロシアはモンゴルの征服と「タタールのくびき」により、この中央集権制度が導入され定着した。

他方、ヨーロッパと日本において封建制が発展し、最後は多数中心型で私有財産に基礎を置いた工業社会が両地域にもたらされたと主張した。

日本の封建制について最初に指摘したのは「シーボルト事件」（文政十一年―西暦一八二八年）で有名なドイツ人蘭館医の**フォン・シーボルト**で、帰国後の大著『日本』で叙述した。

また**カール・マルクス**は『資本論』第一巻第七篇「資本の蓄積過程」第二十四章「所謂

本源的蓄積」第二節「農村民からの土地の収奪」の注記で「日本は、その土地所有の純封建的組織とその発達した小農民経営とによって、たいていはブルジョワ的先入見に囚われている我々の全ての歴史書よりもはるかに忠実なヨーロッパの中世像を示してくれる。」と江戸時代末期の日本の封建制を指摘している。

マルクスのこの指摘を引用しながら、新渡戸稲造は「西洋の歴史及び倫理の研究者が現代日本における武士道の研究にもっと意をはらうことをおすすめしたい」として封建時代日本の武士の精神基盤であり、現代の日本人の道徳基盤として生き続けている武士道を該博な知識で世界に紹介した英文の名著『武士道』を発表した。

何故に西欧と日本にのみ類似の典型的な封建制が自成的に、隔絶されたユーラシア大陸の両端に発達したのか。梅棹忠夫の云う中央乾燥地帯遊牧民の暴力から遠い地域であると共に、**E・O・ライシャワー**は土地所有法や租税法をもつ中央集権制と氏族制度（日本）や部族制（ドイツ）の適度の融合を挙げている。

そしてライシャワーは封建制が近代化を促進したとして専制制に比し、法律的な権利、義務が重視された点、商人や製造業者がより自由であった点を挙げている。

こうした多数中心的な封建制により、一元的な専制制度に比し、各所の競争が促進され、禁欲的な武士道（日本）や宗教倫理（西欧）の精神基盤と相まって、両地域に資本主義が開花したと云われる。

また、日系アメリカ人政治学者**フランシス・フクヤマ**は一九八九年に論文「歴史の終わり?」を発表、一九九二年、これを詳細に発展させた著作『**歴史の終わりと最後の人間**』（**The End of History and the Last Man**）を出版した。（『歴史の終わり』上巻・一九九二年四月、下巻・二〇〇五年六月、三笠書房刊）。

フクヤマは同著で男女平等の普通選挙制度で選ばれる民主政治体制が政治形態の最終であり、代替はなく永続し、よってこの時代を「歴史の終わり」と呼称した。この背景には世界を二分する軍事力を保有したソ連邦の崩壊と最終兵器である核兵器で武装をした民主政体国とその同盟国の存在と云う歴史事実がある。

更にフクヤマは国家行動を考える上では、宗教や文明の違いよりも、民主国家か全体主義国家かの違いで判断すべきとしている。

こうしたフクヤマの思想に呼応する形で、嘗てフクヤマをハーバード大学で指導した政治学者**サミュエル・P・ハンティントン**が一九九六年『**文明の衝突と世界秩序の再創造**』（**The Clash of Civilizations and the Remaking of World Order**）を発表した。（『文明の衝突』二〇〇〇年二月、集英社刊）。

ハンティントンは冷戦が終わった現代世界においては、文明と文明との衝突が対立の主要な軸であり、特に文明と文明が接する断層線（フォルト・ライン）での紛争が激化しやすいと指摘した。

そして対立の基礎となる文明の分類として著名な文明学者マシュー・メルコの「歴史的には少なくとも一二の文明が存在し、その内、七文明（メソポタミア、エジプト、クレタ、古代ギリシャ・ローマ、ビザンチン、中央アメリカ、アンデス）は最早存在せず、五文明（中国、日本、インド、イスラム、西欧）が存在する」との説を採り、この五大文明に新たにロシア正教会文明、ラテンアメリカ文明、アフリカ文明を加えることにより自説（文明の衝突）による今後の世界の展望ができるとした。

そして日本文明について、

「一部の学者は日本の文化と中国の文化を極東文明という見出しでひとくくりにしている。だがほとんどの学者はそうせずに、日本を固有の文明として認識し、中国文明から派生して西暦一〇〇年ないし四〇〇年の時期に現れたと見ている。」と述べている。

更にハンティントンは二〇〇一年九月十一日のアメリカ同時発生テロを受けて『**引き裂かれる世界**』（二〇〇二年十月、ダイヤモンド社刊）を発表、その中で「アラブの観点から見ると、日本は西欧ではなく、キリスト教でもなく、地域に近い帝国主義者でもないため、西欧に対するような悪感情がない。イスラムと非イスラムの対立の中では、結果として日本は独立した調停者としての役割を果たせるユニークな位置にある」とし「ひと言で言えば、世界は日本に文明の衝突を調停する大きな機会をもたらしているのだ。」と述べている。

なお、ハンティントンは『文明の衝突』の中で、自国が当事者となる国際紛争で暴力を行使する割合が高いイスラム教徒よりも更に高いのは断トツで中国だと過去の統計数字を挙げて指摘している。また北朝鮮の核について韓国人の多数は何れ韓国が引き継ぎ統一朝鮮として核保有国になると見ていると、日本に近接するアジア二国の注目すべき動向を指摘している。

台湾出身の社会評論家、**黄文雄**は『**森から生まれた日本の文明**』（二〇一〇年、ワック㈱刊）で、「日本の文明は森から生まれた共生の文明で和を根幹とし、中国の文明は土（黄土）から生まれた寄生の文明で争を根幹とする」と両者は基本的に異なるとしている。

中国内蒙古出身の社会学者、**王少鋒**は『**日・韓・中三国の比較文化論**』（二〇〇七年、明石書店刊）で「日本人は集団主義者、韓国人は宗族主義者、中国人は個人主義者である」と総評している。

また**F・フクヤマ**はその後、『「**信」無くば立たず**―「**歴史の終わり**」**後、何が繁栄の鍵を握るのか**』（一九九六年四月、三笠書房刊）を発表し、一国の繁栄、競争力はたった一つのありふれた文化的特質、即ちその国の社会に備わる信頼の水準によって決まるとし、日本、ドイツ、アメリカは高信頼社会で、他方、中国、ロシア、イスラム世界は低信頼社会であり、近代的な法治国家としてのルール、社会秩序が根付いていないと指摘している。

他方、全く異なる視点から人口統計と家族構造に基づく分析を行っている**エマニュエル・**

トッド（フランス人口統計学者、一九七六年、最初の著作で十～三十年以内でのソ連邦崩壊＝一九九一年を予測。根拠は女性の識字率の向上に伴う出産率の低下、他方、低下していた乳児死亡率が一九七〇年より上昇した事実より崩壊を予想、適中させた。）は、日本の家族構造（長男が親の家を継ぐ直系家族制）およびそれによる影響が非常にヨーロッパ的（特にドイツやスウェーデン）であると指摘、日本特殊論を否定している。

また日米欧は世界経済の三極であるが、ヨーロッパ経済の中心はドイツであり、社会的、長期的、工業的である点で日本経済と同似。一方、アメリカ経済は個人主義的、短期的、脱工業的であり、資本主義の形態が異なる。また日欧は長い農業の歴史を持ち、資源の希少性を十分に認識しているが、アメリカは移民社会で資源の希少性に一度も直面していない。

トッドはこれらから、特殊なのはアメリカであって、真の文明の衝突は旧世界と新世界の間で起きており、現在の問題は日欧の連係の弱さにあるとした。

この点で、欧米を一つの文明にまとめたハンティントンを否定している。

更にヨーロッパ最高の知性と云われる**ジャック・アタリ**（ヨーロッパ復興開発銀行初代総裁―一九九〇年）はベストセラー『**21世紀の歴史**』（二〇〇八年、作品社刊）において「二〇三五年頃、アメリカは凋落、各国家は弱体化、国籍を超えた「超帝国」が誕生、人類が消滅しかねない「超紛争」の危機を経て、二〇六〇年頃に新たな勢力となる利他主義者＝世界市民による「超民主主義」が生まれる」と予見している。

他方、イスラエルのヘブライ大学名誉教授、S・N・アイゼンシュタットは大著『**日本比較文明論的考察1〜3巻**』（二〇〇四年七月〜二〇一〇年六月、岩波書店刊）にて「日本は今日に至るまでその全歴史を通して、中国や朝鮮、儒教や仏教という軸文明と間断なく接しながら、辺境的存在に貶められることなく、自らの歴史を維持した唯一の非軸文明である。（…）そして、他の非軸文明と異なり、日本では高度の「知恵」文学や言説が発達しただけでなく、極めて洗練された哲学的・審美的探究の言説が存在した。これは日本以外では軸文明にのみ見られるものである。（…）日本には絶えず内的な制度的変革への傾向があり、外部の影響に対する開放的態度があり、そこにはイデオロギーのレベルでも制度のレベルでも、その影響を「日本化」する能力が伴っていた。」と指摘している。

尚、アイゼンシュタットの云う軸文明とは古代イスラエル、第二神殿時代のユダヤ教とキリスト教、古代ギリシャ、ゾロアスター教下のイラン、帝政期初期の中国、ヒンドゥー教、仏教などである。

国際日本文化研究センター客員教授で静岡県知事（第五十三・五十四・五十五代）である**川勝平太**は『**文明の海洋史観**』（一九九七年十一月、中央公論社刊。翌年、読売論壇賞受賞）で、梅棹忠夫の『文明の生態史観』について「生態史観の場合、社会変容の原因は遊牧民の暴力である。（…）このテーゼの長所はユーラシア大陸内部については良く妥当することである。難点は、いわゆる第一地域である日本と西ヨーロッパの社会変容について遷移が順調にとげて極相に至るという植物群落の比喩があるばかりで説明不足」として「海洋史観は海外から押し寄せて来る外圧を社会変容の主因とみる。」と主張し、梅棹の生態史観を基本的に称賛しつつも梅棹の大陸主体の所謂「文明地図」を東西海洋面より詳細に補強した。

二〇一七年、雑誌「文藝春秋」四月号は永久保存版として「**私を捨て公のために生きた50人、明治百五十年、美しき日本人**」として渋沢栄一、五代友厚、大原孫三郎らと共に梅棹忠夫を選んだ。

雑誌「文藝春秋」は一九九八年八月号で「**二十世紀図書館**」と題するアンケート調査の結果を発表（二十世紀に書かれた本の中から、心に残る本、後世に残したい本を国内、海外一〇冊ずつ選ぶ。政・官・財・文化人から一七〇通を超える回答による）した。一位は司馬遼太郎「坂の上の雲」、二位は西田幾多郎「善の研究」、三位は夏目漱石「吾輩は猫である」で次いで四位に梅棹忠夫「文明の生態史観」が選ばれた。同著は卓越した史観を分かり易い文章で表した名著である。

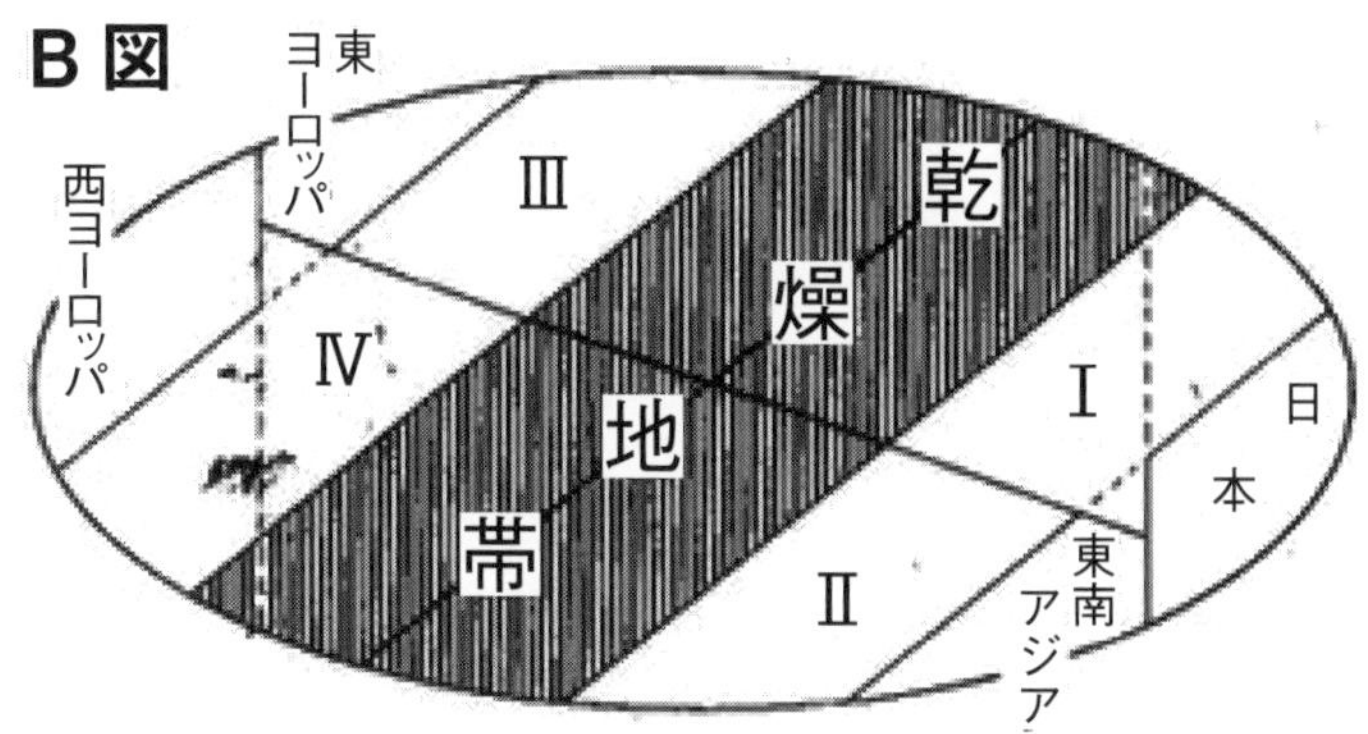

梅棹忠夫の文明地図
Ⅰ は中国世界、Ⅱはインド世界、Ⅲはロシア世界、Ⅳ は地中海・イスラム世界（『文明の生態史観』1992年、中公叢書　167頁）

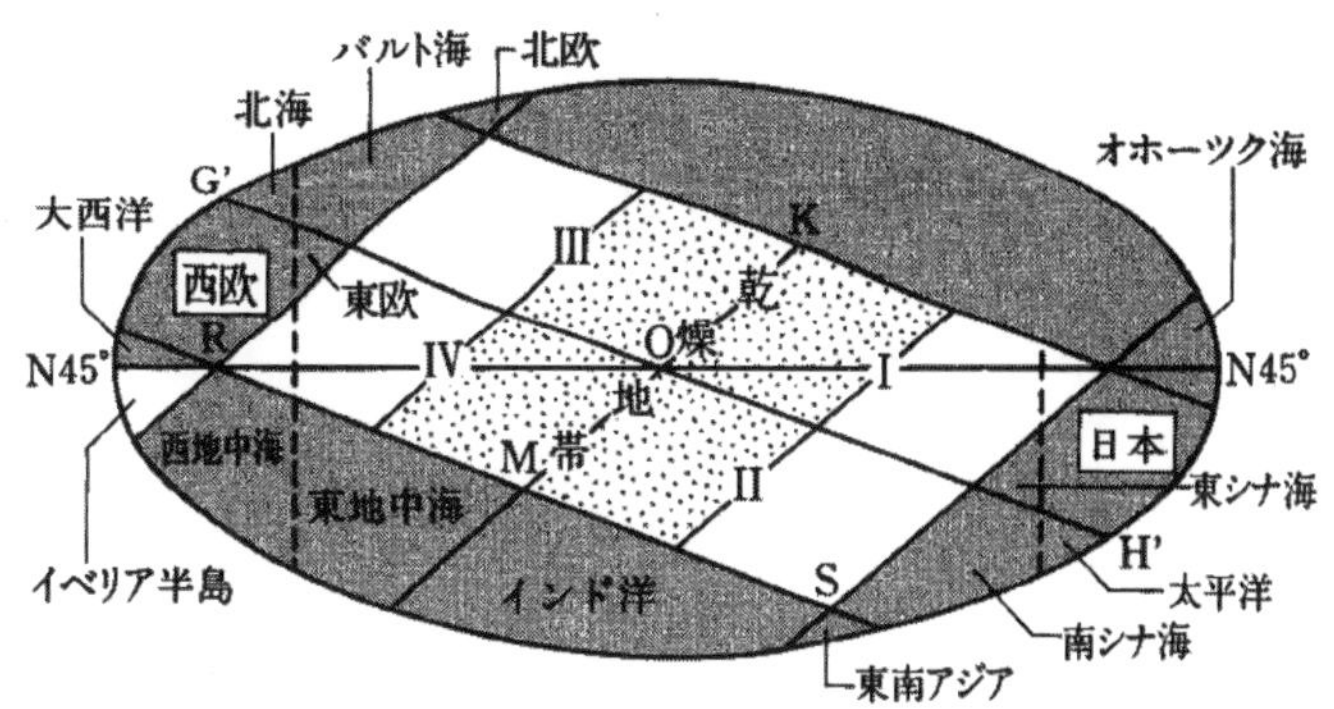

川勝平太の文明地図
図3　川勝文明地図＝修正図3
（『文明の海洋史観』1997年、中央公論社刊　160頁）

私（高木勲）は一部にある説明不足と云われる梅棹忠夫の生態史観は次の二枚の地図で充分な説得力を持ち、大方の理解を得られると考える。

一つは十三世紀末、連邦化した大元の地図であり、いま一つは十六世紀末前後の東南アジア地図である。（何れも巻末折込カラー地図参照）。

前者地図により梅棹忠夫の云う「乾燥地帯遊牧民の暴力」の歴史実体が具体的に把握され、現代の大国・ロシアでさえ所謂、「タタールのくびき」（十三世紀前半に始まったモンゴルのルーシ侵攻とそれにつづくモンゴル人—モンゴル＝タタールによるルーシ—現在のロシア・ウクライナ・ベラルーシ—支配を云い、納税と軍事協力義務を負うと共に、ルーシ諸侯の任免権は大元を構成するキプチャク＝ハン国の汗に握られていた。）が二百四十年間（西暦一二四〇～一四八〇年）続いた事実が想起され、また、インドもデリー・スルターン朝（トルコ系イスラム王朝、一二〇六年～一五二六年）より、蒙古王朝の血を引くムガール帝国（西暦一五二六～一八五七年）とこの後、変遷するのである。

（注1）「タタールのくびき」については「特別検討二」の当時の世界状勢と文禄・慶長の役（朝鮮出兵）の（一）当時の世界情勢の（2）ロシアの拡大を参照。

（注2）「ムガール帝国について」は前項に続く（3）チムール帝国、ムガール帝国の成立参照。

また後者地図により、西暦一六〇〇年前後、東南アジア各地に日本人町や日本人の集団居住があり、もし「鎖国」無かりせば「インドでイギリスと決戦」の「梅棹史観」や英国バラード中将の「東南アジアの植民地は日本に帰属、インドも危ない」の同様の認識が説得力を持つ。（菊池寛著、『海外に雄飛した人々』昭和十六年、新潮社刊、一二〇頁）。

主要関連参考事項

（1）モスクワ公国イワン一世は別名イワン・カリター（金袋）で、キプチャク＝ハン国に忠誠を誓い、反乱を共同鎮圧し、徴税代理人（金袋）として富裕化。周辺諸公国を買収、併合。その後、イワン三世（大帝）が一四八〇年、分裂（カザン、シビル、アストラ、クリミヤ、ヒヴァ各ハン国）と弱体化の進んだキプチャク＝ハン国への貢納を拒否（ウグラ河畔の対峙）、独立。以降分裂した各ハン国を傘下に収め巨大化、現在の大国ロシアに繋がる。

（2）アンボイナ事件（一六二三年に東インドモルッカ諸島のアンボイナ島にあるイングランド商館をオランダが襲い、イギリス人一〇名、日本人九名（主として警備方）、ポルトガル人一名を全員殺害した事件。三一年後の一六五四年、オランダ政府が八万五〇〇〇ポンドの賠償金を英国に補償した事件―如何に日本人が鎖国前の十六世紀から十七世紀にかけて東南アジア全域に居住していたかの具体例）。

この様に考えていけば旧大陸（ユーラシア大陸）の文明（三大文明―メソポタミア文明・インダス文明・黄河文明）の成立発展し、かつ伝播し易い中緯度温帯の湿潤地域にあり、かつ、その国の中世期（近世の前期）がモンゴル帝国支配の他律的中央集権制かその国独自の自生的封建制かにより、その後の民度、諸産業の発展、資本主義の高度化が左右され、現代における文明の進展度、到達度とも云うべきその国民の平均寿命、健康寿命、一人当たりの包括富裕度が規定されるのである。

私は「梅棹生態史観」を前述二枚の歴史地図で補充し適宜解説したこの史観は、大方に分かり易く「文明の中世封建史観」とも呼ばれるべきものと考えるが、何れにしろ次の第二章で述べる「日本と西洋の平行進化―「梅棹生態史観の正鵠性の例証」と共に、卓越した「梅棹生態史観」を更に広く一般に理解して頂く一助ともなればと願っている。

第二章　日本と西欧の平行進化について

梅棹史観に基づく日本と西欧の平行進化については、日本の鎖国と云う島国には異様な措置により見えにくくしているが、それでも中世（鎌倉・室町時代）から近世（安土桃山・江戸時代）にかけて幾つか指摘される。

それらは云わば「**梅棹生態史観の正鵠性の例証**」とも云うべき歴史事象である。

それらを次に検討したい。

（一）鎌倉新仏教と西欧宗教改革

平安末期から鎌倉時代に掛けて末法思想（永承七年―西暦一〇五二年を末法元年とみた。）を背景に従来の仏教（南都六宗―三論宗、法相宗、華厳宗、倶舎宗、成実宗、律宗。平安二宗―天台宗、真言宗。）が経典研究、国家鎮護、自力救済を主体としたのに対して、新興の武士や農民たちの求めに応じて、所謂、鎌倉新仏教六宗（浄土宗―法然、浄土真宗―親鸞、時宗―一遍、日蓮宗―日蓮、臨済宗―栄西、曹洞宗―道元）が各々の開祖により流布した。

法然を開祖とする浄土宗、法然の弟子、親鸞を開祖とする浄土真宗、一遍（伊予の河野一族の出身）を開祖とする時宗は何れも「仏説無量寿経」「仏説観無量寿経」「仏説阿弥陀経」の浄土三部経を根本経典とし、一切衆生は阿弥陀如来の本願に基づく専修念仏による絶対他力により、阿弥陀如来の浄土に往生できると説いた。

文治二年（西暦一一八六年）、大原勝林院の丈六堂に、著名な二〇名をこえる学僧や三〇〇名をこす聴衆が集まり、法然の真意を聴く**大原問答**が行われた。

ここで、法然は「乱想の凡夫」と自己規定し、それゆえ観念（仏や浄土を心に想い描いて念ずること）ではなく称念（仏や浄土を称えること）、観仏（仏を観ずること）ではなく念仏（仏を念ずること）に専修できると諄々と説いた。

これは、「鎌倉仏教」の名で総称される仏教変革運動の始まりを示す歴史上の一転換点と云われる。

それから約三三〇年後、西暦一五一七年十月三十一日、ドイツのヴィッテンベルク大学の神学教授であったマルティン・ルターが、ヴィッテンベルクの城教会の門扉に貼りだしたラテン語による「九五ヶ条の論題」で、イタリアの聖ピエトロ大聖堂の再建費を集めるという名目で、ローマ教皇レオ一〇世の名の下にドイツで売りだされた贖宥状（免罪符）を批判、「(神の赦しは神のみが行える。) 贖宥状によって自分たちの救いを得られたと信ずる者たちは、それを説いた説教師とともに、永遠の罪を受けるであろう。」と主張した。こうした内容が当時、漸く普及し始めた活版印刷（一四四五年頃、ヨハネス・グーテンベルクが発明）によってドイツ語に翻訳され拡大、次いでヨーロッパ中に広がり、宗教改革へと発展、後にプロテスタントの誕生となった。現在、世界キリスト教徒二〇億人中、プロテスタント三・五億人と云われる。

現在の日本の仏教徒中、法然・親鸞の浄土系が二〇〇〇万人、日蓮系が一九〇〇万人、真言系が一四〇〇万人、禅系が三五〇〇万人、天台系三〇〇〇万人、奈良仏教系一〇〇〇万人と鎌倉新仏教系が多数を占めている。

（二）中世ヨーロッパの自由都市と中世日本の自由都市

中世のヨーロッパの都市のなかで、一般市民の経済力の拡大に伴い、封建領主の支配の外にあって、独自の徴税、司法、行政などを行なった商業都市としてイタリアのベネチア、ジェノバ、ドイツのハンブルク、ブレーメンなどが著名。

これらと同似のものが日本の博多、堺、今井町等々である。

博多は、室町時代（西暦一三三八〜一五七三年）を通じて年行司と呼ばれる一二人の豪商の会議によって市政が運営された自由都市であり、貿易都市。

堺は、貿易と銃器の生産で潤い、三六人の会合衆（えごうしゅう）による自治が行われ、防衛のための武装組織もあった。また今井町と連盟を築いていた。

今井町（奈良県橿原市の中部に位置する地区）は浄土真宗の布教拠点として寺内町として成立し、織田信長に武装放棄させられ、その後、江戸幕末までの三百年間、自治都市として発展。周囲に環濠を巡らせ、九つの門を設け番屋を設置して町掟を決め自治自衛を徹底した。また十七世紀後半、藩札と同じ価値のある独自の紙幣「今井札」を流通し繁栄した。

堺の会合衆（えごうしゅう）による自治と同じ頃、伊勢の山田には年寄による自治制度（山田三方）があったほか、伊勢の大湊にも会合衆による自治組織が、庄内酒田には町政を取り仕切った三十六人衆がいるなど、それぞれの都市に応じた制度で自治が行われた。

弘治二年（西暦一五五六年）に日本へ来た宣教師、ガスパル・ヴィレラは、堺の様子を見て、『耶蘇会士日本通信』の一五六一年八月十七日付け書簡に、「この町はベニス市の如く執政官によりて治めらる」と記した。この「執政官」とは、会合衆のことを指している。

（三）日本中世（鎌倉・室町時代）武士道と中世西欧騎士道

日本中世の武士の主従関係は、主君と郎党間の契約関係であり、「奉公とは御恩の対価である」とする観念が強く、「二君にまみえず」「君、君たらずとも臣、臣たれ」という語に示されるような主君への強い忠誠が求められたのは、安土桃山時代（近世）以降、特に江戸時代に入って以降のことである。

「武士道とは、死ぬ事と見付けたり」の一節で有名な『葉隠』（佐賀藩、山本常朝─江戸時代中期）での主君への絶対忠誠は近世・江戸時代に入ってのその典型である。

中世では、日本史上、唯一、朝廷軍が敗れた「承久─じょうきゅう─の乱」（承久三年─西暦一二二一年）で、北条政子が、後鳥羽上皇による二代執権・北条義時（政子の弟）追討の派兵に動揺する鎌倉御家人を前に、諄々と亡き頼朝の「御恩」を説き、結束を計り、勝利した故事は有名である。

同時代、西欧中世の騎士道は、主従は契約関係で結ばれ、敬神（キリスト教への信仰）と共に忠誠・武勇・礼節・名誉、および貴婦人への奉仕などの徳を理想とし、日本の中世武士道との差は敬神が神道・仏教であり、貴婦人への奉仕が弱い等、徳目の内容、軽重の差こそあれ、基本的に変わりはないと云われる。

そもそも、封建制、多重化した土地の支配権、王権・軍事貴族・宗教権力の併存といった特徴をもつ中世の概念が、明確に適合する歴史を持つのは、世界に於いて西欧と日本だけと云われる。

（四）中世西欧「ギルド」と中世日本「座」

ギルド（英：Guild、独：Zunft、伊：Arti）は、中世より近世にかけて西欧諸都市において商工業者の間で結成された各種の職業別組合。商人ギルド・手工業ギルド（同職ギルド）などに区分される。

近世の絶対王政下において各都市の自主性が失われ王権に屈していく中で、ギルドは王権に接近して特権集団として自らの利権擁護を図った。しかし徐々に市民階級が成長すると、閉鎖的・特権的なギルドへの批判が強まり、市民革命の中でギルドは解体を余儀なくされた。

座（ざ）は、日本の平安時代から戦国時代まで存在した主に商工業者や芸能者による同業者組合のこと。朝廷や貴族・寺社などに金銭などを払う代わりに営業や販売の独占権などの特権を認められた。後、織田信長が新しい城下町に楽市・楽座をおこない、最終的に豊臣秀吉によって中世の座はほぼ解体させられた。

芸能者では主要な大夫を家元とする芸能集団としての座が形成され、江戸時代以後に「〇〇座」という呼称で呼ばれるようになり、転じて劇場や映画館の名称としても用いられた。

江戸時代には幕府の管理下に金座・銀座などが作られた。

中世西欧「ギルド」と中世日本「座」は封建統治下、商工業の発展に伴う自然な平行現象と云えよう。

（五）中世日本農民一揆と中世西欧農民の反乱

正長（しょうちょう）元年（西暦一四二八年）、日本国内の先進地域である大和から畿内および近国の農民・馬借（ばしゃく—馬による物資輸送業者）らは、自らの債務破棄を求めるため、徳政令を要求して蜂起、この「**正長の土一揆**」が日本最初の農民一揆と云われる。

嘉吉（かきつ）元年（西暦一四四一年）、六代将軍・足利義教の暗殺（嘉吉の乱）による政治的混乱の中、「代初めの徳政」（天下一同の徳政令）を求めて、京都・近江坂本の馬借を中心に農民が蜂起、地侍が指導し、数万人の一揆、「**嘉吉の土一揆**」となった。

七代将軍足利義勝（管領・細川持之が後見）は要求を受け入れ、差し押さえられてから二〇年未満の質物の返還など、山城（京都府南部）一国平均での徳政令を発布（嘉吉の徳政令)。正長の土一揆では遂に公式な徳政令を出さなかった室町幕府が、徳政令を出したことにより、その権威は失墜したと云われる。

享徳三年(西暦一四五四年)、蜂起した「**享徳の土一揆**」に対し、幕府は分一銭(ぶいちせん)(債務額の一〇分の一)を幕府に納めた者だけに認める分一徳政令を発布、その後、長禄一年(西暦一四五七年)に起きた「**長禄の土一揆**」では、逆に債権者に分一銭を納入させて、その債権を保障する分一徳政禁制を行った。

寛正三年(西暦一四六二年)大飢饉を背景に、京都で徳政令を求める土一揆「**寛正の土一揆**」が発生、室町幕府は武力をもって強硬に鎮圧した。

文明十年(西暦一四七八年)京都七口の関所存置をめぐって、「**山城の土一揆**」が発生、一旦、鎮圧されたが、文明十二年(西暦一四八〇年)再発、鎮圧された。

文明十七年(西暦一四八五年)、山城の国で応仁の乱以後も勢力争いを繰り返していた山城の国の守護職・畠山家対立二派両軍を、山城の国の国人武士(在地領主)と農民が一致して国外に追放、以後八年間、自治体制を執った。これは「**山城国一揆**」と云われる。

また同時期に「**加賀の一向一揆**」があった。

これは加賀の本願寺門徒らが中心となった信徒による一揆(当初、蓮如上人が指導)で、文明六年(西暦一四七四年)から天正八年(西暦一五八〇年)にわたり約百年間、加賀国(石川県)で、富樫氏を名目的な守護としながらも、本願寺門徒による自主管理の体制を確立し、守護大名の支配を実質排除し、史上類例の乏しい共和政体を構築した。後に上杉謙信軍と戦って敗れ、最後は織田信長軍（佐久間盛政）により滅ぼされた。

他方、同時期のヨーロッパでは、百年戦争（一三三九～一四五三年までのイギリス王とフランス王の戦争。王位継承、領有権での対立などが原因）中のフランスで起こった大規模な農民反乱として、「**ジャックリー**（**Jacquerie**）**の乱**」（西暦一三五八年五月勃発）がある。

反乱の名前は当時の農民を貴族が指すときの蔑称ジャック（Jacques）に由来するとされ、それは当時の農民が短い胴衣（jaques）を着ていたことによる。

当時、王権に反撥して反乱を起こしていたパリ市長エチエンヌ・マルセルも、ジャックリーの反乱に合流したが、農民の指導者、ギヨーム・カールがナヴァル王に殺害されると一揆軍は総崩れとなり、貴族の反撃が始まり、二万にのぼる農民が殺され、エチエンヌ・マルセルも殺害されて、反乱は鎮圧された。

同様に百年戦争中のイギリスでは農民一揆として、一三八一年六月、「**ワット・タイラーの乱**」が発生した。

これはイギリスのプランタジネット朝・国王リチャード二世が百年戦争中のフランス及びスコットランドとの戦費に充てるため、十二歳以上のすべての人に人頭税を課税することを決め、厳しく徴税を行った。それに対して、農民から都市の住民に至るまで不満が強まった。この頃、ジョン・ボール（神父、巡回説教師）が作ったという「アダムが耕しイブが紡いでいた時、だれが領主だったか」という歌詞の歌が流行し、一三八一年六月、イングランド南東部の農民一揆として反乱が始まった。一揆は、ほぼ全土に拡がり、指導者ワット・タイラー（農夫）のもと反乱軍が組織され、ロンドンに迫り、ロンドン市民は反乱軍を受け入れ、ロンドンは反乱軍の手におち、国王リチャード二世はロンドン塔に避難するも反乱軍に包囲され、やむなくタイラーと会談し、ワット・タイラーが要求した農奴制の即時撤廃、小作料の軽減、一揆参加者の大赦などを認めた。よって大半の反乱軍がロンドンから撤退したが、再びタイラーが王と面談し、教会財産の分配などを要求した。この際、王の傍にいたロンドン市長ウィリアム・ウォールワースがタイラーを斬りつけ殺害、その後、国王軍は次々と反乱軍を制圧し、一揆は鎮圧された。

また、この時代、宗教戦争（反教皇・反教会）であり、農民戦争（反封建）であり、国民戦争（ドイツ人の支配に対するチェック人の自立）の性格を持つ**フス戦争**が起きた。

カトリック教会はベーメン（ボヘミア、チェコ）のヤン・フス（プラハ大学学長、宗教改革の先駆者）をコンスタンツ公会議で異端とし、一四一五年に火刑にした後、さらにプラハ市を破門、プラハ大学を弾圧した。フスの説を支持したプラハ市民はそれに反撥して修道院を襲撃、一四一九年からドイツ皇帝ジギスムント（カール四世の子）の派遣したドイツ軍との戦争となる。ジギスムントはフス派に対して「十字軍」と称して鎮圧にあたったが、チェク人の農民が広汎に戦争に参加し、民族の自立を目指して戦ったので鎮圧に失敗した。しかしフス派内部にも穏健派と急進派の対立があり、最終的にはジギスムントは穏健派と結んで過激派を制圧して、一四三六年に和平を実現した。教会はフス派の主張の一部を認め、フス派はジギスムントをボヘミア王として承認することで妥協が成立した。

その後、西暦一五二四年、ドイツでルターの宗教改革を支持した農民反乱として「**ドイツ農民戦争**」が起こった。

これは一五二四年夏、南ドイツから始まり、ほぼ全ドイツに波及した大農民反乱で、指導者のトマス・ミュンツァーは、南ザクセンの教会説教師で、ルターの宗教改革を支持し、自らも教会の腐敗を批判していた。教会批判にとどまらず、封建領主による収奪が強まって苦しんでいる農民の救済をめざし、農奴制の廃止、封建地代の軽減、裁判の公正など、「農民の十二箇条要求」をかかげ、領主や教会など封建諸侯と戦った。おりから封建諸侯は、カール五世（神聖ローマ帝国皇帝）とフランス王フランソワ一世の戦争でイタリアに出征していたので、農民軍は至る所で勝利したが、翌年、諸侯軍がドイツに戻り反撃に転じることによって鎮圧された。諸侯による懲罰は過酷をきわめ、約十万の農民が殺害されたという。

こうして中世期の日本と西欧では、封建領主に対する農民の反乱である一揆や抗争が頻発しており、しかも旧宗教にたいする新宗教の抵抗と云う色彩が見られる抗争があるのも共通している点、注目される。

また日本には無く、十四世紀の西欧に見られる現象としてペストの大流行がある。これは十四世紀の中国大陸で発生し、中国の人口を半分に減少させる猛威を振った後、中央アジアからイタリアのシチリア島経由、全ヨーロッパに広がった。

全世界でおよそ八五〇〇万人、また当時のヨーロッパ人口の三分の一から三分の二に当たる約二〇〇〇万から三〇〇〇万人が死亡したと推定され、農奴の不足が更に深刻化した。

日本で日本人のペスト患者が発生、死亡が確認されたのは明治三十三年（西暦一八九九年）が最初である。また十九世紀末、ペストの最後の流行期にその中心地、香港に派遣された北里柴三郎が一八九四年、ペスト菌を発見したのは有名である。

（六）経済関連諸制度、手段の進化

（1）紙幣の流通

世界で最初の本格的な紙幣は、十世紀の中国（北宋時代）の四川地方で、重い鉄貨の引換券として発行された「交子」（こうし）だといわれる。西欧で最初の紙幣は西暦一四八三年のスペインと云われ、日本では記録上は『建武記』に記されている、後醍醐天皇が建武元年（西暦一三三四年）に内裏造営資金確保のために発行されたとされる楮幣（ちょへい）であるが、現物は残っておらず、現存する最古の紙幣は、元和九年（西暦一六二三年）に伊勢国山田の商人が発行した山田羽書（やまだはがき）である。

これは伊勢山田地方（現在の三重県）にいた商人が、金貨や銀貨など額面の大きい貨幣のお釣りのかわりに渡していた「山田羽書」という証書で、山田羽書は、松坂など他の地域でも流通し、商人札・紙幣として発展したと云われる。

（2）手形（為替手形）の発生と流通

手形は十二世紀の北イタリアで、遠隔地間取引に伴う現金輸送のリスクを避けるため発生したと云われ、同じ十二世紀、日本の鎌倉時代にも、替銭（かえせん）、割符（さいふ／わっぷ）と云う為替の先駆的な役割を果たした手形・証文が流通した。日本と西欧における商業制度の平行進化の一事例と云えよう。

（3）先物取引について

享保十五年八月（西暦一七三〇年）、江戸幕府八代将軍吉宗の時代、大坂堂島に堂島米会所（どうじまこめかいしょ―有力蔵元の淀屋米市が発展）が幕府公認で開設された。

ここでは、正米取引と帳合米取引が行われ、前者は現物取引、後者は先物取引で、敷銀という証拠金を積むだけで、差金決済による先物取引が行われ、現代の基本的な先物市場の仕組みを備えた、世界最初の先物取引市場と云われる。

これ以前にも、一五三一年に開設されたアントウェルペン（ベルギー）の取引所や、一五六八年に開設されたロンドン（イギリス）の取引所があったが、これらの取引所で行われていたのはあくまで現物取引（王侯貴族が自分たちの財宝や特産物を交換する商品取引が発展）であったため現代でいうところの現物取引の先渡取引であった。

現在、世界最大の穀物先物取引所であるシカゴ・マーカンタイル取引所（堂島米会所の開所一三五年後に誕生）の訪問者向けの音声ガイドでは「この取引所のルーツは堂島の先物取引であり、私たちの市場は世界で最初に整備された日本の先物取引市場を参考に開設されました」と案内されているとの事。また同取引所の便覧においても「先物取引は日本の大坂が発祥の地である」と明記されていると云う。

日本の米の先物取引は昭和十四年（西暦一九三九年）、戦時統制の強化で廃止されたが、平成二十三年（西暦二〇一一年）、東京穀物商品取引所と関西商品取引所においてコメ先物取引が再開された。平成二十五年（西暦二〇一三年）関西商品取引所は、東京穀物商品取引所より米穀の先物取引を引き継ぎ、社名を歴史ある堂島の名称を入れ「大阪堂島商品取引所」と改称した。

江戸時代における日本の商業制度の先駆性を示す事例と云えよう。

（七）江戸幕府と英国の裁判制度

元最高裁判所長官（第十四代、平成九年～十四年）山口繁は著書『新井白石と裁判』（二

〇〇三年、西神田編集室刊）にて「ジョン・ヘンリー・ウイグモア博士は、一八八九年来日し、一八九二年まで慶応義塾で英米法の講義をしたが、後に比較法制史や証拠法の権威者となった。彼は日本に教えにきたのであるが、日本で多くのことを学んだ。その成果として、彼は、後に世界の独立した法律体系を十六に分析して研究したとき、その一つとして日本法体系を取り上げた。更に、その中の五個、即ちユダヤ、モハメット、ローマ、イギリス及び日本の法体系だけが最初判例法によって発達したものであり、しかもそのうち、イギリス及び日本のみが、判例法が裁判官によって展開せられた、即ち、イギリスでは王の裁判官により、日本では徳川時代における将軍の裁判官によって展開せられたのであるとした。」と述べ、更に山口氏は同著において梅棹忠夫の『文明の生態史観』を紹介されながら、梅棹の云う日本と西欧の平行進化について「法制史的に見ても共感を覚えるものがある」と記述している。

（八）自然科学の進展—所謂「和算」の進展（関孝和）、医療技術の進展（華岡青洲）

（1）「和算」の進展

日本独自の数学を和算と云うが、江戸時代、関孝和「寛永十九年（西暦一六四二年）三月～宝永五年（西暦一七〇八年）十月」により大いに進展した。

その象徴的、具体的事例が西欧数学界の巨匠ヤコブ・ベルヌーイの名を冠したベルヌーイ数（整数論における基本的な係数を与える数列）は関孝和がヤコブ・ベルヌーイよりも、やや早く独立して発見したと云われ、関・ベルヌーイ数とも云われる事である。また江戸時代、日本独自の風習として流行した算額奉納（額や絵馬に和算の問題や解法を記して、神社や仏閣に奉納。平成九年―西暦一九九七年―に行われた調査結果によると、日本全国には九七五面の算額が現存。）は日本人一般の数学愛好度を示している。

（2）医療技術の進展

江戸時代の外科医、華岡青洲「宝暦十年（西暦一七六〇年）十月～天保六年（西暦一八三五年）十月」は、記録に残るものとして、文化元年十月十三日（西暦一八〇四年十一月十四日）、世界で初めて全身麻酔を用いた手術（乳癌手術）を成功させた。これは、一八四六年にアメリカで行われた、ウィリアム・T・G・モートンによるジエチルエーテルを用いた麻酔の手術よりも四〇年以上前のことであった。

昭和二十七年（一九五二年）、外科を通じて世界人類に貢献した医師の一人として、アメリカ合衆国のシカゴにある国際外科学会付属の栄誉館に祀られた。

なお青洲の麻酔薬「通仙散」はチョウセンアサガオとトリカブトを主体とする六種の薬草より成り、その内容は取扱いの難しさもあり秘伝とされ、人体実験を申し出た母親の死、妻の失明という大きな犠牲を経て出来上がった。

こうした鎖国の江戸時代においてさえの世界に先行する自然科学部門の成果は、現在、二十一世紀に入って以降（二〇〇一～二〇一五年）の日本のノーベル賞自然科学部門（物理学、化学、生理学・医学）受賞者数（一三人―米国籍の南部陽一郎博士、中村修二博士は米国に算入）が英（一〇人）、仏（六人）、独（六人）の西欧諸国を凌駕して米国（五三人）に次いで世界二位となっているのも首肯される。

第三章　日本文明の特質

第一節　日本文明特質の誕生と定着―旧石器時代の縄文先行文明とそれに続く縄文文明

旧石器時代の縄文先行文明

第三部第二章第一節―「日本列島居住民の到達と旧石器時代の遺跡、特に縄文先行文明について」で詳述したように、日本には縄文時代（一万六五〇〇年前～三〇〇〇年前）に先行する旧石器時代（日本では一二万年前～一万六五〇〇年前）の遺跡が全国に現在一万か所以上あり、特に世界最古と云われる磨製石斧（日本では四万年～三万年前、海外では一万数千年前）の出土と共に注目されているのが、現在、世界で日本だけに発見された遺跡、遺構としての環状ブロック群と落とし穴遺跡である。こうした磨製石斧（四万年～三

万年前）、環状ブロック群（三万五〇〇〇年前〜二万八〇〇〇年前）、「**落とし穴遺跡**」（約三万年前〜二万七〇〇〇年前）**等を代表とする文明を「縄文先行文明」**（四万年前〜一万六五〇〇年前）**と云えよう。**

　環状ブロック群とは旧石器時代の石器群の出土地（ブロック）が環状に並ぶことで、環の直径は一〇メートルから八〇メートルに及び、現在、日本全国で一一七か所、その内、千葉県に五三ヵ所があり、主として印旛沼周辺の下総台地に集中している。これらは、日本列島の後期旧石器時代の初頭（約三万八〇〇〇年前〜三万年前）、ブロック間に、石器の接合関係や石器石材の共有が見られることから、大型獣の狩猟・解体を協力して行う目的で、併せて石器・石材の交換や獲物に関する情報交換などを行うため、一時的に各集団が集まり、環状集落を形成したものと考えられている。その中で中央の空間は獲物の解体や調理などの日常作業を行う「共有広場」として機能していたとみられる。また大型の環状ブロック群には一〇〇〜一五〇人が暮らしていたと推定されている。

　同様に旧石器時代の「**落とし穴遺跡**」は現在、世界で日本だけに発見されており、全国で三四遺跡から二四〇数基が主として東北南部、関東〜中部地方南部、九州の地域で発見されている。例えば　初音ヶ原遺跡（静岡県三島市、箱根山麓に位置）では丘陵を横断するように四列に日本最多の六〇基の土杭（深さ七九センチ〜一八〇センチ）が出土しており、猪（丸い穴）や鹿（四角い穴）などを共同して集団で捕獲した落とし穴と考えられている。

こうして四万年前から三万年前に日本列島に行き着いたアフリカ由来のホモ・サピエンスは、日本列島で進化し、世界最古の磨製石斧を発明使用し、世界で日本でしか発見されていない、環状ブロックを仲間と共に形成し、また同様に、仲間と共同して落とし穴を造り、まさに共存共栄を図ったのである。日本列島の隔絶した環境と厳しい大自然の条件が、こうした自他共栄の意識と行動を育んでいったと思われる。

縄文文明

「第三部第二章」第二節「縄文時代の概要」で記述したように　約二万年前の最終氷期の最寒期を脱して日本列島は徐々に温暖化、海面は上昇し、大陸より離れ、日本海に暖流が流入し、古本州島は三つに分かれ、本州、四国、九州の間に瀬戸内海が形成され、針葉樹林から落葉広葉樹が拡大していった。

日本列島に世界最古の土器の出現した一万六五〇〇年前から水田耕作の始まる約三〇〇〇年前までの約一万三〇〇〇年間を土器の表面の縄目模様より縄文時代と云い、土器の特徴の変化より、草創期（約一万五〇〇〇年前〜一万一〇〇〇年前）、早期（約一万一〇〇〇年前〜七〇〇〇年前）、前期（約七〇〇〇年前〜五五〇〇年前）、中期（約五五〇〇年前〜

四五〇〇年前）、後期（四五〇〇年前～三二〇〇年前）、晩期（三二〇〇年前～二八〇〇年前）の六時代に区分している。

早期には広場を中心に竪穴式住居をサークル状に構える「環状集落」が出現し、中期には装飾性豊かな祭祀用の火焔土器が作られ、後期には石をサークル状に並べた「環状列石」（ストーンサークル）が出現した。

三内丸山遺跡―縄文時代の最大集落遺跡

青森県青森市大字三内字丸山にある縄文時代最大規模の集落遺跡。縄文時代中期（約五五〇〇年前～四五〇〇年前）を中心に一五〇〇年程存続し、最盛期は竪穴式住居一〇〇軒に五〇〇人程が生活していたと推測されている。

幅約九・五メートル、長さ約三二メートルの巨大竪穴建物（集会場？）や高さ二〇メートルの六本柱の高層建物があったと推定され、弥生時代の吉野ヶ里遺跡の一七メートルの物見やぐらより高かったと考えられている。

しかも此の三内丸山遺跡の六本柱高層建物は単なる物見やぐらではなく、三本と三本の柱の間に冬至の日は太陽が沈み、夏至の日にはその反対線より太陽が昇る配置になっている。

出土品には黒曜石（北海道、長野産）の矢じりやヒスイ（新潟産）の装飾品があり、各地との交易が推測される。

周辺の陸奥湾や沖館川（おきだてがわ）での漁獲、山野での狩猟、野生のイヌビエの収穫、栗の栽培（花粉の遺伝子分析による判定）、サルナシ、キイチゴ、山葡萄などによる酒造（廃棄場よりの大量の種子の出土より推測）も行われていたと考えられ、食料は高床式の倉庫や穴蔵などに貯蔵し、竪穴式住居では各種土器を使って煮炊き等を行っており、豊かで平和な生活ぶりが偲ばれる。

世界的なベストセラー『銃・病原菌・鉄』の著者・ジャレド・ダイアモンド（米国カリフォルニア大学教授）は、日本のＮＨＫが二〇一五年十一月に放映した「縄文奇跡の大集落」に登場し、

「狩猟採集にして定住し集落を発展させた縄文人は世界で最も豊かな狩猟採集民であり、しかも自然と共生し、一万年以上に渡って持続可能な社会を築き上げた。これは人類の偉業です。」

と極めて高く評価している。

旧石器時代の縄文先行文明で芽生え培われた共存共栄意識は、この縄文時代一万三〇〇〇年の自然と共生した持続可能な格差無き平和な社会で定着し、日本民族のＤＮＡに深く沈着していったのである。（縄文先行文明および縄文文明については第三部第二章第一節「日本列島居住民の到達と旧石器時代の遺跡、特に縄文先行文明について」および第二節「縄文時代の概要」を参照願いたい）。

第二節　「橿原奠都の詔」と「十七条の憲法」

縄文先行文明で芽生え、一万三〇〇〇年に亘る縄文文明で深く定着した日本列島居住民の「和」の精神、「共存共栄」の意識はその後、連綿として引き継がれ、文言として日本歴史に記されていく。

「日本書紀巻第三」に記された神武天皇の「橿原奠都の詔」にある「掩八紘而為宇」の所謂「**八紘一宇**」の精神である。

「橿原奠都の詔」は、

「上則答乾霊授国之徳、下則弘皇孫養正之心。然後、兼六合以開都、掩八紘而為掩宇、不亦可乎」

（読み方）

「上は則ち乾霊の国を授けたまいし徳に答え、下は則ち皇孫の正を養うの心を弘め、然る後、六合を兼ねて以て都を開き、八紘を掩いて宇と為さん事、亦可からずや。」

（現代語訳―『日本書紀』宇治谷孟訳、二〇〇七年十二月、講談社刊による）

「上は天神の国をお授け下さった恩徳に答え、下は皇孫の正義を育てられた心を弘めよう。その後国中を一つにして都を開き、天の下を掩いて一つの家とすることは、また良いことではないか。」

この「八紘一宇」の精神はその後、推古天皇十二年（西暦六〇四年）、聖徳太子によって作られた所謂「**十七条の憲法**」に結実している。内容は「高級官僚執務心得」とも云うべきもので、その**第一条が有名な「和を以て貴しと為し、忤（さか）ふること無きを宗とせよ**」である。以下、十七条の冒頭句、関連句と現代語訳を記載する。（現代語訳—『日本書紀』宇治谷孟訳、二〇〇七年十二月、講談社刊）。

一曰、以和爲貴、無忤爲宗。
二曰、篤敬三寶。三寶者佛法僧也。
三曰、承詔必謹。
四曰、群卿百寮、以禮爲本。
五曰、絶饗棄欲、明辨訴訟。
六曰、懲悪勸善、古之良典。
七曰、人各有任。掌宜-不濫。
八曰、群卿百寮、早朝晏退。
九曰、信是義本。
十曰、絶忿棄瞋、不怒人違。
十一曰、明察功過、賞罰必當。
十二曰、國司國造、勿収斂百姓。

十三曰、諸任官者、同知職掌。

十四曰、群臣百寮、無有嫉妬。

十五曰、背私向公、是臣之道矣。

十六曰、使民以時、古之良典。

十七曰、夫事不可獨斷。必與衆宜論。少事是輕。不可必衆。唯逮論大事。若疑有失。故與衆相辨。辞則得理。

（現代語訳）

一にいう　和を大切にし、いさかいをせぬようにせよ。

二にいう　篤く三宝を敬うように。三宝とは佛、法、僧である。

三にいう　天皇の詔を受けたら必ず従え。

四にいう　大夫、各役人は礼をもって根本の大事とせよ。

五にいう　食におごることをやめ、財物への欲望をすて、訴訟を公明に裁け。

六にいう　悪をこらし善を勧めるのは、古からのよい教えである。

七にいう　人はそれぞれ任務がある。司ることに乱れがあってはならぬ。

八にいう　群卿や百寮は早く出仕し、遅く退出するようにせよ。

九にいう　信は道義の根本である。

十にいう　心の怒りを絶ち、顔色に怒りを出さぬようにし、人が自分と違うからといって怒らないようにせよ。

十一にいう。官人の功績・過失ははっきりと見て、賞罰は必ず正当に行え。

十二にいう。国司や国造は百姓から税をむさぼってはならぬ。

十三にいう。それぞれの官に任ぜられた者は、みな自分の職務内容を知れ。

十四にいう。群臣や百寮は、羨み妬むことがあってはならぬ。

十五にいう。私心を去って公につくすのは臣たる者の道である。

十六にいう。民を使うに時をもってするというのは、古の良い教えである。

十七にいう。物事は独断で行ってはならない。必ず衆と論じ合うようにせよ。ささいなことはかならずしも皆にはからなくてもよいが、大事なことを議する場合には、誤りがあってはならない。多くの人々と相談し合えば、道理にかなったことを知り得る。

なお、元ニューヨーク・タイムズ東京支局長ヘンリー・ストークスは「十七条の憲法」の第十七条について「これは世界最古の民主憲法だといえる」と高く評価している。(『英国人記者が見た世界に比類なき日本文化』ヘンリー・ストークス、加瀬英明共著、二〇一六年一月、祥伝社刊)。

第三節　民族宗教神道と外来宗教（仏教、儒教、道教、ヒンズー教等）の共存

日本文明の基盤として民族宗教の「神道」（しんとう）があるが、外来の世界宗教である「仏教」と最終的には争うことなく包含共存している。（本地垂迹説―日本の八百万の神々は、実は様々な仏の化身、大日如来＝天照大神。反本地垂迹説―神が大本で様々な仏として現れた。―鎌倉時代中期以降、特に元寇、神風説により一般化）。

神道には教祖はおらず、キリスト教の聖書、イスラム教のコーランにあたるような公式に定められた「正典」も存在しない。ただ『古事記』、『日本書紀』、『古語拾遺』、『宣命』等の「神典」と称される古典群が神道の聖典とされている。森羅万象に神が宿ると考え、天津神・国津神や祖霊をまつり、まさに八百万の神々への信仰である。浄明正直「じょうみょうせいちょく」（浄く明るく正しく直く）を倫理徳目としている。

それでは人口一億二七〇〇万人（二〇一五年十月現在。世界一〇位）の日本人の宗教は現在如何なる状況にあるのか、見てみよう。

日本の宗教に関する行政事務を担当しているのは、文部科学省の外局である文化庁で、毎年、「宗教年鑑」を公表している。

それによると、二〇一五年現在の日本の宗教別信者数は次表の通りで神道系四七・四％、仏教系四七・〇％、キリスト教系一・〇％、諸教四・六％となっている。

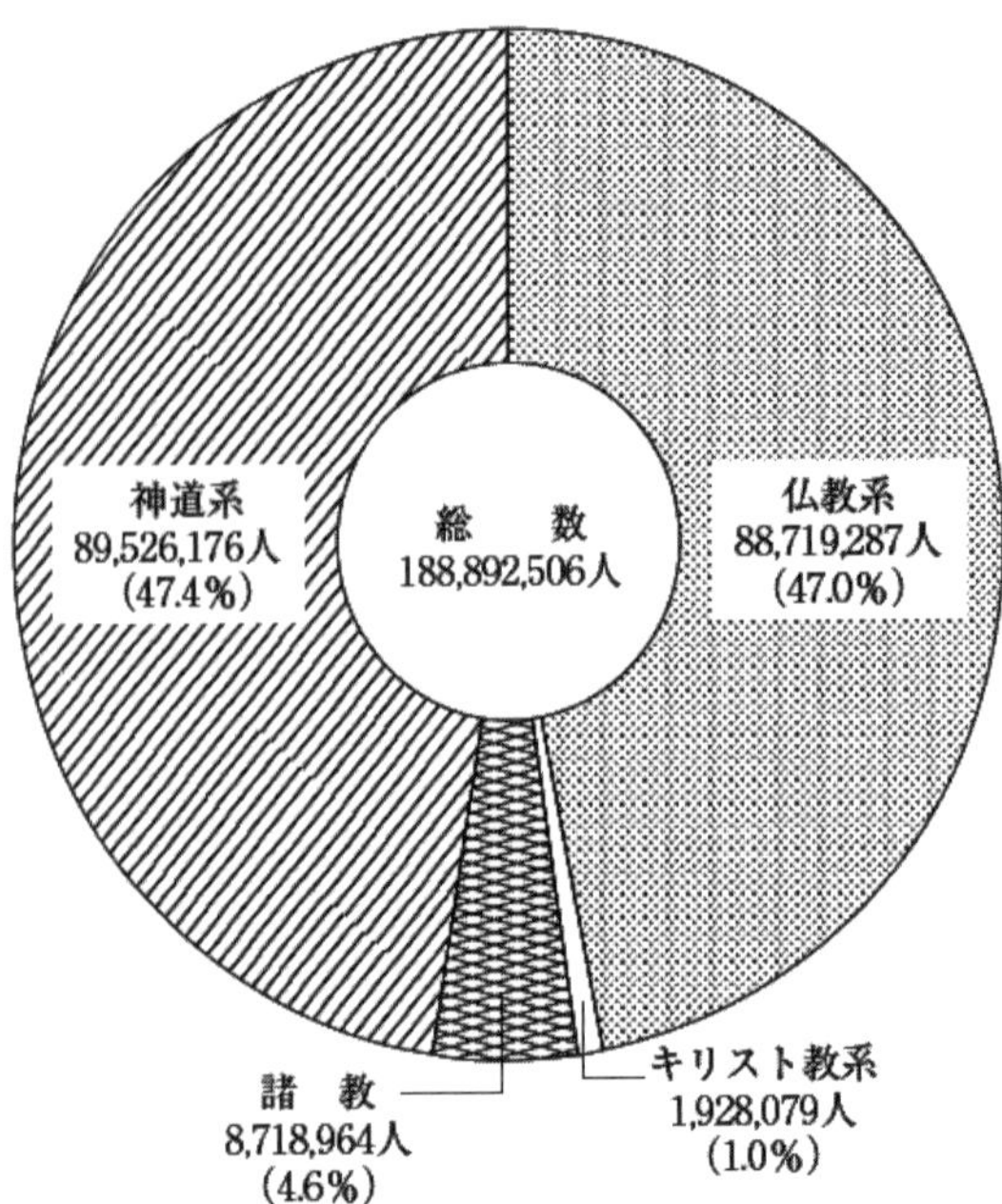

「文化庁宗教年鑑」—平成27年
（西暦2015年）末現在

ここで注目すべきは日本の宗教信者総数が一億八九〇〇万人と二〇一五年十月現在の人口一億二七〇〇万人の一・五倍に上ることである。即ち前頁表で各々総数の約四七％を占める神道系と仏教系の各九〇〇〇万人弱の信者の大半が両方共通の信者と云うことになる。

参考までに初詣客の統計を見ると警察庁が平成二十一年（西暦二〇〇九年）まで発表していた正月三ヵ日に警察が雑踏警備にあたった全国の主な神社・仏閣の人出は例えば平成十七年（西暦二〇〇五年）九三五三万人から毎年増加し、平成二十一年（西暦二〇〇九年）には九九三九万人となり、以降、正確な数字把握困難として発表を止めている。現在、統計

順位	平成25年（2013年）			22年比（万人）
1	明治神宮	東京都	313万人	−7
2	成田山新勝寺	千葉県	300万人	＋2
3	川崎大師	神奈川県	298万人	＋2
4	浅草寺	東京都	281万人	＋27
5	伏見稲荷大社	京都府	270万人	0
6	鶴岡八幡宮	神奈川県	255万人	＋5
7	住吉大社	大阪府	235万人	−25
8	熱田神宮	愛知県	230万人	0
9	大宮氷川神社	埼玉	207万人	＋2
10	太宰府天満宮	福岡県	200万人	0
合　計			2589万人	＋6

数字が発表されているのは全国の初詣客トップテンで、前頁表の通りである。、例年、ほぼ変わらず初詣総数約1億人として、トップテンで二六〇〇万人弱、約二六%を占め、その内、神社系で、六六%とほぼ三分の二（仏教系三四%、ほぼ三分の一）を占めている。

初詣は日本人の習性として近くの名のある神社仏閣に詣でると思われ、神社か仏閣かは厳密に区分されていない。

その背景には、特に八世紀に於いて、有名寺院の守護神として例えば興福寺における春日大社、東大寺における手向山八幡宮、延暦寺は日吉大社、金剛峯寺は丹生神社、東寺は伏見稲荷大社が勧請建立され、神仏混交時代に入り、以降、所謂神仏習合（本地垂迹説、反本地垂迹説）の伝統が根強く継続されている事があり、日本人一般においては、「神か仏か」の二者択一ではなく、「神様、仏様」と並列なのである。

初詣について日本人の民族習性を表す事例として興味深い事実がある。

二〇一九年一月、JAXA（宇宙航空研究開発機構）の「はやぶさ2」のプロジェクト・マネジャー津田雄一以下主要メンバーが、近隣の新田稲荷神社に初詣し、「初代はやぶさ」の失敗した小惑星への着地成功を祈願した。

その祈願と周到な準備の故か、同年二月二十二日、「はやぶさ2」は小型惑星「リュウグウ」への六メートルの枠内へのタッチダウン（サンプル取得の為の弾丸発射を含む接地）に見事成功した。最先端の科学と祈りの融合である。

なお「初代はやぶさ」が一時、機器故障で消息不明になった時、川口淳一郎プロジェクト・マネジャーが同神社の境内にある迷子、行方不明者探しで効能のある「呼ばわりの山」の今熊神社に帰宅途上祈願し、見事発見、「初代はやぶさ」は小型惑星「イトカワ」より感動の地球帰還を果たしたのである。

更に初詣に関連して日本全国各地で行われる七福神詣でがある。

七福神はインドのヒンドゥー教の神である大黒天、弁財天、毘沙門天に、中国の道教の神である福禄寿、寿老人そして中国実在の人物で死後に神格化された布袋尊、それに日本の神である恵比寿天（伊弉諾尊―いざなぎのみこと、伊弉冉尊―いざなみのみこと―の間に生まれた蛭子尊―ひるこのみこと）の七神で、正月松の内に参詣することにより七難即滅七福即生の功徳ありとされている。

ここにも日本神道とヒンドゥー教、道教等、他国宗教との共存が見られる。

総じて云えば一般的、平均的な日本人の生活において、ハレの局面、即ち誕生初参り、七・五・三詣で、成人式、結婚式、地鎮祭、起工式等は神社、神官により執り行われ、ケガレの局面、通夜、葬式は仏教、僧侶が主として執り行っている。

なお所謂、厄除け祈願は神社仏閣各々対応しているのが現状である。

第一生命が二〇一二年に行った全国サンプリング調査で、仏壇の家庭内保有率は約五割弱、神棚の家庭内保有率は約三割弱とのことである。

日本人の神仏習合は日常生活において根強く生きており、神道は世界宗教の仏教を完全に日本化し、平和共存しているのである。

現在の日本の仏教徒中、法然・親鸞の浄土系が二〇〇〇万人、日蓮系が一九〇〇万人、真言系が一四〇〇万人、禅系が三五〇万人、天台系三〇〇万人、奈良仏教系一〇〇万人と鎌倉新仏教系が多数を占めている。

また百観音詣で（坂東三十三観音、秩父三十四観音、西国三十三観音詣で）や、四国八十八か所詣では神道、仏教各宗派に関係なく広く日本人一般に行われている宗教行動である。

インド発祥の仏教には本来、祖先崇拝の観念は無く、日本人の祖先崇拝の宗教意識は中国儒教の影響と云われ、更に葬儀に付随する香典や服喪は、仏教の習慣のように思われているが、これも本来的に儒教の考え方である。

ここでも儒教との平和共存が為されている。

世界最大の信者数（約二〇億人）を誇るキリスト教徒も日本では人口の一％百万人前後と云われる。芥川龍之介の短編小説「神々の微笑」は日本での宣教師によるキリスト教布教の困難さを神道との関連で描いた傑作である。

日本文明は日本古来の民族宗教である神道を基盤としつつ、外来の世界宗教である仏教、儒教等を包摂し、平和共存しながら、文明の豊穣度を上げているのである。

第四節　天皇制について

日本文明の制度特質としての「天皇制」は権威と権力の分離により、血で血を争う致命的な抗争に巻き込まれること無く、連綿一二六代の今上天皇に至っており、世界最古、最長を誇っている。

世界で唯一万世一系である。（男子一つの系統。歴史上、女性天皇は全て一代限りの男系の女性天皇で、女系天皇―母親だけが皇族の天皇―は一度も存在しない。―遺伝学上、男性特有のＹ染色体が引き継がれている。諸外国では女王が立つと大抵はその息子が次の王となり、Ｙは女王の夫君のＹにとって代わられ、王朝名も夫君にちなんだ名に代わる）。

参考までに現在の世界の王朝（二〇一一年現在、二七の王朝）の最古ベスト一〇は次の通りである。

【国名】日本
【代数】一二六代
【起源・年】紀元前六六〇年～五〇〇年頃―実際の推定では四世紀頃とみられる。
【君主敬称・称号】天皇陛下「His Majesty the Emperor」は世界で唯一
【王家・継承】皇室、男系継承、世界最古

【国名】デンマーク
【代数】五四代
【起源・年】九〇〇年頃
【君主敬称・称号】女王陛下
【王家・継承】グリュックスブルク家、女系容認、ヨーロッパ最古

【国名】イギリス
【代数】四〇代
【起源・年】一〇六六年
【君主敬称・称号】女王陛下
【王家・継承】ウィンザー朝、女系容認、現王室の初代はドイツ人

【国名】スペイン
【代数】一七代
【起源・年】一四七九年
【君主敬称・称号】国王陛下
【王家・継承】ボルボーン朝、女系容認、現王室の初代はフランス人

【国名】スウェーデン
【代数】二三代
【起源・年】一五二三年
【君主敬称・称号】国王陛下
【王家・継承】ベルナドッテ王朝、女系容認、現王室の初代はフランス人

【国名】タイ
【代数】九代
【起源・年】一七八二年
【君主敬称・称号】国王陛下
【王家・継承】チャクリー王朝、王が任命（王族男子）

【国名】オランダ
【代数】六代
【起源・年】一八一五年
【君主敬称・称号】女王陛下
【王家・継承】オラニエ＝ナッサウ家、女系容認

【国名】ベルギー
【代数】六代
【起源・年】一八三〇年
【君主敬称・称号】国王陛下
【王家・継承】ベルジック家、女系容認、王室の初代はドイツ人

【国名】トンガ
【代数】四代
【起源・年】一八四五年
【君主敬称・称号】国王陛下

【王家・継承】ツポウ家、女系容認

【国名】ノルウェー
【代数】三代
【起源・年】一九〇五年
【君主敬称・称号】国王陛下
【王家・継承】グリュックスブルク家、女系容認、現王室の初代はデンマーク人

以上最古ベスト一〇。

なお国王の称号は「(His/Her) Majesty」。日本語では「陛下」。

先述の様に日本の天皇陛下の国際的な称号は「His Majesty the Emperor」で世界唯一。

英国エリザベス女王を初め世界の王室、米オバマ大統領を初め世界の首脳より尊敬されている。

また現代まで一二六代の天皇で暗殺が二人（第二十代安康天皇、第三十二代崇峻天皇）と云うのは他の諸外国の歴代王朝の暗殺数に比して例外的に僅少と云われる。ただ正常死亡（疾病、老衰による）外という事では第三十九代・弘文天皇（大友皇子）が壬申の乱に破れ自害、第八十一代・安徳天皇が壇ノ浦の合戦に敗れ、二位の尼（清盛の妻・時子）と

共に入水自殺を遂げている。（非正常死亡四人―三・二％）。

因みに中国の歴代王朝の皇帝六一一人（大王朝、小王朝合わせて）で正常死亡（疾病、老衰による）は三三九人（五六％）、非正常死亡二七二人（四四％）と二人に一人近くが異常死亡者と云われる。

こうして二〇〇年続いたパクス・ロマーナに対してパクス・ヤポニカは、平安時代三五〇年、江戸時代二五〇年の平和な時代を送っている。

この自然への畏怖、「和」の精神、「自他共存共栄」の民族特性は日本列島の位置する古来よりの厳しく豊かな自然風土に大きく由来する。そしてそれは、四万年前～一万六五〇〇年前の縄文先行文明に芽生え、その後、人類史上、「狩猟採集」にして初めて定住を実現し、自然との共生を果たしつつ独自の文化を育てた日本の「縄文時代」（一万六五〇〇年前～三〇〇〇年前）に深く定着したと云えよう。

第四章　日本文明特質の背景・その自然風土

圧倒的な自然の脅威、それへの対応としての他との連帯、共存共栄の精神は日本列島の自然条件より大きく影響を受けている。

第一節　自然災害ランキング

国連大学（国際連合の研究・研修機関。一九七二年の国連総会で設立承認。一九七五年本部を東京神宮前に設置）が自然災害（過去一九七〇年〜二〇〇五年までの地震、嵐、洪水、旱魃の四災害の世界各国の被災人数及び今後二一〇〇年までに地球温暖化による海面上昇一メートルとしての各国の毎年の被災人数―何れも総人口比）より各国の「被災可能性」を算出、更に①上水道、栄養、所得、格差などの低水準による災害の影響を受けやすさ（Susceptibity）、②行政、医療、損害保険などの低水準による災害への対応・対処能力のなさ（Lack of coping capacities）、③教育、ジェンダー、環境保護、医療費などの低水準による将来的な環境変化・気候変動への予防・適応能力のなさ（Lack of adaptive capacities）の三つの指標より各国の「災害に対する脆弱性」を算出、先の「被災可能性」の指標と掛け合わせて各国の「自然災害リスク」（一年間に海面上昇予測を含む五大自然災害に被災する各国の人口比率）を算定している。

この表によれば日本の「被災可能性」は約四割（三九・五七％）でフィリピン、コスタリカ等に次いで世界第五位、先進国ではオランダが約三割（二九・二四％）で世界一二位である。

「災害に対する脆弱性」ではドイツ、カナダ、フランス等と共に下位グループに入っており、災害ダメージを受け難いグループである。

この「被災可能性」と「災害に対する脆弱性」を掛け合わせた「自然災害リスク」は一割強（一一・一三％）で世界三五位となっている。

国連大学のWorld Risk Report 2011

自然災害に関するランキング

ランキング		自然災害リスク (WorldRiskIndex)		被災可能性 (Exposure)		災害に対する脆弱性 (Vulnerability)	
		国名	指標値	国名	指標値	国名	指標値
上位15位	1	バヌアツ	32.00	バヌアツ	56.33	アフガニスタン	76.19
	2	トンガ	29.08	トンガ	56.04	ニジェール	75.86
	3	フィリピン	24.32	フィリピン	45.09	チャド	75.14
	4	ソロモン諸島	23.51	コスタリカ	42.39	シエラレオネ	73.50
	5	グアテマラ	20.88	日本	39.57	エリトリア	72.88
	6	バングラデシュ	17.45	グアテマラ	38.42	中央アフリカ	72.42
	7	東チモール	17.45	ソロモン諸島	36.40	リベリア	72.33
	8	コスタリカ	16.74	ブルネイ	36.28	モザンビーク	71.95
	9	カンボジア	16.58	エルサルバドル	32.18	ブルンジ	71.82
	10	エルサルバドル	16.49	チリ	31.25	ハイチ	71.77
	11	ニカラグア	15.74	モーリシャス	29.59	ギニア	71.13
	12	パプアニューギニア	15.45	オランダ	29.24	エチオピア	71.05
	13	マダガスカル	14.46	ジャマイカ	28.11	ギニアビサウ	70.84
	14	ブルネイ	14.08	ニカラグア	27.64	マダガスカル	69.91
	15	アフガニスタン	14.06	バングラデシュ	27.52	トーゴ	69.45
	35	日本	11.13				
下位15位	1	カタール	0.02	カタール	0.05	スウェーデン	24.57
	2	マルタ	0.72	マルタ	2.15	アイスランド	25.01
	3	サウジアラビア	1.26	サウジアラビア	2.91	フィンランド	25.27
	4	アイスランド	1.56	キリバス	3.31	オーストリア	25.48
	5	バーレーン	1.66	バーレーン	4.03	スイス	25.57
	6	キリバス	1.88	エジプト	4.79	ノルウェー	26.09
	7	スウェーデン	2.00	グレナダ	4.90	オランダ	26.37
	8	フィンランド	2.06	セーシェル	6.09	ドイツ	26.55
	9	エストニア	2.25	アイスランド	6.22	ルクセンブルク	26.78
	10	ノルウェー	2.28	サントメプリンシペ	6.28	デンマーク	27.16
	11	グレナダ	2.29	オマーン	6.41	ニュージーランド	27.19
	12	エジプト	2.38	エストニア	6.80	日本	28.13
	13	バルバドス	2.44	バルバドス	6.87	カナダ	28.32
	14	スイス	2.55	モンゴル	6.99	フランス	28.60
	15	カナダ	2.57	イスラエル	7.13	オーストラリア	29.09

第二節　主要国の自然災害指標（国連大学のWorld Risk Report 2011）

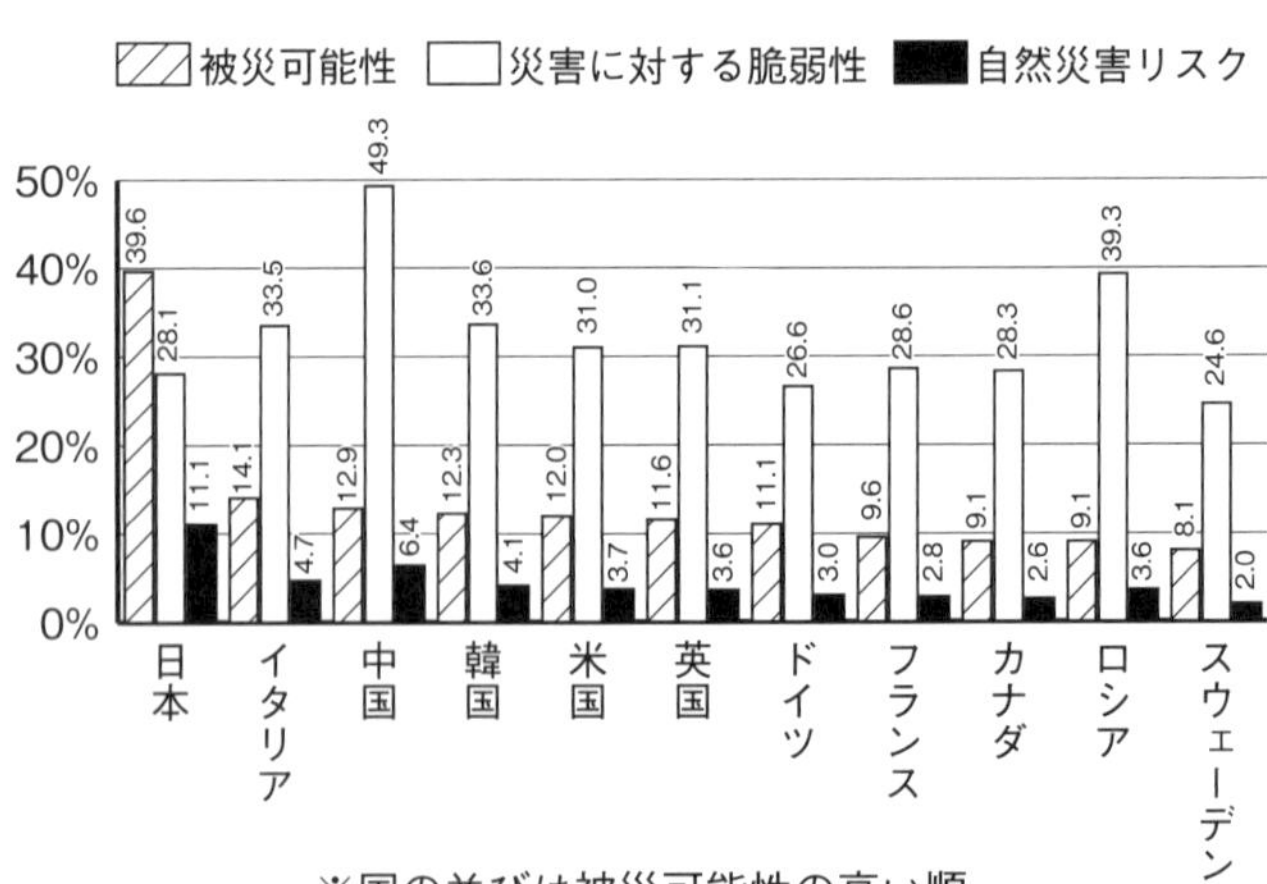

※国の並びは被災可能性の高い順

次に主要国との対比で見ると「災害に対する脆弱性」ではドイツ、フランス、カナダ等と共に三割を切って先進性を示しているが、「被災可能性」が他の主要国の三倍～五倍と高く、従って「自然災害リスク」は主要国の中で最高率（スウェーデンの五・六倍、ドイツ、フランスの約四倍、米国、英国、ロシアの約三倍、イタリアの二・四倍、中国の一・七倍等）を示している。

三大文明誕生の地で東西に長く文明の伝播し易いユーラシア大陸の近傍の四季豊かな温帯島国で、一方、地震、津波、噴火、台風、洪水等の自然災害の被災可能性が他の文明主要国に比し圧倒的に高い事実が、日本に自然への畏敬と他との共存共栄を根幹とする独自の文明が形成された基盤であると云えよう。そしてそれは、日本列島の四万年前〜一万六〇〇〇年前の縄文先行文明に芽生え育ち、一万六〇〇〇年前から三〇〇〇年前まで約一万三〇〇〇年に亘って続いた自然と共生の縄文文明により定着したと云えよう。縄文先行文明及び縄文文明の概要については「第三部・日本文明の生成と発展、第二章第一節「日本列島居住民の到達と旧石器時代の遺跡、特に縄文先行文明について」及び同第二節「縄文時代の概要」を参照頂きたい。

第五章　纒向遺跡の示唆するもの＝「国譲り伝説」

この「和」の民族特性に関連して最近、話題を呼んだのが、所謂天孫降臨に際しての大国主命による「国譲り伝説」と符合する奈良の纒向遺跡の発掘である。

「古事記」「日本書紀」によれば、天照大御神ら高天原の神々（天津神）は、「葦原中国＝出雲を統治すべきは、天照大御神の子孫である」とし、使いの神々を出雲に派遣した。

出雲の国津神である大國主神は二人の子である神の同意を条件とした。

長男の事代主神（ことしろぬし）は天津神の要請を承諾、次男の建御名方神（たけみなかた）は力比べの末、天津神に降り承諾、よって大国主神は、天照大御神と同様の広壮な自身の宮殿建設を条件に出雲の国譲りを諒承したと云う。

近年、この「古事記」「日本書紀」の記載を裏書きするような居館遺跡が、奈良県桜井市の纏向遺跡で発掘され話題を呼んだ。(纏向遺跡については第三部第二章第三節「弥生時代の概要」の「魏志倭人伝」の項参照)。

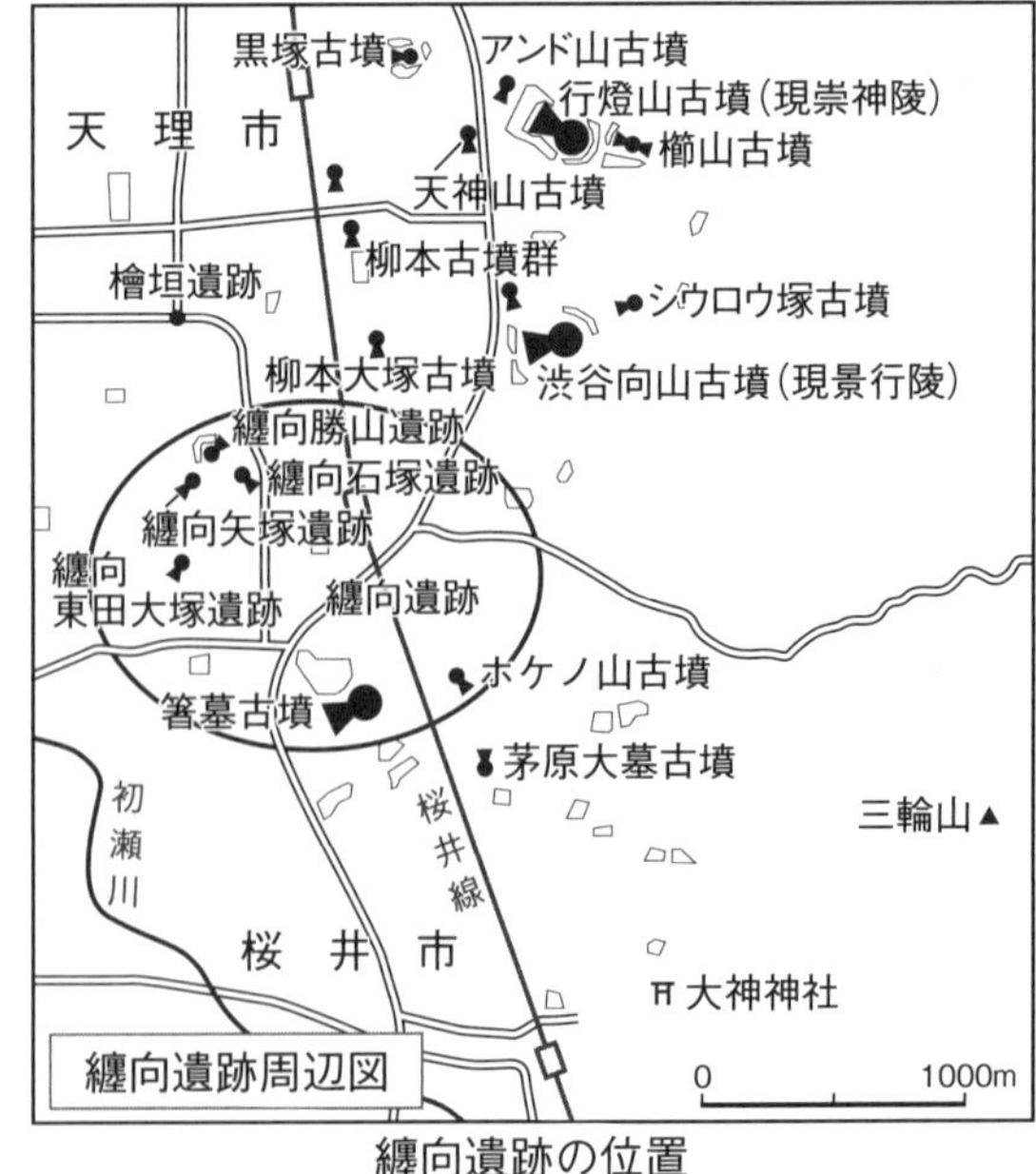

纏向遺跡の位置

纒向遺跡 辻地区（中心の居館群遺構は手前の草原―発掘後埋め戻した）遺跡奥にJR桜井線、巻向駅。左後方は三輪山、右端は卑弥呼の墓と云われる箸墓古墳。

居館群復元図

NHK／タニスタ　監修：黒田龍二。辻地区の建物群（桜井市大字辻）左側よりB、C、D棟。A棟は井戸と仮屋で除外。

問題は前頁下段の図の奥の広壮なD棟とその前のC棟である。

D棟はこの時期、最大の建築規模で王の居住に相応しい建物で、その造りは現在の出雲大社と同一の所謂**大社つくり**（切妻、妻入り、偶数柱で出入り口は左右何れかに偏る）で、C棟は壁の外側に棟持ち柱があり、穀物を保管する高床式倉庫から発展した神宝を保管する宝庫と考えられ、現在の伊勢神宮と同一の所謂**神明造り**である。

「古事記」「日本書紀」「神宮雑例集」（じんぐうぞうれいしゅう。伊勢の神宮の上代より鎌倉初期までの由緒、神領、行事などについて記した史書）を参照すると以下の様に推測される。


第十代崇神天皇（神武天皇に続く八代の天皇は欠史八代と云われ事績記述少なく実在性に疑問。崇神天皇が初期大和王権を確立した初代と云われ、称号は御肇國天皇（はつくにしらすすめらみこと）、卑弥呼は崇神天皇の大叔母の倭迹迹日百襲姫命（やまとととひももそひめのみこと。大国主命の和魂といわれる大物主神―三輪山の神、大神神社祭神―との神婚説、崇神天皇への謀反を予知鎮圧等、巫女的存在で、その墓の箸墓古墳は卑弥呼の墓説有力）といわれる。


天照大神は天孫降臨に際し、三種の神器（八尺瓊勾玉、八咫鏡、天叢雲剣）を授けると共に、八咫鏡を自分の御魂と思い敬い祀るように命じた。

以来、歴代天皇はその王宮で同床共殿（どうしょうきょうでん）の祭祀（さいし）を行ってきたが、崇神天皇の時代に流行した疫病を鎮めるべく、従来宮中に祀られていた天照大神を共殿は畏れ多いとして王殿の外の大庭に宝庫を造ってお祀りした。その後何度か移設し、次の第十一代垂仁天皇の時代に現在の伊勢の地に鎮座された。

即ち「古事記」「日本書紀」「神宮雑例集」の崇神天皇の時代の記述が、纒向遺跡辻地区の発掘後埋め戻された居館群遺跡に見事に対応しており、平和裏に実現された「国譲り伝説」が歴史の大きな一齣として甦ってくる。

こうした「和を貴し」とした「共存共栄」の精神は、日本人のＤＮＡに連綿として生きており、私はその由来と人類の未来を左右しかねないその貴重性、枢要性を、人類誕生の歴史を辿り、その上で日本文明の生成、発展、展望を試みる中で明らかにしていきたい。

第二部　人類誕生と進化の歴史及びその未来展望

第一章　人類誕生と進化の歴史

第一節　猿人の出現

一八〇〇万年前、アフリカ大陸で類人猿の祖先が誕生した。その中から一六〇〇万年前～一二〇〇万年前、オランウータンの系統が分かれ、後にゴリラの系統が分かれ、更に七〇〇万年前、チンパンジーの系統が分かれ、直立二足歩行の人類（猿人）が誕生した。

これらは現在までに発掘された人類化石と近年著しく進展した分子時計（生物間の分子構造の違いと分子構造の時間的変化量より進化系譜を算定）の検討により明らかとなってきた。

古い化石の発掘毎に人類の歴史は遡ってきたが、現在最も古い人類の化石は二〇〇一年、アフリカ中央部のチャドのジュラブ砂漠でフランス隊によって発掘された「サヘラントロプス・チャデンシス」（サハラ砂漠の南端を意味するサヘルとヒトを意味するアントロプスを組み合わせて属名とし、発見地のチャドに因んで種名とした）で通称「トゥーマイ」（現地語で生命の希望の意）と云われるほぼ完全な頭蓋である。

脳の容量は三六〇～三七〇cc（現生人類は一三五〇cc）で頭骨の大きさより推定した身

長も一〇五〜一二〇センチと何れも現代のチンパンジー並みであるが、他を威嚇する上顎の犬歯の縮小と共に大後頭孔（首の骨が頭骨に入る穴）がチンパンジー（穴は後部）より前方（現生人類はほぼ中央）にあり、直立二足歩行をしていた可能性が高い。

顔面の下部もフラットで口元も類人猿ほど突き出ていない。

ただ直立二足歩行の証拠となる腰や足の骨が発見されず明確な断言は出来ないが人類史七〇〇万年と云われるのはこの化石発見に由来している。

七〇〇万年前の推定は、この化石の発見された地層から採取された他の進化の過程の分かっている動物（ゾウなど）の化石から為されている。

放射性物質（カリウム、半減期一二・五億年）を使う年代測定は、この発見地域周辺に適当な火山灰層がなく採用されていない。

一方、分子時計より人類誕生の時期に迫るとどうなるのか。

二〇〇一年、米国と台湾の研究者が類人猿と現生人類の遺伝情報の違いをゲノム（全遺伝情報）の五三箇所、二万四〇〇〇塩基（全体は三〇億個）を比較した。

その結果、現生人類はチンパンジーと一・二四%、ゴリラと一・六二%、オランウータンと三・〇八%の遺伝情報の違いがあることが分かった。

またチンパンジーはゴリラと一・六三%の遺伝情報の違いがあった。即ちチンパンジーはゴリラよりも人類に近い生物であることが示された。

一％の遺伝情報の差を生むのに化石研究から約五〇〇万年かかると云われ、この場合、人類とチンパンジーの差一・二四％は六二〇万年となり、最古の人類誕生にオーダー的に近くなる。

最古の人類化石といわれる「サヘラントロプス・チャデンシス」に次いで古い化石は六〇〇万年〜五八〇万年前の人類化石「オロリン・ツゲネンシス」（オロリンは最初の人、ツゲネンシスは発掘地のケニアのツーゲン丘に因む）、更に五八〇万〜五二〇万年前の人類化石「アルディピテクス・カダッバ」（アルディピテクスは地面のサル、カダッバは根元的な祖先の意）の二つで共に二〇〇一年に報告された。

これらに次ぐ古さで有名なのが発見から十五年を経て二〇〇九年に発表された四四〇万年前の人類化石「アルディピテクス・ラミダス」愛称「アルディ」である。

一九九二年十二月、石ころに混じっていたラミダスの上顎第三大臼歯を世界で初めて発見し、アルディ探索研究の先鞭をつけたのは日本の諏訪元氏（東京大学教授）である。

これら約七〇〇万年前から脳の大型化が始まる二五〇万年前の人類を「猿人」と云う。

猿人化石で最も一般に名が知られているのは、一九七四年英仏チームにより珍しく全身の約四割もの骨が発見され愛称「ルーシー」で呼ばれるエチオピアで発掘された三二〇万年前の人類化石「学名アウストラロピテクス・アファレンシス」（アウストラロピテクスは南のサル、アファレンシスは発見地のエチオピアのアファール渓谷に因む）で、愛称「ルーシー」は化石発掘を祝うその夜の宴会で繰り返し流れていたカセットの音楽がビートルズの「ルーシー・イン・ザ・スカイ・ウィズ・ダイヤモンズ」だったのに因むと云う。

脳の大きさは四〇〇cc、身長一・一メートル、体重二九キログラム、年齢二十五～三十歳の小柄な女性と推定されると云う。

更に二六〇万年前の東アフリカの地層から石器による切り傷（カット・マーク）のある動物の骨化石が発見された。

最古の動物解体遺跡（ブッチャリング・サイト）と云われる。

石で叩いて割ったとみられる骨も発見された。

人類が骨を砕いて栄養分豊富な骨髄を食した痕跡と云われる。

これらの近くから発見された人類化石が「学名アウストラロピテクス・ガルヒ」（ガルヒは地元アファール語で驚きの意）で脳の容量は四五〇ccである。

ただ使用された石器自体は発見されていないが、二六〇万年～二五〇万年前のオルドワン石器出土地から南に九六キロしか離れておらず、おそらく持ち歩いていたと推測されている。

石器の使用と肉食による栄養分の摂取がその後の脳の大型化を招来し、今まで述べてきた「チャデンシス」から「ガルヒ」に至る所謂「猿人」から「原人」（ホモ・ハビリス、ホモ・エレクトス）への進化を可能にしたと云われる。

第二節　原人の出現

一九六四年、東アフリカ・タンザニア北部の大地構帯の中にあるオルドバイ峡谷で人類化石発見家として有名なルイス・リーキーにより二五〇万年前の化石「ホモ・ハビリス」（後での命名で器用な人の意）が発見された。

脳容量は六八〇 ccで石器を製作使用していたと云われる。

一九八四年、東アフリカの大地構帯の東側、ケニアのトゥルカナ湖西岸のナリオコトメ川の河床で一六〇万年前の「ホモ・エレクトス」（後での命名で直立の人の意）のほぼ完全な化石（全身骨格の六六％）がリチャード・リーキー（ルイスの次男）により発見された。

愛称は発見地の地名に因んで「ナリオコトメ（又はトゥルカナ）・ボーイ」と云い、推定年齢九歳余り、身長一六〇センチ弱、脳容量八八〇 ccで、大人になれば身長一八五センチ、脳容量九〇〇 cc余りになると推測された。

他方、一八九一年、ジャワ島西部のトリニールで**所謂**「**ジャワ原人**」の人骨化石が発見された。

脳容量は九〇〇 ccと推定された。

当初は「ピテカントロプス・エレクトス」（直立した猿人の意）と命名されたが現在は「ホモ・エレクトス」に分類され、時代も当初の一〇〇万年〜七〇万年前から最古のものは一八〇万年前と推定されている。

ただジャワ原人は一〇万年前に絶滅し、現生人類（ホモ・サピエンス）の先祖ではない。

また一九二九年、中国北京市郊外の周口店で頭蓋骨化石が発見され、「シナントロプス・ペキンネンシス」（北京の中国人）と命名されたが、現在は「ホモ・エレクトス・ペキネンシス」として「ホモ・エレクトス」の一亜種となっている。

所謂「**北京原人**」で、時代も発見当時の五〇万年～二五万年前から現在では八〇万年前と推定されている。

身長約一五〇センチ、脳容量八五〇～一二〇〇ccと云われる。

北京原人も二〇万年前頃に絶滅し、矢張り現生人類の先祖ではない。

一九九九年、旧ソ連のグルジア共和国の首都トリビシから南西八五キロ離れたドゥマニシ遺跡から一九〇～一八〇万年前の頭蓋骨化石が発掘され、形状特質よりホモ・エレクトスと認定された。

脳容量は六〇〇ccで「**ドゥマニシ原人**」と云われる。

こうした「ナリオコトメ（又はトゥルカナ）・ボーイ」から「ジャワ原人」「北京原人」「ドゥマニシ原人」等の化石発掘は、アフリカで進化した「ホモ・エレクトス」が一九〇万年～一八〇万年前頃にアフリカを出てグルジア、ジャワ、中国へと各地に拡散していった構図を推測させる。

なおヨーロッパへの原人の進出はその寒冷気候の故、幾分遅れ、ヨーロッパでの最古の原人はギリシャのペトラローナ人（七〇万年前）と云われる。

これより北で最も古いのは一九〇七年、ドイツのハイデルベルク近郊のマウエル砕石場出土の下顎骨で、翌年「ホモ・ハイデルベルゲンシス」（ハイデルベルクの人）と命名されたほぼ五〇万年前の人骨である。

こうした彼ら原人が現生人類（ホモ・サピエンス）の祖先でないことが分子生物学で明らかである事は、人類の「出アフリカ」はもう一度あったことを意味する。

第三節　旧人の出現

一八五六年、ドイツのデュッセルドルフ郊外のネアンデル渓谷（渓谷はドイツ語でタール）の洞窟で、石灰岩採掘中の作業員により発見された人骨化石が、人類学史上、最初に発見された化石人骨として又、原人と現生人類の中間である旧人の代表選手として有名な**ネアンデルタール人**（ホモ・ネアンデルターレンシス）化石である。

頭骨が前後に長く、顔の正中部が前に突出し、眉根が隆起しており、発表当初は「クル病で骨が変形し、痛みで顔を顰（しか）めていた現人類の骨」などの批判が出されていた。

この発見の三年後の一八五九年、チャールズ・ダーウィンが有名な進化論『種の起源』を発表し、キリスト教界をはじめ各界に衝撃を与えた。

その後、同様の特徴を備えた人骨化石がヨーロッパ、中東各地で発掘され、今では二〇万年～三万年前に生存した、寒冷対応でがっしりした胴長短足の骨格で紅毛肌白の、身長一六〇～一七〇センチ、体重八〇キロ、脳容量一五〇〇ccのネアンデルタール人像が想定されており、前節で述べたホモ・ハイデルベルゲンシスより発展したと推定されている。

ネアンデルタール人は最盛期にはヨーロッパを中心に東はシベリア、中央アジア、西はイベリア半島まで数万人程度いたと考えれれているが、現生人類であるクロマニョン人（一八六八年、フランス南西部のクロマニョン洞窟より鉄道工事中に五体の人骨化石発見。その後、ヨーロッパ各地で発掘。四万年～一万年前にヨーロッパに居住）のヨーロッパ進出により次第に衰亡化し、最後はアフリカを望むジブラルタルのゴーラム洞窟で果てたとみられている。

「ネアンデルタール人」の復元像
（国立科学博物館常設展より）

なお現生人類とネアンデルタール人の交雑は殆ど無かったか、あったとしても現生人類がアフリカを出てユーラシア大陸に拡散する前、中東地区で僅かにあったと見られている。(他方、アフリカ以外の現人類のDNAのMax二%がネアンデルタール人との説もある)。

一方、直近の二〇〇八年、ロシアのカザフスタンとの国境に近い西シベリアのアルタイ山脈中のデニソワ洞窟で小指の先端部骨化石が発見され、四万一〇〇〇年前(放射性炭素による年代測定)と推定された。

所謂、**デニソワ人**で、ネアンデルタール人とは六四万年前に分岐した近縁種(二〇一〇年十二月発表、細胞核DNA解析結果)であり、現代のメラネシア人や中国南部の住人に一部遺伝情報が伝わっていると云われる。

ただ、化石数少なく、種としての特定はなされていない。

他方、二〇〇三年、インドネシアの孤島フローレス島のリアン・ブア洞窟(現地語で冷たい洞窟の意)で人骨化石が発見され、その島名に因み「**ホモ・フロレシエンシス**」と命名された。

その後の調査により成人で身長一一〇センチ、脳容量四一七cc、多種類の放射年代測定法により一万七〇〇〇年前のものと推定され、ジャワ原人の子孫でもなく、現生人類でもない新種の小型人類とみられ、ファンタジーの「指輪物語」に登場する小人族に因んで「ホビット」の愛称が付けられた。

こうした孤島に於ける特殊な進化現象を「島嶼化（とうしょか）」又は「孤島効果」と云い、孤島に渡った大型哺乳類が他との遺伝的交流を絶たれ、自らを害する肉食獣も無く、競争者も少なく、食料資源も限定されている環境では、消費エネルギーの少ない小型化の方向に進化していくのが動物生態学の原則と云われる。

ただネズミより小さい哺乳類は逆に大きくなると云う。

この島から発掘された「ステゴドン」という既に絶滅したゾウの化石も他に比し著しく小型化していた。

「ホモ・フロレシエンシス」の復元像
（国立科学博物館常設展より）

更に二〇一〇年、この島のウォロ・セゲ遺跡より一〇二万年前と年代推定（アルゴン・アルゴン法）された粗雑な石器類の発見が発表された。

即ちフローレス島の人類史は少なくとも百万年の歴史のある事を示しており、おそらく一万二〇〇〇年前のこの地方を襲った火山噴火により絶滅したとみられている。

第四節　新人（現生人類・ホモ・サピエンス）の出現

一九九七年、米国、日本の調査チームがアフリカ・エチオピアで成人二体と幼児一体の頭骨等を発掘した。

更に二〇〇五年、米国・オーストラリアの研究チームが一九六七年にエチオピアで発掘され一三万年前と推定されていたホモ・サピエンスの二つの頭骨化石は、再検討の結果、一九万五〇〇〇年前と推定されると発表した。

一方、アフリカ以外で最も古い現生人類（ホモ・サピエンス）の人骨化石はイスラエルのスフールやカフーゼの洞窟で発見されたもので、年代は一〇万年前と推定されている。

他方、一九八七年、米国のアラン・ウイルソンとレベッカ・キャンらは多くの人種、民族を含む一四七人のミトコンドリアＤＮＡの塩基配列を解析し、人類の系統樹を作成したが、それは二つの枝に別れ一つはアフリカ人のみの枝、一つはアフリカ人の一部とその他の全ての人種からなる枝に分かれた。

これは全人類に共通する祖先の女性（ミトコンドリアＤＮＡは母親からしか伝わらない）のうちの一人がアフリカにいた事を示唆する。

そして分子時計理論（生物間の分子構造の差異と分子構造の時間当たりの変化量より進

化系譜を構築する理論）による計算の結果、その女性は一六万年＋－四万年前にいたと推定した。

この女性をマスコミが「ミトコンドリア・イヴ」と呼んだ。

こうして発掘された人骨化石と分子時計理論は、現生人類全てのアフリカ単一起源説を有力な定説としてきている。

よって大きく要約すれば、アフリカで七〇〇万年前にチンパンジーと分岐した直立二足歩行を特色とする人類の祖先・「猿人」はその後、二五〇万年前頃、肉食と道具としての石器使用により脳の大型化への途を歩み始め、所謂「原人」へと進化し、一八〇万年～一九〇万年前に一旦、アフリカを出てグルジア、ジャワ、中国、ヨーロッパ等で足跡を残したが、一〇万年～二〇万年前に絶滅、次いで所謂「旧人」といわれるネアンデルタール人も三万年前、デニソワ人もその前後に、そしてフローレンス人も一万二〇〇〇年前に絶滅し、従って二〇万年前頃にアフリカでホモ・エレクトス（その亜種としてのアフリカのホモ・ハイデルベルゲンシス）より発達した現生人類（ホモ・サピエンス）が一〇万年前後に食料となる動物を追って再びアフリカを出て、七万年～五万年前にアジア、オーストラリアに到達、四万年前にヨーロッパにそしてアメリカ大陸に一万四〇〇〇年～一万二〇〇〇年前に到達し、こうして全世界に拡散し現在に至ったと推定される。

現生人類（ホモ・サピエンス）の人骨化石の形態的特色は全体としての骨の形の繊細化であり、脳容量は一三五〇ccで頭骨は短頭（前後径が左右径に比し短い）・高頭（垂直径が高い）タイプで特に前頭骨が高くひたいの膨らみが増し、言語や抽象的思考を司る前頭葉の発達を示している。

また後頭骨の張り出し（後頭部の髷—まげ）は無い。

顔では眉上弓が際立って弱く、顔全体の前方への張り出しも少ない。

歯を含めた咀嚼器、特に顎の減弱が著しく、その為、顎の先が取り残されて頤（おとがい）が発達し、突き出している。

これは肉食と火の使用による食物の軟弱化による歯の退化によると見られる。

一方、現生人類が他の人類種を圧倒したのは集団内の助け合い、分かち合いの意識の強さであったとの説が強い。

第二章　人類の未来展望

現在、宇宙（四〇〇億光年の広がり）には数千億個の銀河があり、泡状の大規模構造に大部分が、銀河が数百個の銀河団や銀河が数十個の銀河群で集団を形成しており、銀河群の一つである局所銀河群（半径三〇〇万光年）にアンドロメダ銀河や大・小マゼラン雲な

ど四〇程の銀河と共に銀河系・天の川銀河（一〇万光年の広がり）があり、その天の川銀河には二〇〇〇億個の恒星が輝き、その一つである恒星・太陽の第三惑星が我々人類の存在する地球である。

それでは人類の様な知的生命体はこの広い宇宙にどの程度、存在するのか。

この疑問に組織的に取り組んだのが米国の天文学者フランク・ドレイクで一九六〇年に地球外からの知的生命体からの電波を探す「オズマ」計画をスタートさせ、一九六一年に「天の川銀河に存在する通信可能な地球外文明の数」を算定する次の計算式を提案した。

（Ｎｅｗｔｏｎ別冊「地球」二〇一一年二月より引用）

ドレイクは一年間の恒星形成数を一〇個と見積もり、惑星を持つ恒星の割合を〇・五、ハビタブル・ゾーン内の惑星数を二、生命が誕生する割合

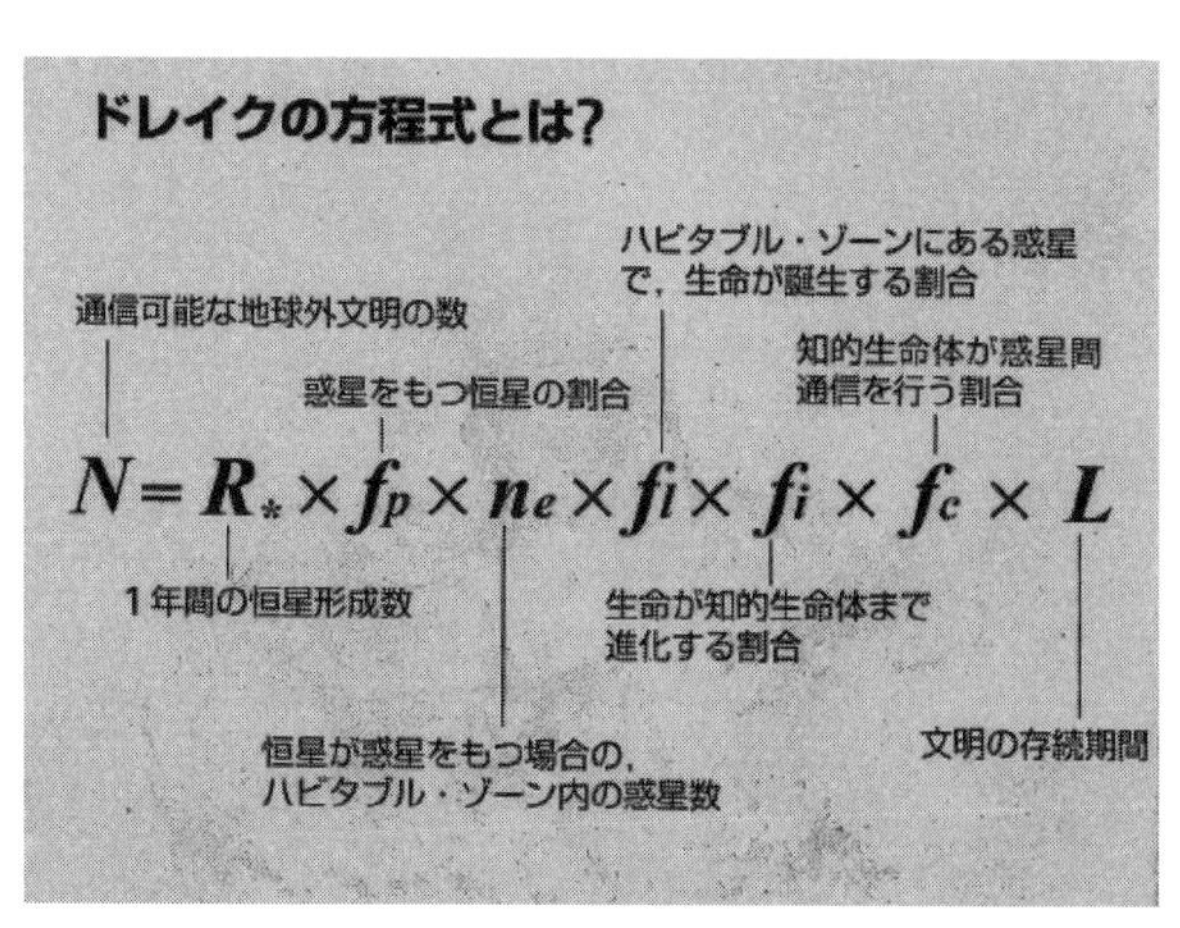

を一、その生命が知的生命体に進化する割合を○・○一、知的生命体が惑星間の通信を行う割合を○・○一、その文明の平均的な存続期間を一万年とし、これらを掛け合わせて、天の川銀河に存在する通信可能な地球外文明の数を一○とした。

これについて北海道大学の倉本圭教授はドレイクの五○年後の現在の知見（観測データーを基礎とする）による計算として現代版ドレイクの方程式（Ｎｅｗｔｏｎ別冊「地球」二○一一年二月より引用）を提示している。

ここでは天の川銀河における恒星の数は一○○○億～四○○○億個と見積もり、惑星を持つ恒星の割合は○・五、寿命の長い恒星（太陽よりも質量が小さい）の割合は一、恒星が単独の割合は○・五、岩石型の恒星の割合は○・五、原始惑星系円

現代版ドレイクの方程式

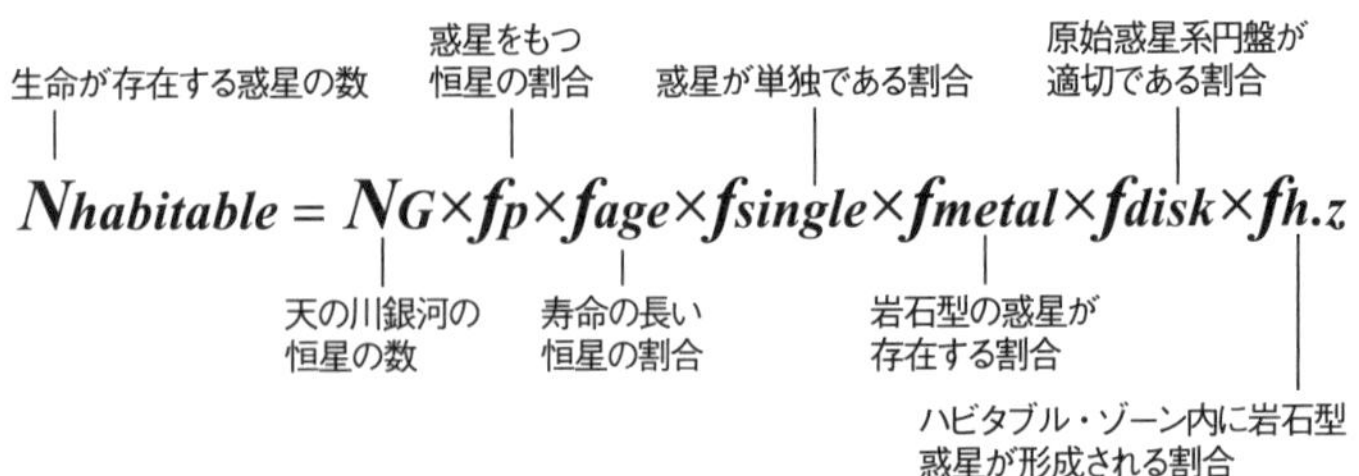

文明をもった惑星の数
＝ $N_{habitable}$ ×生命が誕生する×40億歳以上の恒星の割合×文明が獲得される割合

今なお文明のある惑星の数
＝ 文明をもった惑星の数×現在も文明のある割合

盤が適切（この質量が大きすぎると木星の様な巨大ガス惑星が三個以上形成され公転軌道が不安定化）である割合は〇・五、生存可能域に岩石型惑星が形成される割合は一、これらを全て掛け合わせると「生命が存在する可能性を満たす惑星」の数は六・二五％で六二億五〇〇〇万～二五〇億個となる。

次に文明をもった惑星の数として、生命誕生の条件を満たせば必ず生命は誕生するとし、それが知的生命にまで進化するのに地球を参考に四〇億年かかるとし、天の川銀河における四〇億歳以上の恒星の割合を〇・五、それらの恒星で本当に生命が文明を獲得する割合を〇・〇一、更に現在も文明の存在する割合を一〇〇万分の一（一〇〇億年の文明期間で文明の寿命一万年として算出）とし、これらを掛け合わせ、**天の川銀河において地球外高度文明の数をドレイクより多い三〇～一二五とした。**

こうした地球外文明の存在の可能性の高さとそうした文明との接触の明確な証拠が未だ皆無である事との矛盾（みんなどこにいるの？）を最初に指摘（一九五〇年）したと云われるのがイタリアのノーベル物理学賞（一九三八年）受賞者、エンリコ・フェルミで、この矛盾を「**フェルミの逆説**（**パラドックス**）」と云う。

この逆説に対する答えとしては幾つも考えられるが、典型的なものとして、

（一）人類の様な高度知的生命体は正に幾つもの奇跡の積み重ねの結果であり、この地球上以外に他には存在しない。

（二）地球外高度知的生命体は存在する。ただ例えば人類が気付いていないだけで、既に地球は未開惑星（その居住生命体が惑星間移動を行い得ない）保護条約などの下に我々から見れば神としか思えない超高度知的生命体諸団体の管理下にある。

或いはその段階以前で様々な理由（余りに遠く未だ届いていない。周波数が合わない。相手に通信する気がない等）で人類との接触が実現していないだけである。

（三）天体間の通信・移動を行い得る文明レベルに達した知的生命体の社会は、高度に発展した所有技術と生命体個体の本能的欲望の不均衡により僅かな期間（一〇〇年単位）で自滅して果てる。

これら三つの典型的な答えについて、『広い宇宙に地球人しか見当たらない50の理由—フェルミのパラドックス』（スティーヴン・ウェッブ著、松浦俊輔訳、二〇〇四年九月、青土社刊）の著者はその理由の五〇番目に物理学者としての自分自身の見解として、「天の川銀河」における一兆の惑星を篩いにかけ、最終的に言語を持つ人類の様な高度知的生命体の存在するのは地球だけであるとして「フェルミの逆説」の解は（一）であるとした。

一方、「泡宇宙論」を提唱した名大名誉教授の池内了（さとる）は「地球外高度知的生命体は存在するが様々な理由でまだ連絡がついていない」の立場で（二）を支持し、「広い宇宙に地球人しかいないのは寂しすぎるという感傷があるかも」とスティーヴン・ウェッブの前述の著書の書評の中で述懐している。

こうした見解に対して「インフレーション宇宙論」の提唱者で東大名誉教授の佐藤勝彦は「知的生命体の社会は高度な文明を獲得した時、自滅する」として（三）の立場を支持し、今や原子核技術はハイテクではなく小国や集団で核爆弾の保有は容易であり、遺伝子操作などの生命科学技術は大学の一研究室が人類社会を崩壊させる技術力を持ち、一方、地球規模の環境問題に対する人類としての連帯は不十分であるとして「いまなお古い心しか持っていない人類が個人で人類社会を崩壊させる技術を獲得しつつある」と指摘し、「二一世紀は人類が自滅への道を歩むかどうかの岐路である」と警鐘を鳴らしている。（『宇宙論入門』佐藤勝彦著、二〇〇八年十一月、岩波書店刊より引用）。

先述した（一）の立場を支持した**英国の物理学者・スティーヴン・ウェッブ**も同著書の最後で「自己意識を持った唯一の動物、愛とユーモアと思いやりのの行為で宇宙を明るくできる唯一の種が、ばかげたふるまいで自ら消えようとしているのかもしれない」として人類の今後に警告を発している。

同じ様に（二）の立場を支持した**池内了**もその著書『泡宇宙論』（一九九五年八月、早川書房刊）の中で「五〇億年後、地球は大きくなった太陽の熱で溶かされ蒸発してしまうだろう。これが惑星としての地球の本当の最後なのだ。といっても、五〇億年も後のことである。**この五〇億年先の地球の終末の心配より一〇〇年も経たないうちに環境問題や核問題による人類死滅の危機のほうが私には心配なのだが**」と直面する懸念を述べている。

同様の危機感を表明したのが『今世紀で人類は終わる？』（堀千恵子訳、二〇〇七年五月、草思社刊）の著者・英国ケンブリッジ大学の宇宙物理学者のマーティン・リースで氏は同書で「世界滅亡の引き金はたった一人で引ける。」とし「二十一世紀の地球は全宇宙にとって特別だ（…）。**広大な宇宙には無限ともいえる未来がある。とはいえ果てしない未来が生命あふれる世界となるか、地球の原始の海と同じく不毛の世界と化すか、そのカギを握るのは今世紀の私たちなのだ**」と最後に悲痛な切迫した言葉を述べている。

宇宙は現在、約四〇〇億光年の広がりを持ち、泡状の大規模構造に数百万個の銀河団と数億個以上の銀河群が群がり、全体で数千億個の銀河が存在すると云われる。

一つの銀河に二〇〇〇億個の恒星と一兆個の惑星が存在（天の川銀河と同様に）するとすれば、宇宙全体での惑星の数は一兆の数千億倍の途方も無い数となる。

こうしたまさに天文学的な数字からすれば人類と同様以上の高度知的生命体が相当数存在すると考えても決しておかしくはない。（コペルニクスの平凡原理）。

特に現在の地球における人類の文明より数千年～数億年も先行して誕生した惑星の文明を想像すれば尚更である。

一方、現在、地球上に存在する命名済みの二〇〇万にのぼる生物種の中で、人類以外で今後、天体間通信を行い得る種が新たに出てくるとは到底思い得ない。（七〇〇万年前に人類と分岐したチンパンジーについて様々な知能レベル実験が行われているが進化の痕跡は見当たらない）。

宇宙一三八億年の歴史の中で佐藤勝彦の支持する（三）のケースが一つの例外もなく貫徹されたかどうかについては疑問の声もあるが、現二十一世紀の人類が自滅への道を歩むかどうかの岐路に直面しているのは紛れもない事実といえよう。

我々は如何にすれば四六億年の地球史上初めての、人類という唯一つの生物種によるかかる地球規模の終末危機を乗り越える事ができるのか。

今現在、二十一世紀に生を受けている人類七〇億人が自分と自分の子孫の命運を賭けて本当は一人ひとり真剣に考え、議論し方向を定め具体策を実行していかなければならない。

その為には、ここ数百年の科学的な進歩・発展を招来してきたが、同時に多くの争いや葛藤を生んだ西欧的な対応である自然や他との対決、征服という姿勢（狩猟牧畜民族のもつ独善的・強圧的性格、自然を解剖するというデカルト哲学の対応、一神教であるキリスト教のもつ排他的性格、労働を悪・神の懲罰とする社会観）では人類の想像を絶した破局が起こる可能性を排除できないのではないか、特に現在の人類文明を遥かに途方もなく凌駕する惑星の先進文明の存在（ここ百年の人類の科学文明の発展の千年先一万年先の科学文明の存在）を考える時、他との対決姿勢では、間違いなく人類の破局を最終にして徹底的なものにしてしまうと考えられる。

そうではなく、自然への畏敬と調和、他との共生と共栄を根幹とした縄文先行文明及びそれを受け継いだ縄文時代以降の日本文明の価値を認識し評価することが正に今、最も肝要ではないのか、そこから新たな宇宙への人類の共栄的発展と平和的共生の展望が開けるのではないのか、こうした期待と観点より、次に第三部で日本文明の生成と発展について考察していきたい。

第三部　日本文明の生成と発展

第一章　日本列島の形成と特質

第一節　日本列島の形成

現在、地球の地殻の下部にあり、地球体積の八三％を占めるマントルは、巨大な上昇流（スーパープルーム）と巨大な下降流（コールドプルーム）により年間数センチの速さで対流しており、一方、地殻とマントルの最上部は一体となり厚さ一〇〇キロ程の硬い岩盤を形成しており、プレートと云う。

現在地球上には十数枚のプレートが存在し、マントルの対流により、年間数センチの速さで移動している。

日本列島は北海道・東日本が北米プレート（又はこれより独立したオホーツクプレート）に載り、東海・西日本がユーラシアプレートに載り、前者の下には海洋プレートである太平洋プレートが沈み込み、後者の下には同じくフィリピン海プレートが沈み込んでいる。

また海洋プレート同士の境界では、太平洋プレートがフィリピン海プレートの下に沈み込んでいる。

海洋プレートはマントル対流の盛り上がり部分である中央海嶺で誕生し、その上には様々な堆積物を積もらせながら移動し、大陸プレートの下に沈み込んでいく。

その時、堆積物の一部は剝ぎ取られ「付加体」として大陸の一部となる。

日本列島は四億二〇〇〇万年前の当時のゴンドワナ大陸（超大陸ヌーナに次いで九億年前に形成された二番目の超大陸ロディニアが六億年前に北半球のローラシア大陸と南半球のゴンドワナ大陸に分裂）の一部であった現在の飛騨外縁帯、南部北上帯、黒瀬川構造帯等の最古の岩石（外来岩体）等を含め四億五〇〇〇万年前以降の様々な付加体により大部分が構成されている。

四億二〇〇〇万年前（シルル紀）、アジアの古い大陸の大部分は、南半球の赤道～中緯度近辺にあってゴンドワナ大陸の一部を形成。（先述の飛騨外縁帯、南部北上帯、黒瀬川構造帯等を含む）。

二億六〇〇〇万年前（ペルム紀）、シベリヤ、中部アジア、北ヨーロッパ、北アメリカが衝突・合体しローラシア大陸が形成。南のゴンドワナの一部の揚子地塊やインドシナ地塊が分裂し北上を開始。三畳紀（二億四七〇〇万年前～二億一二〇〇万年前）にかけて両地塊は合体し南アジア大陸となり、シベリヤ大陸に接近。赤道付近で誕生した秋吉海山が中朝地塊のへりに沈み込み、付加体の秋吉石灰岩が誕生した。この時期、西南日本内帯の付加体が形成された。

一億八〇〇〇万年前（ジュラ紀）、中朝、揚子地塊がローラシア大陸に合体し、その縁に美濃・丹波・秩父帯などの付加体が形成。ゴンドワナ大陸の一部であった小地塊群の飛騨外縁帯、南部北上帯、黒瀬川構造帯も衝突・付加した。

また南アジア大陸とシベリヤ大陸は衝突をほぼ完了した。

一億三〇〇〇万年前（白亜紀前半）アジアの東縁で横ずれ運動が起こり、現在の本州中部、中国地方、九州北部を構成する付加体（内帯）と、これと南側に連なる北海道西部、東北日本、西南日本、紀伊半島、四国南部、九州中部を構成する付加体（外帯）が横ずれした。

七〇〇〇万年前、イザナギプレートに載り北上した南側に連なる付加体（外帯）が、北部の付加体（内帯）と重なった。

こうして合体の跡である中央構造線の走る日本列島の原型が出来た。

イザナギプレートは日本列島の原型を形成したので、日本神話に語られる国創りの神「伊弉諾尊―いざなぎのみこと」に因んで命名されたプレートで、一億三〇〇〇万年前～一億年前に現在の北西太平洋に存在し北東に移動したが、その後、北西に運動し、六〇〇〇万年前にアジア大陸に沈み込んだと云われる。

五〇〇〇万年前（古第三紀）北海道東部付加体を持ったオホーツク地塊が北海道に衝突した。

二五〇〇万年前、ユーラシア大陸の東端でプレート沈み込みに伴う背孤海盆として地溝帯が形成され湖水群が出来、一九〇〇万年前に地溝帯が拡大し海が侵入、更に一七〇〇万年前から一五〇〇万年前にかけて拡大し、こうして日本海が誕生した。

一七〇〇万年前、背孤海盆として誕生した日本海の拡大により、南海トラフのある西南日本は時計回りに四五度回転を始め、当時ほぼ全域が海底にあった東北日本は日本海溝の存在により反時計回りに二五度回転しながら横ずれ断層で切れた北海道を残したまま南へ移動し一四五〇万年前に移動をほぼ終えた。（日本列島の堆積岩や火山岩等の古地磁気方位の測定、分析による）。

八〇〇万年前、東北日本は太平洋プレートの沈み込みにより火成活動が連続して起こり次第に隆起し陸化していった。

五〇〇万年前、伊豆―小笠原孤の丹沢海嶺が本州に衝突した。

一〇〇万年前、伊豆半島が本州に衝突した。

現在、北海道・東北日本は北米プレートに載り、西南日本はユーラシアプレートに載り、伊豆半島だけがフィリピン海プレートに載っている。（本州と衝突した伊豆半島の境界が神縄断層である）。

東北日本と西南日本との境目には、中央地溝帯（フォッサマグナ）があり、東縁は柏崎。千葉構造線（東縁については他に上越・銚子間との説等あり）西縁は糸魚川・静岡構造線で区画されている。

この中央部には南北に火山列があり、北から新潟焼山、妙高山、浅間山、八ヶ岳、富士山が並んでいる。

第二節　日本列島の特質―自然条件

ユーラシア大陸の東端に位置し、北西太平洋上にあり、北はアリューシャン列島に繋がり、南は台湾に連なる温帯の弧状列島で、地球上の活火山の六割を擁し地震多発圏である環太平洋火山帯の一郭。

日本列島は北米プレート、ユーラシアプレート、フィリピン海プレートの三つのプレートに載り、世界でも有数の地震国であり、火山国である。

西暦二〇〇〇～二〇〇九年の十年間のマグニチュード六・〇以上の世界の大地震の二割はなんと日本及びその周辺で発生している。

また世界の活火山一五四八の中、七パーセントの一〇八（現在一一〇とも云う）火山が日本で活動中とのことである。（内閣府、『防災白書』平成二十二年版より引用）。

島の国際的定義はオーストラリア大陸より小さく四方を水域に囲まれた陸地を云い、従って日本は全て島により構成されている。

因みに島の大きさ（面積）の順番では一位グリーンランド、六位スマトラ、七位本州、九位グレートブリテン、二〇位アイルランド島、二一位北海道、三七位九州、五〇位四国である。

参考までに日本の国土面積は三七万八〇〇〇平方キロメートルで世界の陸地総面積一億

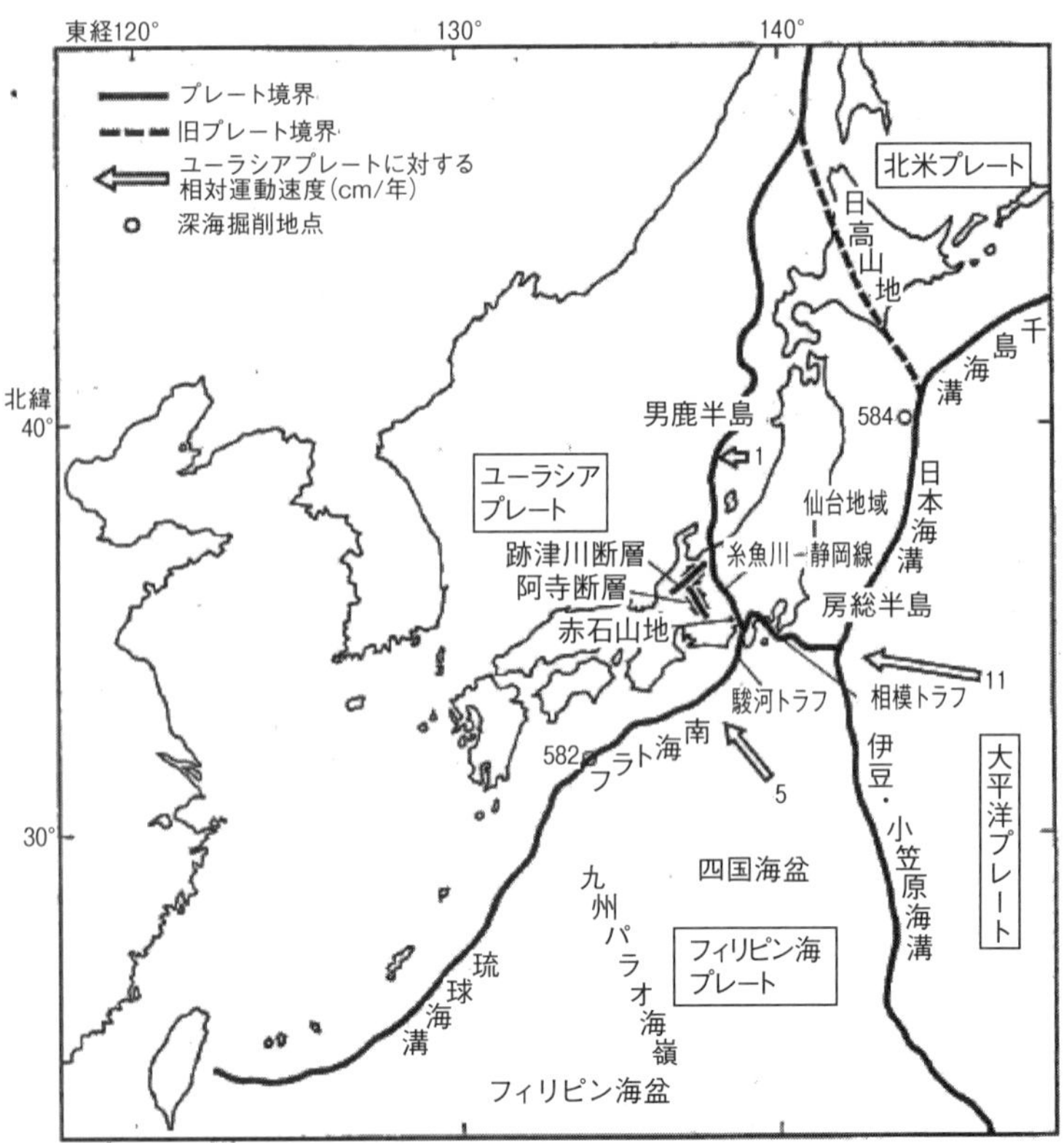

日本列島周辺の四つのプレート
(『日本列島の形成』平朝彦・中村一秋編、1986年7月、岩波書店刊所収の「変動している日本列島—新妻信明」の論文から引用)

四八九四万平方キロメートル（地球表面席の二九・一％）の〇・二五％である。

日本列島の地形は、「山地」、「丘陵」、「台地」、「低地」および「内水域など」の五つに区分され、そのうち「山地」と「丘陵」の占める割合が約七三％であることから、**島国**であると同時に**山国**であると言える。

日本列島周辺では四つのプレート（太平洋プレート、フィリピン海プレート、北米プレート、ユーラシアプレート）が互いに接している。

太平洋プレートは東太平洋海膨で生起し、プレート運動によって日本列島付近に移動し、千島海溝、日本海溝で北米プレートに沈み込み、伊豆・小笠原海溝でフィリピン海プレートに沈み込んでいる。

フィリピン海プレートはユーラシアプレートと北米プレートに伊豆・丹沢地域で衝突し、駿河トラフ、南海トラフ、琉球海溝でユーラシアプレートに沈み込み、相模トラフで北米プレートに沈み込んでいる。また伊豆・小笠原海溝では太平洋プレートに沈み込まれている。

ユーラシアプレートはユーラシア大陸、日本海、東シナ海を含むプレートで、日本海東縁では北米プレートに沈み込み、糸魚川。静岡構造線では衝突していると考えられている。

そしてフィリピン海プレートに駿河トラフ、南海トラフ、琉球海溝で沈み込まれている。

北米プレートは北米大陸のアラスカから、カムチャッカ、千島を経て北海道、東北地方を含み、千島海溝、日本海溝で太平洋プレートに沈み込まれ、日本海東縁でユーラシアプレートに沈み込まれ、本州中部の糸魚川―静岡構造線ではユーラシアプレートと衝突状態で日本アルプスが隆起し、横ずれ活断層（跡津川断層、阿寺断層）が活動している。また伊豆丹沢地域ではフィリピン海プレートと衝突し、相模トラフで沈み込まれている。

従って日本列島は伊豆半島陸上および房総半島沖合に三つのプレートの接触する三重会合点を合計二箇所もっている。

三重会合点付近（北緯三五度、東経一四〇度）におけるユーラシアプレートに対する各プレートの相対速度は太平洋プレートが年間一〇・七センチ、フィリピン海プレートが四・九センチ、北米プレートが一・三センチと云われる。

地球上、唯一の陸上の収束型三重会合点を覆う形で日本最大の火山体である富士山が形成されている。

なお産総研（独立行政法人・産業技術総合研究所）は二〇〇八年十月、首都圏直下に関東フラグメント（深さ四〇キロ～一〇〇キロ、厚さ二五キロ、一〇〇キロ平方のプレートの断片で、二〇〇～三〇〇万年前に太平洋プレートの一部が剝がれ取り残された）があり、プレート境界型地震の震源になると警告している。

世界全体のプレート数は一八個（北海道・東日本が載っている北米プレート部面を独立したオホーツクプレートとする見解あり、これを採用すれば一九個となる）あり、その内最大は太平洋プレートで全プレート面積の二一％を占め、東太平洋海嶺（地形が他の海嶺に比し比較的になだらかなので海膨とも云う）、南極・太平洋海嶺で生まれ、隣接する周辺のプレート（海洋プレートを含む）に沈み込んでいる。

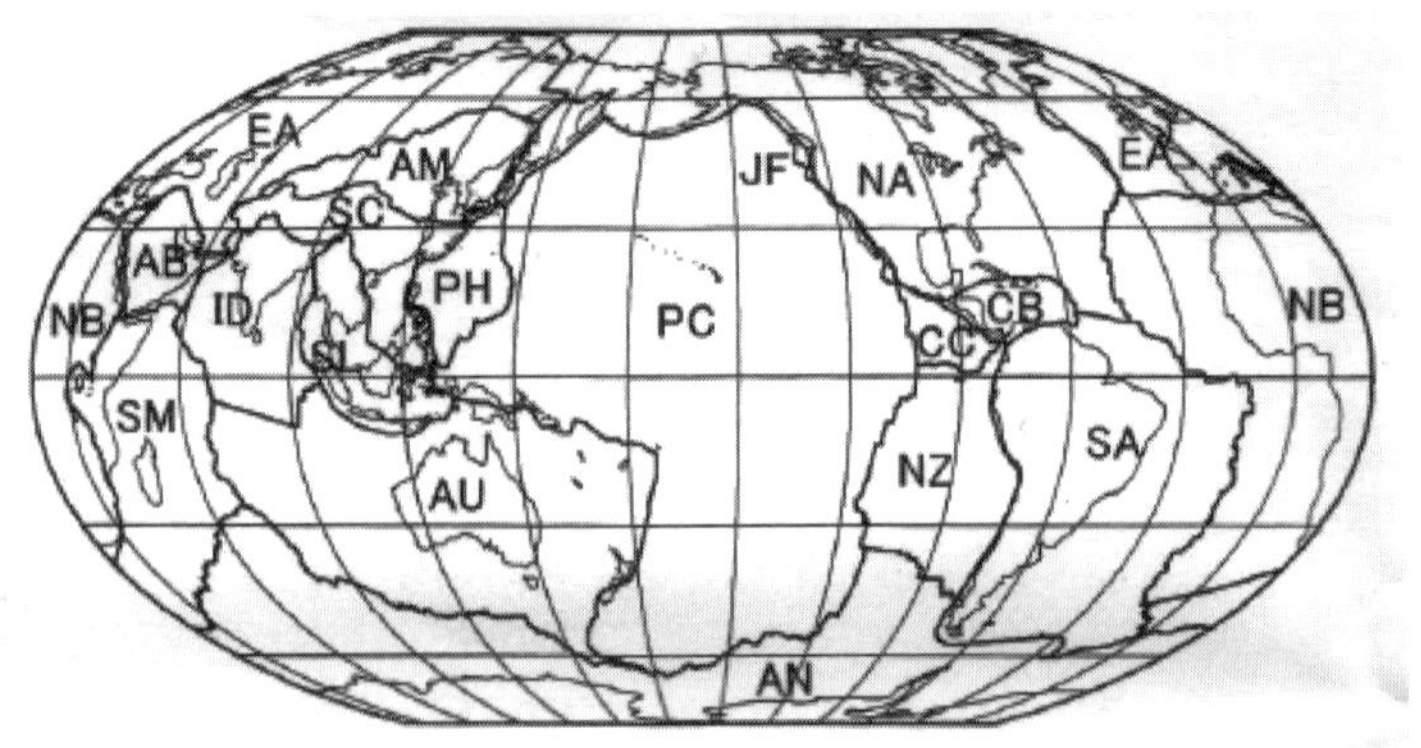

プレート略称	プレート名	面積%
AB	アラビア（Arabia）	1.0
AM	アムール（Amur）	2.0
AN	南極（Antarctic）	11.6
AU	オーストラリア（Australia）	9.3
CB	カリブ（Caribbean）	0.8
CC	ココス（Cocos）	0.6
EA	ユーラシア（Eurasia）	7.6
ID	インド（India）	2.3
JF	ファンデフーカ（Juan de Fuca）	0.1
NA	北米（North America）	11.6
NB	ヌビア（Nubia）	11.2
NZ	ナスカ（Nazca）	3.2
PC	太平洋（Pacific）	20.9
PH	フィリピン海（Philippine Sea）	1.1
SA	南米（South America）	8.4
SC	南シナ（South China）	2.0
SL	スンダランド（Sundaland）	1.8
SM	ソマリア（Somalia）	4.5

図は『プレートテクトニクス－その新展開と日本列島』（新妻信明著、2007年9月、共立出版刊より）

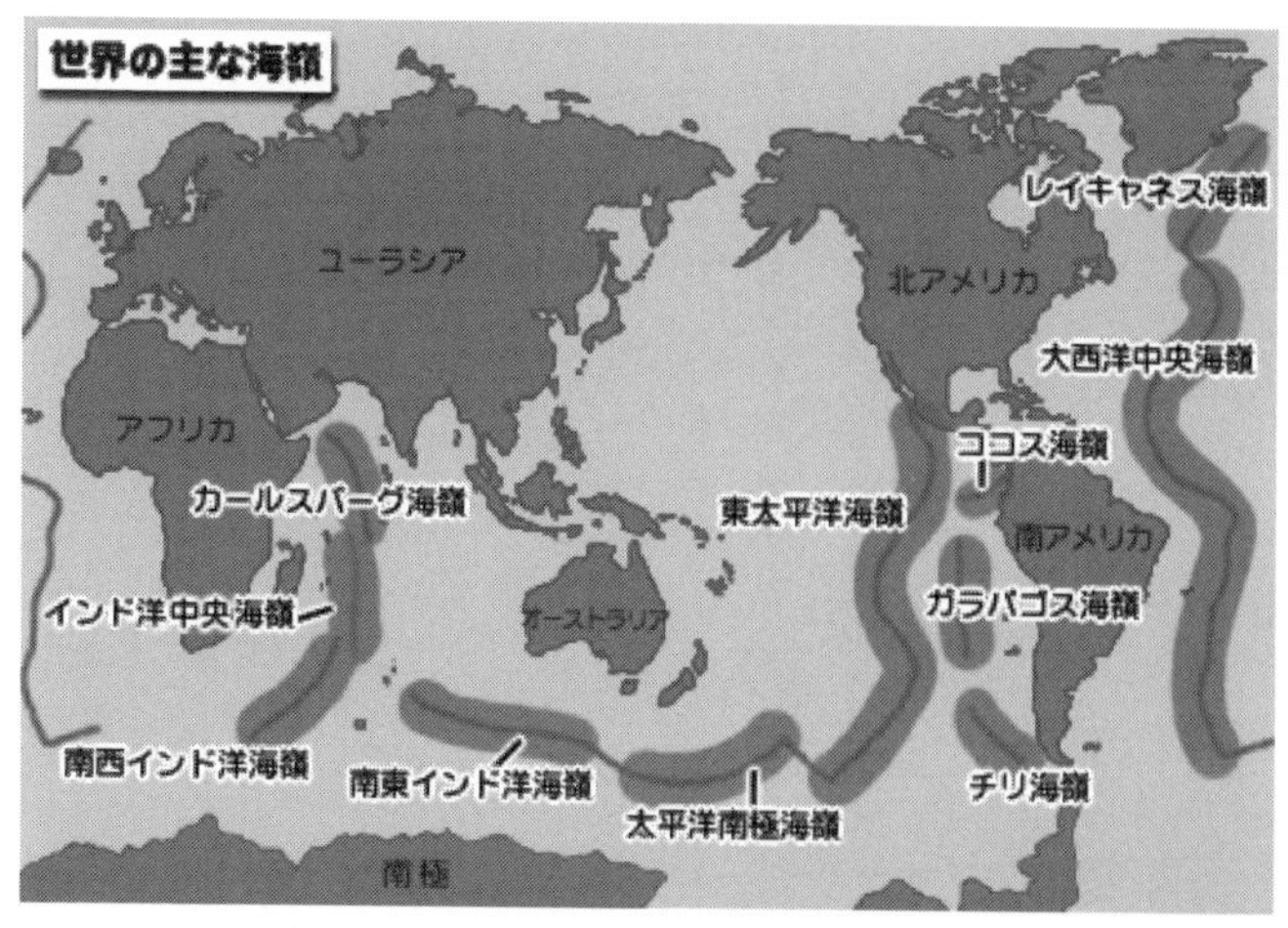

「世界の主な海嶺と海溝」
プレートはマグマの活動により、世界の主要な海嶺で発生し、年間数センチの速さで移動し、世界の各海溝に沈み込んでいる。

世界の災害に比較する日本の災害（「平成22年版 防災白書」（内閣府））

マグニチュード
6.0以上の地震回数

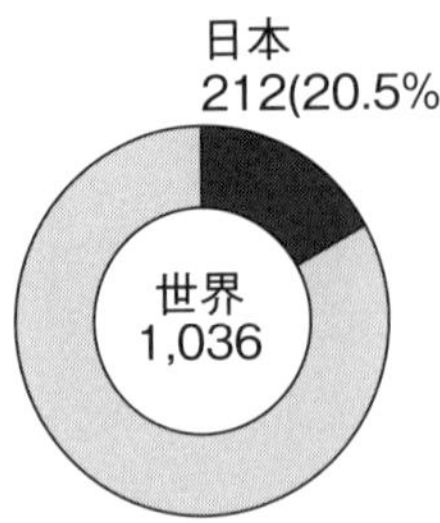

注）2000年から2009年の合計。日本については気象庁、世界については米国地質調査所（USGS）の震源資料をもとに内閣府において作成。

活火山数

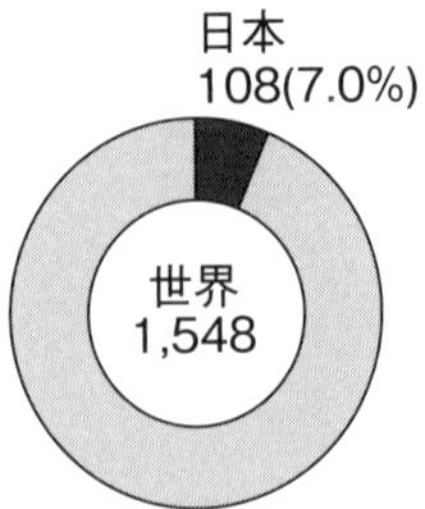

注）活火山は過去および一万年以内に噴火した火山等。日本については気象庁、世界については米国のスミソニアン自然史博物館の火山資料をもとに内閣府において作成。

災害死者数（千人）

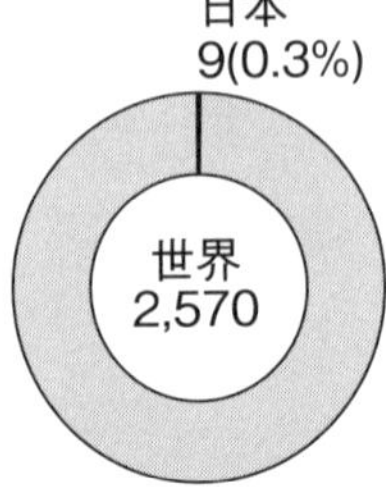

注）1979年から2008年の合計。ベルギー・ルーバン・カトリック大学疫学研究センター（CRED）の資料をもとに内閣府において作成。

災害被害額（億ドル）

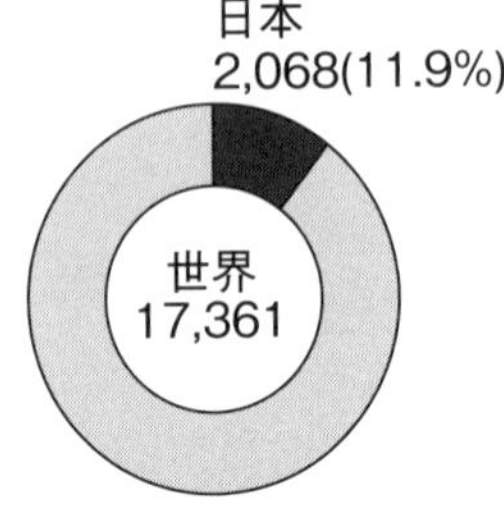

注）1979から2008年の合計。CREDの資料をもとに内閣府において作成。

「世界の災害に比較する日本の災害」
内閣府の発表した平成22年版の『防災白書』によれば西暦2000～2009年の十年間のマグニチュード6.0以上の世界の地震の2割はなんと日本及びその周辺で発生している。また世界の活火山1548の中、7％の108火山が日本で活動中とのことである。

参考までに日本の国土面積は37万8000km^2で世界の陸地総面積1億4894万km^2（地球表面積の29.1％）の0.25％である。

第二章　日本人の生い立ちと歴史

第一節　日本列島居住民の到達と進化の歴史、特に縄文先行文明について

第二部第一章「人類誕生と進化の歴史」で述べたように、アフリカで七〇〇万年前にチンパンジーと分岐した直立二足歩行を特色とする人類の祖先・「猿人」はその後、二五〇万年前頃、肉食と道具としての石器使用により脳の大型化への途を歩み始め、所謂「原人」へと進化し、一八〇万年〜一九〇万年前に一旦、アフリカを出てグルジア、ジャワ、中国、ヨーロッパ等で足跡を残したが、一〇万年〜二〇万年前に全て絶滅、次いで所謂「旧人」といわれるネアンデルタール人も三万年前、デニソワ人もその前後に、そしてフローレンス人も一・二万年前に全て絶滅し、結局、二〇万年前頃にアフリカでホモ・エレクトス（その亜種としてのアフリカのホモ・ハイデルベルゲンシス）より発達した現生人類（ホモ・サピエンス）が一〇万年前後に食料となる動物を追って再びアフリカを出て、五万年前にアジア、四万七〇〇〇年前にオーストラリアに到達、四万年〜三万年前に日本列島に、四万年前にヨーロッパに、そしてアメリカ大陸に一万五〇〇〇年〜一万二〇〇〇年前に到達し、こうして南極大陸を除く全世界に拡散し現在の分布に至ったと考えられている。

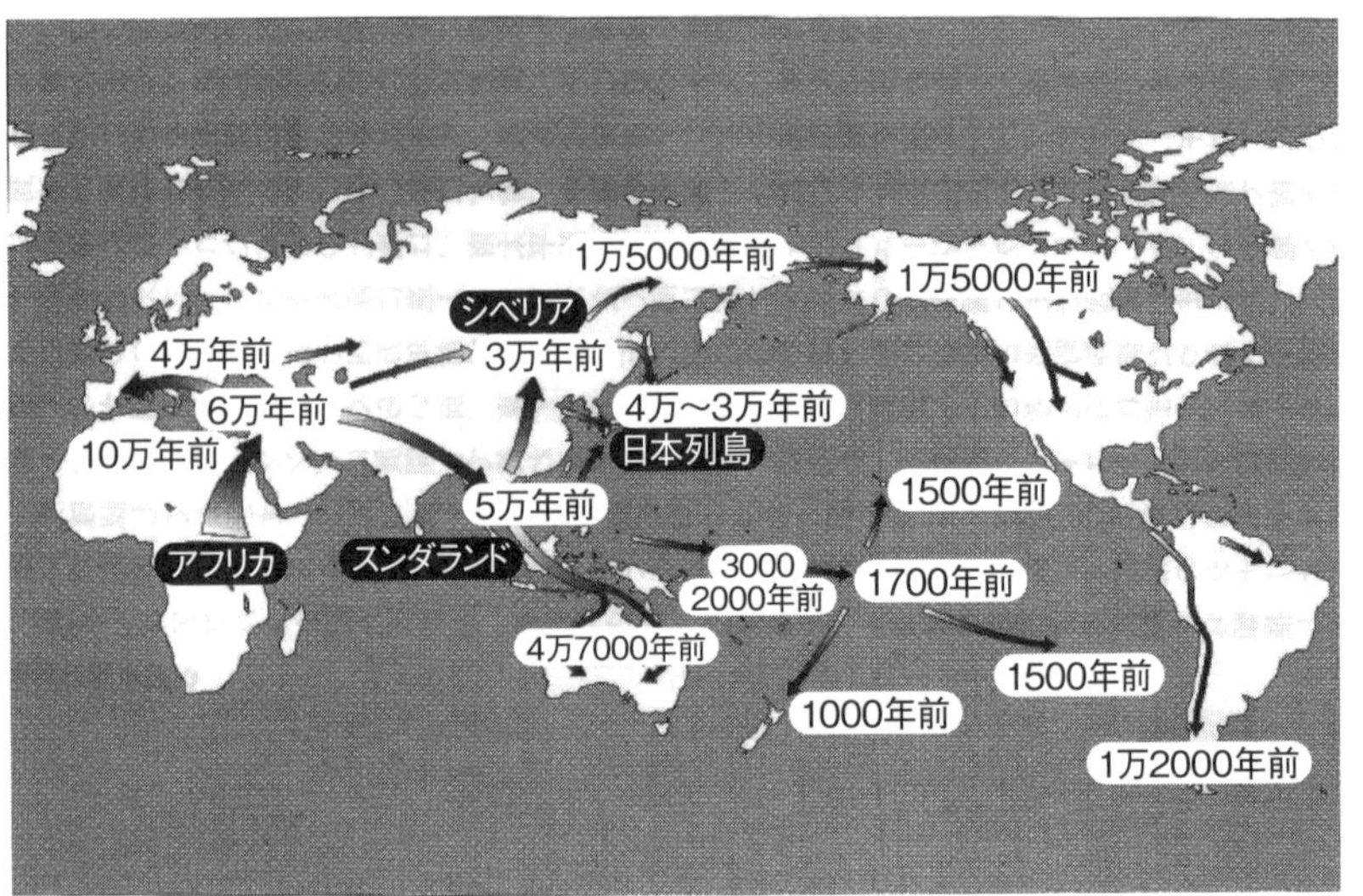

「現生人類―ホモ・サピエンスの拡散」
(『日本人になった祖先たち』篠田謙一著、2009年3月、日本放送出版協会刊より)

旧石器時代の遺跡

旧石器時代＝更新世（約二五〇万年前〜一万年前）は氷期と間氷期を繰り返しながら基本的には寒冷な気候が支配的な氷河時代である。

約二万年前の最終氷期の最寒冷期は、年平均気温は現在より六〜七度低く、高緯度地帯の大陸氷河が発達し、海水面は現在より一二〇メートルも低下していた。

この為、間宮海峡（大陸・サハリン間）、宗谷海峡（サハリン・北海道間）は陸続きとなり北海道は大陸の半島の一部となった。現在、水深が四五〇メートルある津軽海峡は幅約一〇キロ（現在の半分）に狭まっていた。

朝鮮・対馬海峡は閉じる事は無かったが著しく狭まり、本州、四国、九州は一体となり古本州島を形成していた。また対馬海流の流れ込まなくなった日本海は巨大な湖状になった。種子島、屋久島は陸続きであった。

現在、日本列島に残る遺跡で最も古いとみられるのは、**砂原遺跡**（すなはらいせき・島根県出雲市）で二〇〇九年九月、一二万年前の旧石器二〇点が発見された。

また二〇〇二年、**入口遺跡**（いりぐちいせき・長崎県平戸市）で九万年前の旧石器二四点が出土、引き続き二〇〇四年十月、同地層の深さ一メートルの地点から旧石器等約七〇点が出土した。

同様に一九八四年、**金取遺跡**（かねとりいせき・岩手県遠野市）で九万～八万年前の旧石器九点が出土しており、二〇〇〇年の旧石器捏造事件（民間の研究者藤村新一氏による旧石器発掘の捏造事件）を踏まえて慎重を期していたが、二〇〇三年、それらの地層が九万～八万年前のものである事が再確認されている。

これらは日本列島に現生人類（ホモ・サピエンス）以外の人類が嘗て存在した事を示唆しており、今後の発掘と研究が期待されている。

一つの推定として氷河期で日本列島が大陸と地続きであった一八万年前～一三万年前に獲物を求めて移動してきた原人乃至旧人の子孫が住み着いた遺跡と考えられる。

縄文先行文明

これらを含めて日本の旧石器時代の遺跡は現在一万ヵ所以上あり、特に世界最古として国際的に注目されている遺跡出土品が、四万年前から三万年前に日本列島に行き着いた現生人類（ホモ・サピエンス）の発明による「局部磨製石斧」（四万年前～三万年前）であり、また、世界最古の遺構と考えられているのが現在、世界で日本でしか確認されていない「環状ブロック」（三万五〇〇〇年前～二万八〇〇〇年前）と「落とし穴」（約三万年前～二万七〇〇〇年前）である。

これら、縄文時代（日本列島に土器の出現した一万六五〇〇〇年前から水田耕作の始まる

約三〇〇〇年前）に先行する旧石器時代の文明を縄文先行文明（四万年前〜一万六五〇〇年前）と云えよう。

磨製石斧

旧石器時代（二五〇万年前〜一万年前）と約一万年前以降の新石器時代の時代区分の特質の一つとして、世界的に前者は主として打製石器を使用、後者は主として磨製石器を使用するとしているが、日本では四万年前〜三万年前の旧石器時代に製作された刃の部分が局部的に研磨された石の斧「局部磨製石斧」が岩宿遺跡（群馬県みどり市）、武蔵野台遺跡群（東京都府中市）をはじめ、各遺跡より六〇〇点以上と多量に出土している。

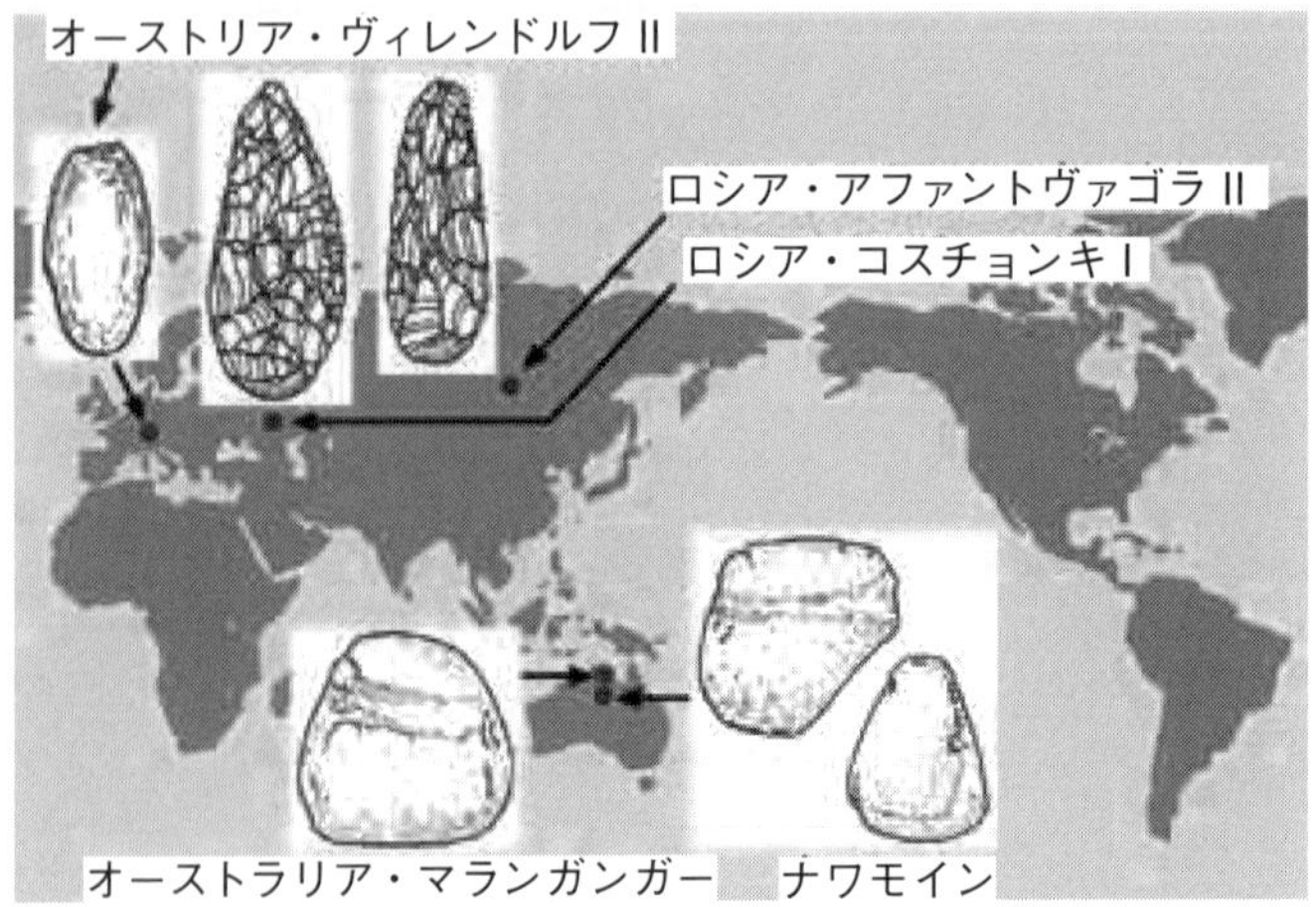

「磨製石斧の日本と世界の出土状況」

右の下図のようにロシア、オーストリアやオーストラリアでも磨製石斧が発見されているが、何れも一万数千年前のもので、日本の四万年前〜三万年前の石斧に比べて遥かに新しい。

また日本の周辺の他の地域では全く出土事例が無く、従って四万年前〜三万年前に日本列島に行き着いた現生人類（ホモ・サピエンス）がこの地で独自に開発したものと考えられている。

ナウマンゾウの復元化石
（忠類ナウマン象記念館より）

局部磨製石斧はナウマンゾウ等の大型動物の解体に使用されたと考えられ、最新の研究によるナウマンゾウの絶滅時期（三万年前）と共にその姿を消し、日本で再び姿を現すのは縄文時代草創期（一万四〇〇〇年前）と云われる。

環状ブロック

群馬県の赤城山麓にある下触牛伏遺跡（しもふれうしぶせいせき、群馬県赤堀町）で一九八三年〜一九八四年にかけて約三万年前の石器二〇〇〇点以上が直径約五〇メートルの円を描く様に二〇ヵ所のブロック（石器のまとまり）から出土、内側にも三ヵ所のブロックが確認された。二〇家族の約五〇人〜一〇〇人が住んでいたと考えられている。
また日向林Ｂ遺跡は新潟県境に接する長野県上水内郡信濃町にあり、現在発掘地点は上信越自動車道の下となっている。

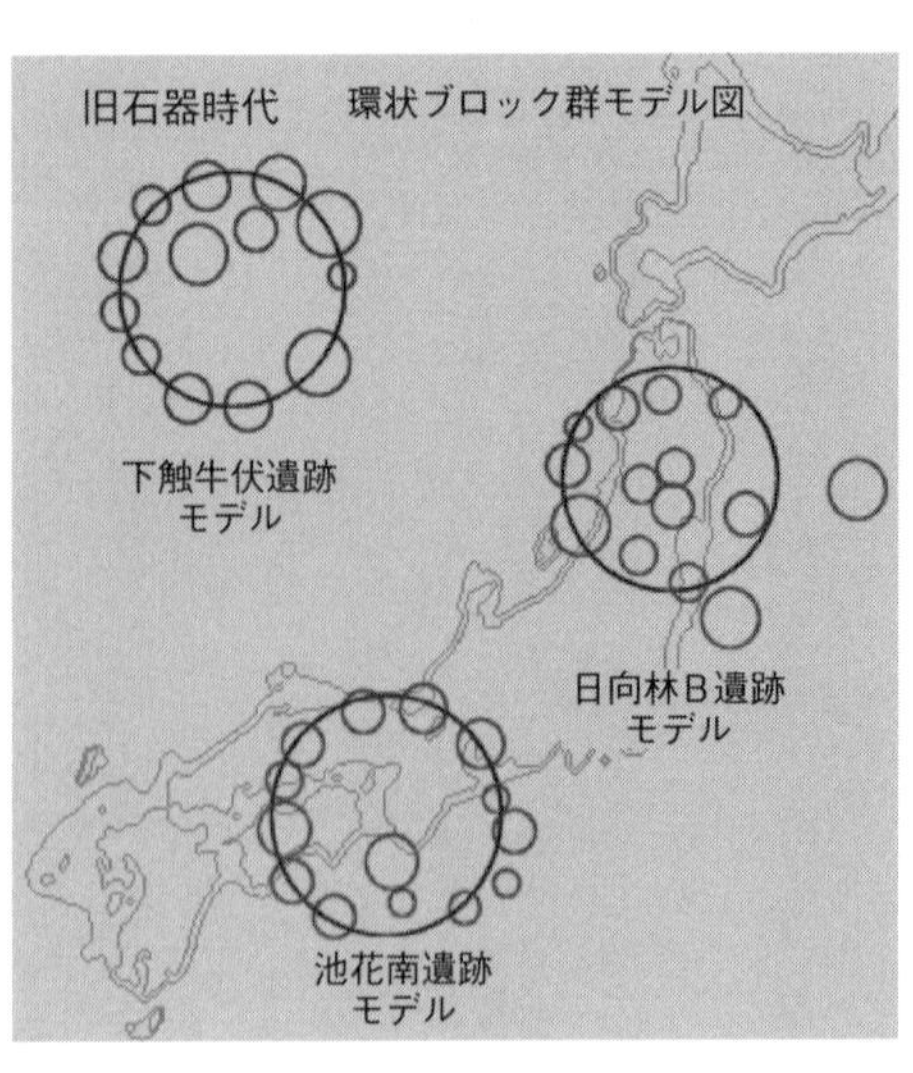

池花南遺跡は千葉県印旛郡栄町にあり、印旛沼へ北流する手繰川（たぐりがわ）最上流域に面した台地上に立地しており、環状ブロックは東西三〇・五、南北二八・五メートルの大きさで中央部の一ヵ所と環状部に一七ヵ所の石器集中地点が検出された。約三万年前の遺跡である。

こうした「環状ブロック」はこの時代、世界で日本でしか発見されておらず、日本では北海道から九州までの広い範囲で規模の大小はあるが三万五〇〇〇年前〜二万八〇〇〇年前の遺構と確認されている。

ナウマンゾウなどの大型獣狩猟のために対等な仲間家族が集まって作った共同キャ

ンプ地跡（ナウマンゾウ一頭で五〇人の一ヵ月分の食料となる）と考えられ、大型獣が消滅するにつれ、こうした「環状ブロック」も消滅していったとみられる。

落とし穴

人類進化の過程で猿人から原人への脳の大型化に肉食の果たした役割は極めて大きく、狩猟の実態解明が重要となるが、落とし穴は遺構として残された唯一の対象と云われる。

旧石器時代の落とし穴土坑は三四遺跡から二四〇数基が主として東北南部、関東～中部地方南部、九州の地域で発見されている。

愛鷹山麓・箱根山西麓遺跡群（静岡県）に動物を捕る「落とし穴」（直径・深さ共、約一・五メートル）の遺構が多く発見されている。（上の遺構は箱根、初音が原）。

初音ヶ原遺跡（静岡県三島市、箱根山麓に位置）では丘陵を横断するように四列に日本最多の六〇基の土杭（深さ七九センチ～一八〇センチ）が出土しており、猪（丸い穴）や鹿（四角い穴）などを共同して集団で捕獲した落とし穴と考えられている。

磐田原台地遺跡（静岡県磐田市）では三二基の土杭が出土しており、これら静岡県内の遺構はすべて二万七〇〇〇年前の地層に限られていると云われる。

一方、九州の種子島の大津保畑遺跡（鹿児島県熊毛郡中種子町）では二〇〇七年、一二基の落とし穴が発見され、約三万年前に掘られた日本最古の落とし穴とみられている。径九〇センチ、深さ一・二〜一・四メートルの土杭で三万年前の火山灰層下で発見された。

こうした古い落とし穴（約三万年前〜二万七〇〇〇年前）は現在、世界的にみて日本でしか発見されておらず、日本でもこの時期以後、姿を消し、再び全国各所で掘られるのは縄文時代草創期（約一万二〇〇〇年前）と云われ、縄文時代としては一〇〇万基以上の落とし穴が全国各地から報告されている。

こうして四万年前から三万年前に日本列島に行き着いたアフリカ由来のホモ・サピエンスは、日本列島で独自に進化し、世界最古の局部磨製石斧を発明使用し、世界で日本でしか発見されていない、環状ブロックを仲間と共に形成し、また同様に、仲間と共同して落

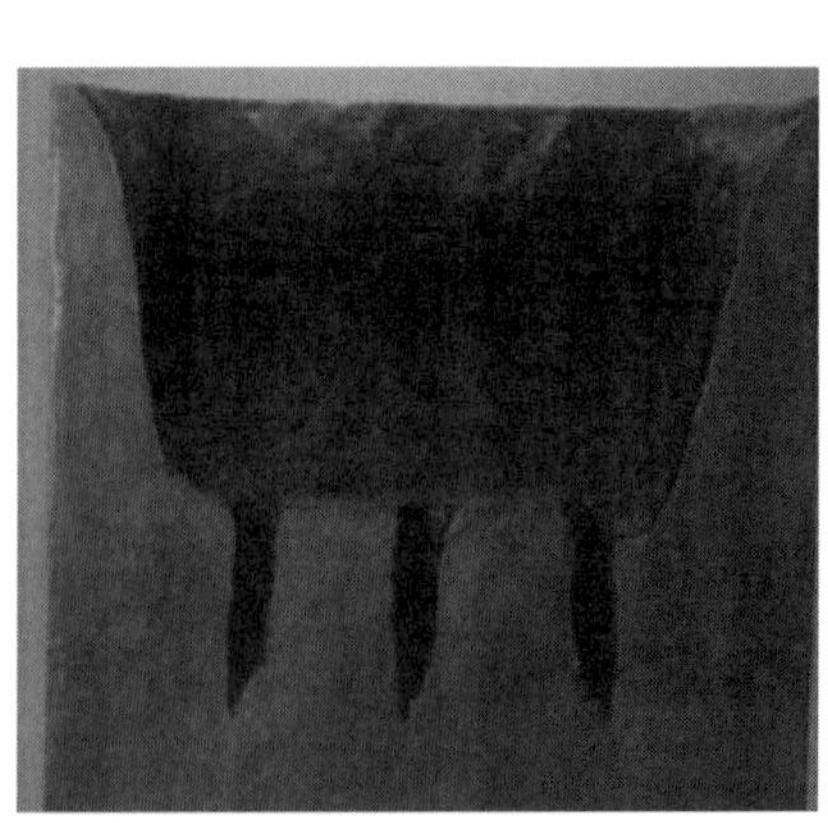

逆茂木のある最古の落とし穴遺構—旧石器時代末期（仁田尾遺跡）［鹿児島市（旧松元町）］

とし穴を造り、まさに共存共栄で仲間と共に生存を図ったのである。
日本列島の隔絶した環境と、より厳しい大自然の条件が、こうした自他共栄の意識と行動を育んでいったと思われる。

旧石器時代の人骨

日本列島は環太平洋火山帯に属し、従って殆どが酸性土壌で、化石人骨は遺り難い。ただ沖縄は珊瑚礁起源の石灰岩地帯が広く分布し、人骨が遺り易い。

現在、日本最古の人骨は一九六八年、沖縄県那覇市の山下町第一洞穴で発見された「**山下町洞穴人**」で、六歳前後の幼児の大腿骨と脛骨の一部で、これらが発見された地層のすぐ上の層に包含されていた木炭片を炭素14法で鑑定し、三万二一〇〇年前の数値（ＢＰ）を得、これより較正年代法（ＣａｌＢＰ）により**四万年前～三万六〇〇〇年前の人骨と判定されている。**

次いで古いのは沖縄の宮古島の豊春（とよばる）ピンザアブ洞穴（宮古の方言でピンザは山羊、アブは洞の意）で一九七九年～一九八三年に発見された「**ピンザアブ洞穴人**」で頭頂骨、後頭骨、歯などの化石で、炭素14法で二万六八〇〇年～二万五八〇〇年ＢＰの数値を得、較正年代法により三万四〇〇〇年前～二万九〇〇〇年前と推定されている。

一九六八年～一九七四年、沖縄本島南部の具志頭村（ぐしかみむら、現在の八重瀬町）

港川採石場の石灰岩の割れ目より数体分の人骨化石が発見され、地名より「**港川人**」と呼ばれている。この中には旧石器時代では唯一ほぼ全身骨格の揃っている男性の人骨があり、「港川一号」と云う。

「港川人」はほぼ一万八〇〇〇年前と推定されている。

二〇〇七年六月、沖縄県で開催された太平洋学術会議で、沖縄県立博物館と東大・国立科学博物館が「山下町洞穴人」の人骨を共同鑑定した結果、「山下町洞穴人」は縄文人と同じ新人・ホモ・サピエンスと発表された。

「ピンザアブ洞穴人」も頭部が「港川人」と酷似しており、新人・ホモ・サピエンスと考えられている。

本州では、一九六〇年〜一九六二年に静岡県浜北市の根堅（ねがた）遺跡で、採石作業中に洞穴から人骨が発見され、「**浜北人**」と呼ばれる。

遺跡の上層部から二十歳代の女性の頭骨、骨盤の破片、上腕骨が出土、下層部からは脛骨の破片が出土したがその性別、年齢は不明である。

二〇〇二年、お茶の水女子大の松浦秀治教授、近藤恵助手が「浜北人」の骨のコラーゲンより放射性炭素年代測定法による測定の結果、上層部の人骨は約一万四〇〇〇年前（BP）下層部の人骨は一万八〇〇〇年前（BP）と判定された。

下層部の人骨は較正年代法により二万三〇〇〇年前～二万年前と推定されている。この根堅遺跡と天竜川を挟んだ対岸の磐田原（いわたばら）遺跡（静岡県磐田市）からは約二万五〇〇〇年前～一万四〇〇〇年前のナイフ形石器が数多く出土しており、「浜北人」と同じ種族が生活していたとみられている。

他方、一九九〇年代まで旧石器時代の化石人骨と考えられていた「葛生人骨」（栃木県葛生町―現在の佐野市）、「三ケ日人骨」（静岡県浜松市―旧三ケ日町）、「明石人骨」（兵庫県明石市）等は現在では縄文時代（一万六〇〇〇年前～三〇〇〇年前）以降の人骨と考えられており、旧人段階の人骨と考えられていた「牛川人骨」（愛知県豊橋市）はナウマンゾウの子供の脛の骨の一部との指摘がなされている。

第二節　縄文時代の概要

約二万年前の最終氷期の最寒期を脱して日本列島は徐々に温暖化、海面は上昇し、大陸より離れ、日本海に暖流が流入し、古本州島は三つに分かれ、本州、四国、九州の間に瀬戸内海が形成され、針葉樹林から落葉広葉樹が拡大していった。

日本列島に土器の出現した一万六五〇〇年前から水田耕作の始まる約三〇〇〇年前までの約一万三千年間を土器の表面の縄目模様より縄文時代と云い、土器の特徴の変化より、草創期（約一万五〇〇〇年前～一万一〇〇〇年前）、早期（約一万一〇〇〇年前～七〇〇〇

年前）、前期（約七〇〇〇年前～五五〇〇年前）、中期（約五五〇〇年前～四五〇〇年前）、後期（四五〇〇年前～三二〇〇年前）、晩期（三二〇〇年前～二八〇〇年前）の六時代に区分している。

早期には広場を中心に竪穴式住居をサークル状に構える「環状集落」が出現し、中期には装飾性豊かな祭祀用の火焔土器が作られ、後期には石をサークル状に並べた「環状列石」（ストーンサークル）が出現した。

土器

一九九八年、大平山元Ｉ遺跡（おおだいらやまもといちいせき。青森県外が浜町山元地区）で地元の当時の蟹田町教育委員会により発掘された土器（無文）が名古屋大学中村敏男教授の測定（炭素１４年代測定値をサンゴによる暦年較正年代法により補正）により一六五〇〇年前と世界最古の土器と認定された。

他に泉福寺遺跡、福井洞窟遺跡（何れも長崎県佐世保市）からは一万四〇〇〇年前～一万二〇〇〇年前の豆粒文土器が出土している。

世界的なベストセラー『銃・病原菌・鉄』の著者ジャレド・ダイアモンドは同著の「技術の伝播」の項で「土器は日本では約一万四〇〇〇年前に、肥沃三日月地帯と中国では約一万年前に登場している。さらに、これらの地域につづいて、アマゾン川流域、アフリカ大陸のサヘル地域、アメリカ南東部、そしてメキシコでそれぞれ登場している。」と述べている。（同著、倉骨彰訳、二〇一〇年一月、草思社刊）。

火焔土器

左は新潟県十日町市中条の笹山遺跡より一九八〇年〜八六年に出土した火焔土器で一九九九年に国宝指定。国宝として日本最古の四五〇〇〇年前の製作品。

縄文人について

旧石器時代に様々なルートで日本列島に渡来してきた現生人類・ホモサピエンスの子孫で、発掘された数千体の人骨より平均身長は男性一五八センチ、女性一四八センチ、立体的で彫りの深い四角い顔立ちをしており、眉毛濃く、目は大きく二重まぶたで、唇は厚く、上下の歯の噛み合わせがぴったり合っていた。

日本以外の東アジアには類似の人骨の発掘例は無く、オーストラリアで発掘されたキーロー人（一万二〇〇〇年前～六八〇〇〇年前）、アメリカ・ワシントン州で発掘されたケネウィックマン（八四〇〇〇年前）の人骨が縄文人の人骨に類似していると云われる。

日本では北海道のアイヌの人との類似が指摘されている。

一つの推論として一〇万年前、アフリカを出た人類の東アジアに到達した最初の集団（アジア人やヨーロッパ人などに分化する前の集団）が日本列島に住み着き、その後、シベリヤで寒冷

縄文人と縄文犬
（国立科学博物館常設展示より）

地適応をした北方系アジア人の南下によって日本列島以外の東アジアでは駆逐絶滅されたと考えられる。

骨の形態小変異（機能に関係せず、遺伝的要素の強い微細な形態の変異）の研究では、縄文人はアフリカ人、ヨーロッパ人、アジア人の中間に位置し、これらに分化する前の古い形態の可能性を示唆していると云われる。

日本列島に四万年前に新たに住み着いた集団である現生人類（ホモ・サピエンス）の子孫である縄文人（歴史的・文化的に約一万五〇〇〇年前から約三〇〇〇年前までの列島居住民）は、渡来系弥生人が北部九州に移住し、広く拡張していく中で、主として本土両端の北海道（アイヌ）と沖縄にその特色を色濃く残したと云われる。

三内丸山遺跡―縄文時代の最大集落遺跡

青森県青森市大字三内字丸山にある縄文時代最大規模の集落遺跡。縄文時代中期（約五五〇〇年前～四五〇〇年前）を中心に一五〇〇年程存続し、最盛期は竪穴式住居一〇〇軒に五〇〇人程が生活していたと推測されている。

幅約九・五メートル、長さ約三二メートルの巨大竪穴建物（集会場？）や高さ二〇メートルの六本柱の高層建物があったと推定され、弥生時代の吉野ヶ里遺跡の一七メートルの物見やぐらより高かったと考えられている。

三内丸山遺跡遠景（公式ホームページより）

しかもこの三内丸山遺跡の六本柱高層建物は単なる物見やぐらではなく、三本と三本の柱の間に冬至の日は太陽が沈み、夏至の日にはその反対線より太陽が昇る配置になっている。（一三三頁写真参照）。

出土品には黒曜石（北海道、長野産）の矢じりやヒスイ（新潟産）の装飾品があり、各地との交易が推測される。

周辺の陸奥湾や沖館川（おきだてがわ）での漁獲、山野での狩猟、野生のイヌビエの収穫、栗の栽培（花粉の遺伝子分析による判定）、サルナシ、キイチゴ、山葡萄などによる酒造（廃棄場よりの大量の種子の出土より推測）も行われていたと考えられ、食料は高床式の倉庫や穴蔵などに貯蔵し、竪穴式住居では各種土器を使って煮炊き等を行っており、豊かで平和な生活ぶりが偲ばれる。

世界的なベストセラー『銃・病原菌・鉄』の著者・ジャレド・ダイアモンド（米国カリフォルニア大学教授）

夏至の日の出の様子（連続写真、2008）
（『特別史跡三内丸山遺跡年報13』より）

冬至の日没の様子（2001）

は、日本のＮＨＫが二〇一五年十一月八日に放映した「縄文奇跡の大集落」に登場し、「狩猟採集にして定住し集落を発展させた縄文人は世界で最も豊かな狩猟採集民であり、しかも自然と共生し、一万年以上に渡って持続可能な社会を築き上げた。これは人類の偉業です。」

と極めて高く評価している。

第三節　弥生時代の概要

明治十七年（西暦一八八四年）、現在の東京都文京区弥生の向ヶ丘貝塚から一個の壺が発見された。

第１号の弥生土器

後に発見場所の地名より「弥生土器」と命名された土器で、装飾性よりも実用性を重視した幾つかの特徴を持っており、その後の研究で一つの文化期を形成すると考えられた。

弥生時代は、早期（紀元前三〇〇〇年～八〇〇年）、前期（前八〇〇年～前四〇〇年）、中期（前四〇〇～紀元五〇年）後期

（紀元五〇年～三世紀中頃）と区分され、現在では灌漑による水田稲作開始から定型的前方後円墳の出現する古墳時代の始まる前までの時代とされている。

世界の三大穀物は米、小麦、とうもろこしで、二〇〇六年時の世界生産量は米、小麦は各約六億トン、とうもろこしは約七億トン、米はジャポニカ（日本型、島嶼型）とインディカ（インド型、大陸型―主として長粒）に分かれ、ジャポニカは温帯ジャポニカ（主として短粒）と熱帯ジャポニカ（ジャバニカとも云う。―主として大粒）に分かれている。

世界の米の流通の八割はインディカ米と云われる。

日本には約四〇〇〇年前の縄文時代にインドネシア方面より南西諸島経由で陸稲の熱帯ジャポニカが伝来したと云われる。

水田稲作技術は現在、中国の長江中下流地域で七〇〇〇年～八〇〇〇年前に発達したと考えられ、三〇〇〇年前に朝鮮半島経由九州北部に伝来し、その後、弥生時代中期までに東北北部にまで広く伝わったとみられている。

渡来系弥生人について

土井ヶ浜遺跡（山口県下関市）を初め、主として西日本各地で発見された渡来系弥生人の人骨よりの特徴は、縄文人に比し、面長で鼻は低くのっぺりとした扁平顔で、眼窩は丸く、一重まぶたで歯は大きく唇は薄く、身長は男性一六四センチ、女性一五〇センチとやや高い。

二万年前、シベリアで寒冷地適応をした集団の一部が中国、朝鮮半島経由九州北部近辺に渡来したと考えられている。

渡来系弥生人の人骨は日本では現在、二五〇〇年前以降の遺跡で発見されており、一方、水田遺跡は三〇〇〇年前とみられ人骨は発見されていない。

一つの手掛かりとして九州の「大友遺跡」(佐賀県唐津市)、「新町遺跡」(福岡県志摩町)で朝鮮半島に多い「支石墓」が発見され、そこから「大友遺跡」では二八〇〇年前～二七〇〇年前の人骨、「新町遺跡」では二三〇〇年前の人骨が発見された。

それらの人骨は検討の結果、渡来系弥生人のではなくまさに縄文人そのものの特徴を持っていた。

従って朝鮮半島より縄文人の特徴を持った集団が水田稲作の技術を初めて日本に伝えた可能性も一部で考えられている。

吉野ヶ里―よしのがり―遺跡

佐賀県神埼郡吉野ヶ里町と神崎市にまたがる吉野ヶ里丘陵にある五〇ヘクタール(五〇万平方メートル)に及ぶ弥生時代の前期から後期にかけての代表的な大規模の環壕集落の遺構で、二重の環壕と物見やぐらを備え、防御的な城郭の始まりとして、二〇〇六年に「日

日本最大級の環壕集落遺跡

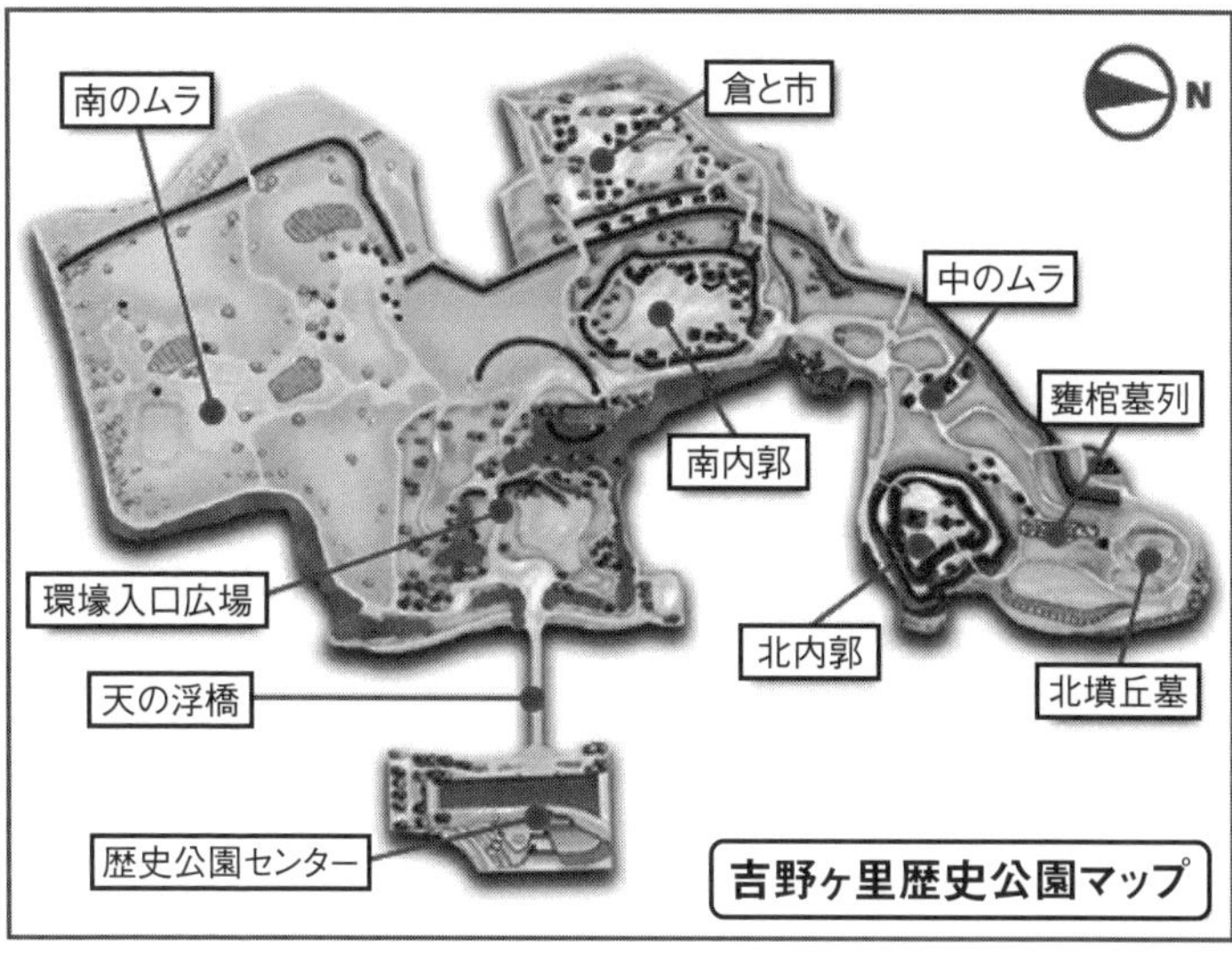
南のムラ
倉と市
N
中のムラ
甕棺墓列
南内郭
環壕入口広場
北内郭
北墳丘墓
天の浮橋
歴史公園センター
吉野ヶ里歴史公園マップ

本一〇〇名城」の一つ（北より八八番目）にも選ばれている。

現在、「吉野ヶ里歴史公園」として弥生時代後期の遺構が復元整備されている。

北内郭は「吉野ヶ里」の「クニ」の中心部で両脇に物見やぐらを備えた主祭殿が建ち、南内郭は支配階級の住居跡とみられ、北墳丘墓には平面長方形の三〇×四〇メートルの大型墳丘墓が造営されており、一四基調査された甕棺のうち八基に銅剣が各一点副葬されており、支配階級のものと考えられる。

「吉野ヶ里」は最盛期には外環壕の内部に一二〇〇人、吉野ヶ里を中心とするクニ全体で五四〇〇人が居住していたと推測されている。

また吉野ヶ里全体で甕棺が一万五〇〇〇基以上あると推定され、その内四割は子供用で、当時の短命振りが窺われる。

弥生時代、中国古書に記載された日本＝倭国の状況

七世紀末以前の日本は倭国と呼ばれ、中国の歴史書にその交流状況が記述されている。

『漢書』（前漢書―後漢初期の歴史家である班固―西暦三二年〜九二年―の編纂の地理志）

最も古い記録として『漢書』の地理志に、

「然して東夷の天性柔順、三方の外に異なる。故に孔子、道の行われざるを悼み、設（も）

し海に浮かばば、九夷に居らんと欲す。以（ゆゑ）有るかな。楽浪海中に倭人あり、分ちて百余国と為し、歳時をもつて来たりて献見すと云ふ。」

（通釈）

「そして東方の夷の天性は柔順で他の三方の国々（西戎、北狄，南蛮）とは異なる。従って孔子が自国で道徳の行われない事を嘆き、海外であれば東方の九つ在るという夷の国に住みたいと述べたが尤もな事である。楽浪郡（漢の朝鮮半島直轄地である漢四郡の一つ。役所は平壌近辺）の彼方東方海上に倭人がおり、百余国に分かれ、季節毎に来訪して朝貢すると云う。」

と孔子の東夷に対する見方と紀元前一〇〇年頃の日本との交流状況を述べている。

『後漢書』（南朝宋の范曄—はんよう、西暦三九八～四四五年—が五世紀に編纂の倭伝）

また『後漢書』倭伝に、

「建武中元二年、倭の奴国、奉賀朝貢す。（…）光武、賜うに印綬を以ってす。」

（通釈）

「建武中元二年（西暦五七年）、倭の奴国が貢を奉じて朝貢した。（…）光武帝（後漢第一代。西暦二五～五七年、在位）は印綬を賜うた。」

（『後漢書』倭伝、石原道博編訳、岩波書店刊より引用）

これが一七〇〇年後の江戸時代の天明四年（西暦一七八四年）、志賀島（福岡県）の農夫（甚兵衛）が田の境の石の下から発見した「**漢委奴国王**」と刻まれた二・三センチ四方の金印である。

続いて同じく『**後漢書**』**倭伝**に、

「安帝（後漢第六代。西暦一〇七～一二五年、在位）の永初元年（西暦一〇七年）、倭の国王帥升（すいしょう）等、生口百六十人を献じ、請見を願う。」

（通釈）

「安帝の永初元年、倭の国王帥升等が奴隷百六十人を献上し請見を願った。」

（引用―前出）

倭国王「帥升」は文献（中国歴史書）に記載されている最初（最古）の日本人の名前（個人名）であり、女王「卑弥呼」より古い。現在の処、当時の九州北部の小国の一つの国王との見方が有力。又、名前は「帥升等」の三文字説あり。一説では景行天皇（第十二代）との見方もある。

『**魏志倭人伝**』

最も一般に有名なのが『**魏志倭人伝**』（「三国志」中の「魏書東夷伝倭人の条」の略称。

著者は西晋の陳寿で三世紀末―二八〇～二九七年―に編纂）である。『後漢書』が五世紀の中頃の編纂に対し、『魏志』は後漢の後の時代の三国時代を対象としているが、編纂は『後漢書』より早く三世紀の末頃である事に注意する必要がある。『魏志倭人伝』は当時の倭国の政治、社会、風俗の状況を記述しており、「卑弥呼」率いる「邪馬台国」により互いの攻伐が収まったと云う。

ここに記載された両者の交流状況は次の通りである。

景初二年（明帝、西暦二三八年）「卑弥呼」は大夫「難升米」（内藤湖南による田道間守―第十一代垂仁天皇の命により橘を捜し求めて帰国―との説あり）を都に遣わした。明帝は詔書で「卑弥呼」を「親魏倭王」とし、金印紫綬、銅鏡百枚、五尺刀二口等を与えた。

正始元年（斉王芳、西暦二四〇年）、魏使は詔書・印綬を奉じて倭国に行き、黄金、刀、鏡等を与えた。

正始四年（西暦二四三年）、倭王は生口、倭錦、丹等を献上した。

正始六年（西暦二四五年）詔して「難升米」に黄幢（こうどう、黄色の旗）を賜った。

正始八年（西暦二四七年）、女王「卑弥呼」は狗奴国の男王と不仲で攻撃し合う状況に対し、使いを派遣し、詔書・黄幢を「難升米」に仮に授けて檄をつくり告諭した。

「卑弥呼」死去。直径百余歩の塚を作る。男王を立てたが国中服さず。「卑弥呼」の宗女

「壱与」（いよ─十三歳）を王とし収まる。遣使は檄を以って「壱与」を告諭。「壱与」は遣使の還るのを送らせ、洛陽に男女生口三〇人、白珠、勾玉等を献上した。

『魏志倭人伝』に記載された「**邪馬台国**」の位置（九州説と畿内説）、女王「卑弥呼」の墳墓の所在を巡って種々多くの議論が為された。

現在では近畿の「**纏向遺跡**」（まきむくいせき。奈良県桜井市）が「邪馬台国」の所在地として最有力候補。（本著第一部第五章纏向遺跡の示唆するもの─参照）。

「纏向遺跡」は三輪山の山麓北西部に広がる東西二キロ、南北一・五キロに及ぶ三世紀〜四世紀の遺跡群で、最古・最大の前方後円墳である「**箸墓古墳**」、画文帯神獣鏡が埋葬されていた「**ホケノ山古墳**」、三世紀前半の築造と想定される「**纏向石塚古墳**」等を含み、また同地域から出土した古墳時代前期の土器の一五％〜二〇％が大和以外の東海、山陰等の各地で製作されたもので、この地域が当時「倭国」の中心であった可能性が高い。

また「**箸墓古墳**」（前方後円墳、全長二八〇メートル）は、現在宮内庁により第七代孝霊天皇の皇女である倭迹迹日百襲媛命（やまとととひももそひめのみこと）の大市（おおち）の墓として管理されているが、その規模（最古にして最大）、築造年代（三世紀の中頃〜後半）より邪馬台国の女王「**卑弥呼**」（西暦二四八年没とみられる）の墓とする説が強い。

倭迹迹日百襲媛命（やまとととひももそひめのみこと）については、『日本書紀』巻五の崇神天皇の四道将軍の項に、同天皇の姑（おば）として、北陸路の大彦命（埼玉県の稲荷山古墳より出土した国宝「金錯名鉄剣」所有者の先祖、また望郷の歌人・阿倍仲麻呂の先祖とも云う）の報告より孝元天皇の皇子の謀反を予知した事（神意を図る巫女の役目）、後に大物主神の妻（神婚伝説）となり、最期は夫の正体をめぐる諍いの末、夫は三輪山に去り、媛命は仰ぎ見て悔い、どすんと座り込んだ時、箸で陰部を撞いて亡くなり、大市（おおち）に葬られ、その墓を当時の人は「箸墓」と呼んだ事等を記述している。（『日本書紀』宇治谷孟訳、講談社刊参照）。

「卑弥呼」（ひみこ）は「姫命」（ひめみこ）の訛った命名と云われ、「箸墓古墳」の後円部の大きさ（直径一六〇メートル）が「魏志倭人伝」の云う「卑弥呼」の墓の大きさ（径百余歩）と同じで、先述した様に卑弥呼逝去直後の築造時期等より「**倭迹迹日百襲媛命**」が「**卑弥呼」である説**が強い。

平成二十五年（西暦二〇一三年）二月二十日、全国九〇〇の陵墓を管理する宮内庁の同意により、日本考古学協会等、考古学、歴史学一五の研究者団体一六人が初めて一時間半程の立ち入り調査を行った。ただ古墳の縁を歩いて目視しただけの調査で目立った成果はないと云われる。

日本人―日本列島居住民―の人種的基盤確立

日本における最古の人類関連遺跡は砂原遺跡（島根県出雲市）の一二万年前の旧石器二〇点（二〇〇九年九月発掘）で、次いで入口遺跡（長崎県平戸市）の九万年前の旧石器（二〇〇二年に二四点、二〇〇四年に七〇点）、同じく金取遺跡（岩手県遠野市）の九万年～八万年前の旧石器九点（一九八四年発掘、二〇〇三年出土地層年代再確認）で、何れも原人乃至旧人の子孫の遺跡と考えられている。

人骨は炭素14法を基礎とした較正年代法による算定で、日本最古の人骨グループである山下町洞穴人（沖縄県那覇市―四万年前～三万六〇〇〇年前）、ピンザアブ洞穴人（沖縄県宮古島―三万四〇〇〇年前～二万九〇〇〇年前）、港川人（沖縄県八重瀬町―一万八〇〇〇年前）、浜北人（静岡県浜北市―二万三〇〇〇年前～二万年前）らは何れも旧石器時代（更新世後期）に属し、四万年前に日本列島に到来した現生人類（ホモ・サピエンス）の子孫とみられている。

縄文人はこれらの子孫で一万五〇〇〇年前から三〇〇〇年前の列島居住民を云い、先述の通り、東アジアには類似の人骨の発掘例がなく、一〇万年前にアフリカを出た人類がヨーロッパ人やアジア人に分化する前に日本列島に到来した最初の集団の子孫とみられている。

その後、シベリアで寒冷地適応をしたモンゴロイドによりアジア大陸は高地のチベット、ブータン等を除き、ほぼその一色となり、その一部が海を隔てた日本列島にも主として朝鮮半島を経由し、「渡来系弥生人」として縄文人の子孫である「在来系弥生人」と混血しながら北部九州より本州を東進（北海道、沖縄を除き）していき、**日本人の原型を形成**していったとみられる。

こうして弥生時代に縄文人と渡来系弥生人の混血が進行し、渡来系弥生人の人数の相対的な少なさは、その後の農耕民族としての人口増加率の大きさによりカバーし、次ぎの古墳時代以降の日本人の二重構造を形成したと考えられている。

こうした日本人の二重構造論は人骨調査、ＤＮＡ分析等により支持されている。

第四節　古墳時代の概要

水田稲作と定住が定着した弥生時代（紀元前三〇〇〇年～三世紀中頃）は同時に階級分化が進行し、支配・被支配の体制が確立していった。

そしてそれに続く三世紀後半から七世紀前半にかけては大和政権の確立と共に、日本独自の形式である**前方後円墳**が各地に作られ、この時代を日本史で古墳時代と云う。

前述した最大・最古の前方後円墳である「箸墓古墳」の築造より日本の古墳時代の始まりとする論者もいる。

大仙陵古墳ー仁徳天皇陵墓、一説に第十七代履中天皇陵墓

　この時代を代表する大仙陵古墳（だいせんりょうこふん。大阪府堺市堺区大仙町ー第十六代仁徳天皇の陵墓）は日本最大の前方後円墳で墓域面積は世界最大と云われる。

　規模は、墳長がおよそ四八六メートル、前方部は幅三〇五メートル、高さ約三三メートル。後円部は直径二四五メートル、高さ約三五メートル。

　三重の濠の外周は二七一八メートル、その内側の面積は四六四、一二四平方メートル。体積は一四〇万立方メートル。

　墳長四八六メートルは、第二位とされる大阪府羽曳野市の誉田御廟山古墳（こんだごびょうやまこふんー応神天皇

仁徳天皇陵

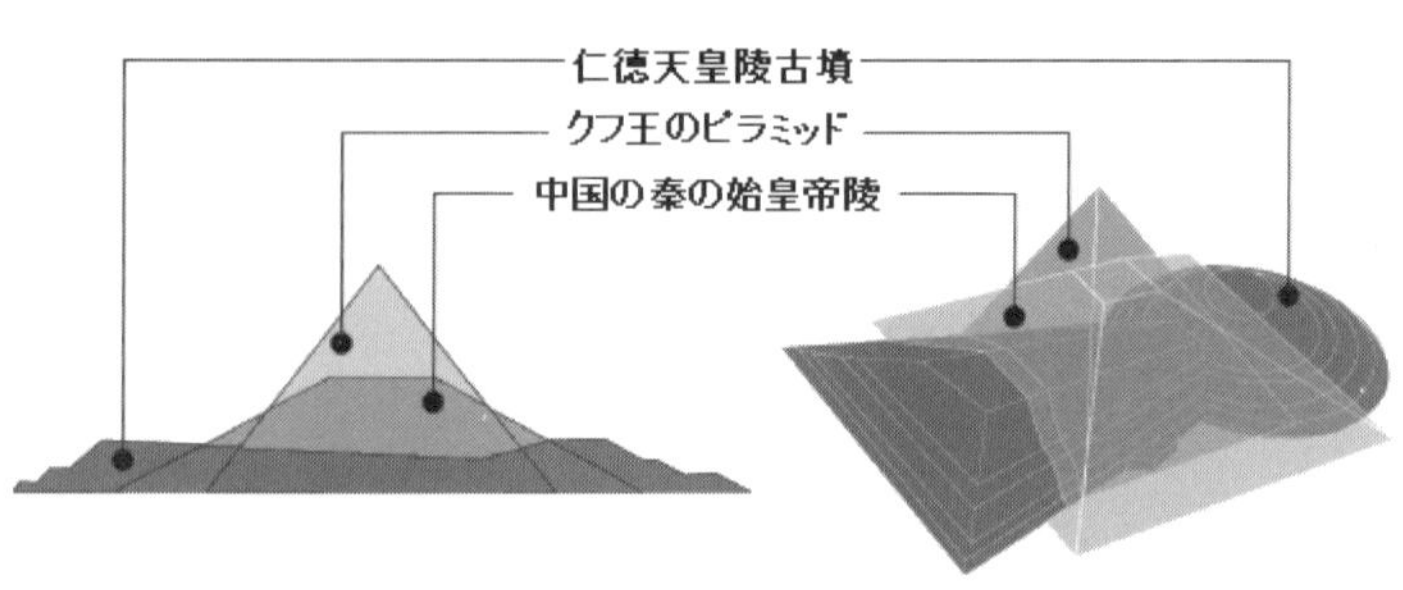

陵）の四二二メートルを上回り、日本最大である。墳丘本体の体積や表面積では誉田御廟山古墳と甲乙付けがたく、特に体積については誉田御廟山古墳が最大（一四三万立方メートル）であると指摘されている。

仁徳天皇陵古墳は、エジプトのクフ王のピラミッド、秦の始皇帝陵とともに世界三大墳墓の一つに数えられ、三大墳墓の墳丘本体だけの比較図は前頁下段図の通り。

更に周囲の三重の濠まで考えれば仁徳天皇陵の大きさは圧倒的と言えよう。

古墳時代、海外との交流

一方、古墳時代における中国との交流は『晋書』倭人伝に、

「西晋に（西暦二六五年）「倭王（壱与？）が使いを遣わし、訳を重ねて入貢する。」

と記載されている。

これ以降百五十年間、中国の史書に倭国との記述は無く、「空白の四世紀」「謎の四世紀」と云われるが、これを埋めるものとして、百済より贈られ、現在、奈良の石上神宮（いそのかみじんぐう）に保管されている国宝「七支刀」（しちしとう）と、中国集安市に在る高句麗の「好太王碑」（広開土王碑）が注目される。

七支刀

「七支刀」は古代の豪族、物部氏の武器庫で朝廷の武器庫でもあった奈良県天理市の石上神宮に「六叉鉾」（ろくさのほこ）として伝えられ、保管されている。

全長七四・八センチ、刀身六一センチの鍛鉄（一方、炭素分二％以上の鋳鉄製との製作サイドの意見もある）の刀で主身の表（三四字）裏（二七字）に計六一字の金象嵌が施されているが、鉄錆のため一部解読不能である。

主身の表には、

「泰■四年十■月十六日丙午正陽造百錬■七支刀■辟百兵宜供供侯王■■■■作」

と記載され、主身の裏には、

「先世以来未有此刀百濟■世■奇生聖音故為倭王旨造■■■世」

と記載されている。

この解釈を巡っては諸説あるが表については、

「泰和四年（東晋の太和四年―泰は太の音通―西暦三六九年）五月十六日丙午の日の正陽の時刻に百たび錬った□の七支刀を造った。この刀は出でては百兵を避けることが出来る。まことに恭恭たる侯王が佩びるに宜しい。永年にわたり大吉祥であれ。」

裏については、

「先代以来未だ此（かく、七支刀）のごとき刀はなかった。百済王世子は奇しくも生れながらにして聖徳があった。そこで倭王の為に嘗（はじ）めて造った。後世に伝示せんかな。」

と解釈される。（表は浜田耕作氏、裏は宮崎市定氏の解釈である）。

「七支刀」については日本書紀巻九、神功皇后摂政の五十二年の条に次の記載がある。

「五十二年秋九月丁卯朔丙子　久氏等従千熊長彦詣之　則献七枝刀一口　七子鏡一面及種種重寶」

（通釈）

「五十二年秋九月十日、久氏（くてい―百済の使臣）らは千熊長彦（日本の使臣）に従ってやってきた。そして（百済の肖古王よりの）七枝刀一口、七子鏡一面、および種々の重宝を奉った。」

（『日本書紀』宇治谷孟訳、岩波書店刊参照）

神功皇后五十二年は西暦二五二年にあたるが「紀年論」の一つに日本書紀編纂総括者の舎人親王―天武天皇の皇子―が神功皇后は卑弥呼に相応するとして干支二巡分―一二〇年―繰上げた箇所ありとする論説があり、これにより本箇所を訂正すれば西暦三七二年となり、七枝刀製作年の三六九年に対応する。

（参考）

『日本書紀』「巻九、神功皇后」の条に、

「十三年春二月八日、武内宿禰に命じて皇太子に従わせ、敦賀の笥飯（けひ）大神にお参りさせられた。」

「三十九年、この年太歳己未（つちのとひつじ）。―魏志倭人伝によると、明帝の景初三年六月に、倭の女王は大夫難斗米らを遣わして帯方郡に至り、洛陽の天子にお目にかかりたいといって貢をもってきた。太守の鄧夏は役人を付き添わせて、洛陽に行かせた。」

「四十年―魏志にいう。正初元年、建忠校尉梯携（けんちゅうこうさいていけい）らを遣わせて詔書や印綬を持たせ、倭国に行かせた。」

「四十三年、―魏志にいう。正初四年、倭王はまた使者の大夫伊声者掖耶ら、八人を遣わして献上品を届けた。」

「四十六年春三月一日、斯摩宿禰（しまのすくね）を卓淳国（たくじゅんこく、―大邱にあった）に遣わした。」

（『日本書紀』宇治谷孟訳、岩波書店刊より引用）

このように神功皇后の条に魏志倭人伝よりの引用記事を本来記事の間に引用して掲載している。『日本書紀』は他にも『百済本記』『百済記』『百済新撰』等から同様に引用している。例えば奇な事だが継体天皇の没年は『百済本記』に依拠し、「後世、調べ考える人が明らかにするだろう」としている。

好太王碑

好太王碑は高句麗十九代の王・好太王の業績を称えるために息子の長寿王が西暦四一四年に建立したもので、西暦一八八〇年（明治十三年）頃に清の集安の農民により発見され、現在、中国吉林省集安市で四方をガラス面で保護されている。

碑は高さ約六・三メートル、幅約一・五メートルの角柱状の石碑で四面に総計一八〇二文字の漢字が刻まれている。

碑文は三段から構成され、一段目は朱蒙による高句麗の開

現在の好太王碑

1909年当時の好太王碑

国伝承、建碑の由来、二段目に好太王の業績、三段目に墓を守る定めが記されている。

このうち、倭国に関する記述は、

「そもそも新羅、百残（百済の蔑称）は（高句麗の）属民であり、朝貢していた。しかし、倭が辛卯年（西暦三九一年）に海を渡り百残・加羅・新羅を破り、臣民となしてしまった。

百済は（西暦三九九年）先年の誓いを破って倭と和通した。そこで王は百済を討つため平譲に出向いた。ちょうどそのとき新羅からの使いが「多くの倭人が新羅に侵入し、王を倭の臣下としたので高句麗王の救援をお願いしたい」と願い出たので、大王は救援することにした。

（西暦四〇〇年）五万の大軍を派遣して新羅を救援した。新羅王都にいっぱいいた倭軍が退却したので、これを追って任那・加羅に迫った。ところが安羅（あら）軍などが逆をついて、新羅の王都を占領した。

（西暦四〇四年）、倭が帯方地方（現在の黄海道地方）に侵入してきたので、これを討って大敗させた。」

これら「七支刀」や「好太王碑」は「空白の四世紀」「謎の四世紀」には日本（倭国）が積極的に朝鮮半島と様々な関係を持っていた歴史を物語っている。

倭の五王

五世紀に入り『宋書』倭国伝に所謂「倭の五王─讃・珍・済・興・武」との交流が以下、種々記載されている。（『宋書』倭国伝　石原道博編訳、岩波文庫より引用）。

「高祖（南朝劉宋第一代武帝、西暦四二〇～四二二年在位）の永初二年（西暦四二一年）、詔していうには《倭讃（讃、第十五代応神天皇、第十六代仁徳天皇、第十七代履中天皇の三説、履中天皇が有力）が万里はるばる貢を修めた。遠方からの忠誠の志はよろしく表すべく除授を賜うであろう》と。」

「太祖（第三代文帝、西暦四二四年～四五三年在位）の元嘉二年（西暦四二五年）、讃はまた司馬曹達を遣わして、表（上書）を奉り方物（その地方の産物）を献じた。

讃が死んで弟の珍（第十六代仁徳天皇、第十七代履中天皇、第十八代反正天皇の三説、反正天皇が有力）が立った。

使いを遣わして貢献し、みずから使持節都督倭・百済・新羅・任那・秦韓（辰韓）・慕韓（馬韓）六国諸軍事、安東大将軍、倭国王と称し、上表文を奉って除正（除任）されるよう求めた。詔して安東将軍・倭国王に除した。

珍はまた倭隋ら十三人を平西・征虜・冠軍・輔国将軍の号に除正されるよう求めた。詔して同じく認めた。」

「元嘉二十年（西暦四四三年）倭国王済（第十八代反正天皇、第十九代允恭天皇の二説、允恭天皇が有力）が使を遣わして奉献した。そこでまた安東将軍・倭国王とした。」

「元嘉二十八年（西暦四五一年）使持節都督倭・百済・新羅・任那・秦韓・慕韓六国諸軍事を加え、安東将軍はもとのごとく、ならびにたてまつるところの二十三人を軍郡に除した。済が死んだ。世子興（第十九代允恭天皇・第二十代安康天皇の二説、安康天皇が有力）が使を遣わして貢献した。」

「世祖（第四代孝武帝、西暦四五四〜四六四年在位）の大明六年（西暦四六二年）、詔していうには「倭王の世子興は代々すなわち忠、藩を外海になし、化をうけ境を安んじ恭しく貢を修め、新たに辺業をうけついだ。宜しく爵号を授けるべきで、安東将軍・倭国王とせよ」と。興が死んで弟の武（第二十一代雄略天皇）が立ち、みずから使持節都督倭・百済・新羅・任那・加羅・秦韓・慕韓七国諸軍事、安東大将軍、倭国王と称した。」

「順帝（第八代最後の天子、西暦四七七〜四七八年在位）の昇明二年（西暦四七八年）、使を遣わして倭王武が上表文を奉った。」

その中で武は、

「東は毛人（蝦夷、アイヌ）を征すること五十五国、西は衆夷（熊襲、隼人など）を服すること六十六国、渡って海北を平らげること九十五国、王道はとけあい安らかである。」とし、ただ高句麗は無道で亡父兄の意を継いでこれを征伐すると述べている。

これに対して順帝は詔して武を

「使持節都督倭・百済・新羅・任那・秦韓（辰韓）・慕韓（馬韓）六国諸軍事、安東大将軍、倭国王に除した。」

これら中国側の記録である『宋書』倭国伝に対して、日本側の記録である『日本書紀』にその対応記事は見当たらない。

「倭の五王」候補である第十五代応神天皇から第二十一代雄略天皇までの七人の天皇で、はっきりしているのは和名を大泊瀬幼武天皇（おおはつせのわかたけのすめらみこと）といい、倭王「武」の一字をもつ雄略天皇だけである。

ただ一般的には「讃」→履中天皇、「珍」→反正天皇、「済」→允恭天皇、「興」→安康天皇、「武」→雄略天皇と考えるのが通説である。

従って現在の通説に従えば「倭の五王」は仁徳天皇と皇后「磐之媛」の三人の皇子（履

中、反正、允恭）と二人の孫（安康―允恭の第二子。雄略―允恭の第五子）と推定され、背景に「磐之媛」の実家で大陸との交渉に長じた葛城家の活躍が考えられる。

『日本書紀』の応神、仁徳、履中、反正、允恭、安康、雄略の七代に亘る天皇の治世で中国との主要な交流記事は、

「応神天皇の二十年秋九月、倭漢直（やまとのあやのあたい）の先祖、阿知使主（あちのおみ）がその子の都加使主（つかのおみ）並びに十七県の自分のともがらを率いてやってきた。」

「応神天皇の三十七年二月一日、阿知使主（あちのおみ）・都加使主（つかのおみ）を呉に遣わして、縫工女を求めさせた。阿知使主（あちのおみ）は高麗国（こまのくに）に渡って、呉に行こうと思った。さて高麗に着いたが道が分からず、道を知っている者を高麗に求めた。高麗王は久礼波（くれは）・久礼志（くれし）の二人をつけて道案内をさせた。これによって呉に行くことができた。呉の王は縫女（ぬいめ）の兄媛（えひめ）・弟媛（おとひめ）・呉織（くれはとり）・穴織（あなはとり）の四人を与えた。」

「四十一年春二月、阿知使主らが呉から筑紫に着いた。そのときに宗像大神（むなかたのおおかみ）が工女らを欲しいといわれ、兄媛（えひめ）を大神に奉った。

これがいま筑紫の国にある御使君（みつかいのきみ）の先祖である。

あとの三人の女を連れて津国（つのくに）に至り、武庫についたとき天皇が崩御された。ついに間に合わなかったので、大鷦鷯尊（おほさざきのみこと―後の仁徳天皇）に奉った。

この女たちの子孫がいまの呉衣縫（くれのきぬぬい）・蚊屋衣縫（かやのきぬぬい）である。」

（『日本書紀』宇治谷孟訳、岩波書店刊より引用）

応神天皇の三七年は西暦三〇六年、四一年は西暦三一〇年にあたり、中国は晋（西晋）の三代皇帝・孝懐帝（在位三〇六～三一一年）の時代で都は洛陽だが、中国北部は所謂、「五胡十六国時代」（西暦三〇四年～四三九年）で混乱しており、後漢（ごかん）霊帝の曽孫（そうそん）と云われる阿知使主（あちのおみ）が誰と交渉したのかは定かでない。（日本書紀には相手は呉―西暦二八〇年晋により滅亡―の王となっている。呉は中国南方地方を指すとの説もある）。

唯、四人の織姫を伴い、当時の日本に優れた織物技術を伝えたのは確かであり、機殿（はたどの）のあった大阪府池田市にあり、仁徳天皇の勅命により創建された**呉服（くれは）神社**は呉織（くれはとり）を大明神として祀り、同じく同地の**伊居太（いけだ）神社**は穴織（あなはとり）を大明神として祀っている。

また日本の伝統芸能であり、日本における世界無形文化遺産指定第一号である「能楽」にある「呉服（くれは）」はこの二人に因んだ物語である。

中国より渡来の織姫に対するこうした日本の永年に亘る心のこもった誠実な対応はまさに日本らしい世界の美談と云えよう。

なお、呉へ行く道案内として高麗王がつけた久礼波（くれは）・久礼志（くれし）の二人の名前より「呉」を「くれ」と読むようになったと云う。また呉織（くれはとり）は「くれのはたおり」よりの転訛という。

金錯名鉄剣と銀象嵌鉄刀

一方、倭王「武」の雄略天皇の統治実態を示唆する鉄剣銘と鉄刀銘が発見されている。

一つは埼玉県行田市の稲荷山古墳から出土

（「金錯名鉄剣」埼玉県立さきたま史跡の博物館展示より）

した国宝「金錯名鉄剣」で表裏一一五文字より成り、

（表）

辛亥年七月中記、乎獲居臣、上祖名意富比垝、其児多加利足尼、其児名弖已加利獲居、其児名多加披次獲居、其児名多沙鬼獲居、其児名半弖比

（裏）

其児名加差披余、其児名乎獲居臣、世々為杖刀人首、奉事来至今、獲加多支鹵大王寺在斯鬼宮時、吾左治天下、令作此百練利刀、記吾奉事根原也

（通釈）

「辛亥の年（西暦四七一年）七月中、記す。ヲワケの臣。上祖（かみつおや）、名はオホヒコ。其の児、（名は）タカリのスクネ。其の児、名はテヨカリワケ。其の児、名はタカヒ（ハ）シワケ。其の児、名はタサキワケ。其の児、名はハテヒ。（表）」

「其の児、名はカサヒ（ハ）ヨ。其の児、名はヲワケの臣。世々、杖刀人の首と為り、奉事し来り今に至る。ワカタケ（キ）ル（ロ）の大王の寺、シキの宮に在る時、吾、天下を左治し、此の百練の利刀を作らしめ、吾が奉事の根原を記す也。（裏）」

ここで云う「**獲加多支鹵大王**」は日本書紀記載の**大泊瀬幼武**（**オオハツセワカタケ**）天

皇即ち第二十一代雄略天皇である。

他の一つは熊本県玉名郡和水町にある江田船山古墳から出土した銀象嵌の七五文字の銘文を有する鉄刀で、

治天下獲□□□鹵大王世奉事典曹人名无利弖八月中用大鉄釜并四尺廷刀八十練九十振三寸上好刊刀服此刀者長寿子孫洋々得□恩也不失其所統作刀者名伊太和書者張安也

（通釈）

「天の下治らしめし獲□□□鹵大王の世、典曹に奉事せし人、名は无利弖（むりて）、八月中、大鉄釜を用い、四尺の廷刀を并わす。八十たび練り、九十たび振つ。三寸上好の刊刀なり。此の刀を服する者は、長寿にして子孫洋々、□恩を得る也。其の統ぶる所を失わず。刀を作る者、名は伊太和、書するのは張安也。」

ここでの「獲□□□鹵大王」は稲荷山古墳出土の「獲加多支鹵大王」と考えられ、大和朝廷は第二十一代雄略天皇の時代に関東埼玉の首長を宮廷の親衛隊長（杖刀人首―じょうとうじんのかしら）として仕えさせ、九州熊本の首長を役所に勤務する文官―典曹人（てんそうじん）として仕えさせていた。

大和朝廷の支配が既に関東から九州までの広範囲に亘っていたことを実証しており、「宋書倭国伝」に云う倭王「武」（第二十一代雄略天皇）の宋第八代順帝への上表文（西暦四七八年）記載の「東は毛人（蝦夷、アイヌ）を征すること五十五国、西は衆夷（熊襲、隼人など）を服すること六十六国、渡って海北を平らげること九十五国、王道はとけあい安らかである。（…）ただ高句麗は無道で亡父兄（第十九代允恭天皇・第二十代安康天皇）の意を継いでこれを征伐する」の真実性を裏書しており、「七支刀」「好太王碑」と共に、当時の倭国への百済、新羅の臣従と高句麗との対決姿勢（四～五世紀、倭・高句麗戦争）が明らかにされている。

更に直近二〇一一年に中国で新たに発見された**『梁職貢図』**（梁へ貢物を納める諸国の使臣の画図）の新羅図の題起（図の解説文。従来は十三国、今回十八国）には次の通りの記述がある。

斯羅國、本東夷辰韓之小國也。魏時曰新羅、宋時曰斯羅、其實一也。或屬韓或屬倭、國王不能自通使聘。普通二年、其王姓募名泰、始使隨百濟奉表献方物。其國有城、號曰健年。

其俗與高麗相類。無文字、刻木為範、言語待百濟而後通焉。

（通釈）

「斯羅國は元は東夷の辰韓の小国。魏の時代では新羅といい、劉宋の時代には斯羅というが同一の国である。或るとき韓に属し、あるときは倭に属したため国王は使者を派遣できなかった。普通二年（西暦五二一年）に募秦王（法興王）が百済に随伴して始めて朝貢した。斯羅国には健年城という城があり、習俗は高麗（高句麗）と類似し文字はなく木を刻んで範とした（木簡）。百済の通訳で梁と会話を行った。」

ここで新羅は「或るとき韓に属し、あるときは倭に属し」と説明されており、『日本書紀』「好太王碑」の記述と同じである。

他方、一九八三年以降、朝鮮半島南部で日本固有の前方後円墳が全羅南道で一一基、全羅北道で二基発見され、それらの築造時期は五世紀後半から六世紀半ばとみられ、円筒埴輪や南島産貝製品、内部をベンガラで塗った石室といった倭系遺物を伴っている。

加えて旧新羅・百済・伽耶の勢力圏内で日本産のヒスイ製勾玉が大量に出土（高句麗の旧領では稀）しており、化学組成の最新の検査で日本の糸魚川周辺のヒスイと判定されている。

こうした一連の最近判明した諸事実は西暦四世紀半ばから六世紀半ばにかけて約二百年に亘って『日本書紀』記述の「任那」を主とする「倭国」の朝鮮半島南部での特殊な権益関係（統治権、軍事統括権、徴税権）を裏書している。

こうして六世紀の半ば頃、欽明天皇の時代に倭国と緊密な関係にあった百済の聖明王より**仏教公伝**がなされた。

『日本書紀』によれば欽明天皇（十三年、西暦五五二年）の冬十月、聖明王の仏を礼拝する功徳を述べた上表文と共に釈迦仏の金銅像一体、経論等が献上され、蘇我稲目と物部尾輿・中臣鎌子との間で崇仏・廃仏論争を巻き起こした。

一方、仏教公伝は諸資料より宣化天皇三年（西暦五三八年）とする説もあり、現在、確定し難いと云う。

何れにせよ、公伝は六世紀中頃と思われ、それまでに仏教は私的には渡来民等により既に一部にて信仰されていた。また西国三十三観音の一番札所の青岸渡寺（和歌山県那智勝浦町）の開基は、伝承によればインドより熊野の海岸に漂着した「裸形上人」で、仁徳天皇の時代・四世紀と云われる。

第五節　飛鳥時代の概要

（一）飛鳥時代の主要事績

飛鳥時代は第三十二代・崇峻天皇五年（西暦五九二年―巣峻天皇が蘇我馬子により暗殺され、先代・用明天皇の同母妹で先々代・敏達天皇の皇后であった推古天皇が即位）から元明天皇の和銅三年（西暦七一〇年―平城京遷都）の一一八年間を云い、飛鳥地方に宮、都の置かれた時代である。但しこの間、孝徳天皇は難波の宮、天智天皇、弘文天皇（大友皇子）は近江大津の宮である。

日本の歴史上、天皇の暗殺で著名なのは蘇我馬子が自分が殺されるかもしれないと恐れて先んじて渡来系の部下である東漢直駒（やまとのあやのあたいこま）をつかって**第三十二代崇峻天皇**を暗殺した事件である。

更に『日本書紀』には**第二十代安康天皇**が妃とし、後に皇后にした中帯姫命（なかしひめのみこと）の連れ子である眉輪王（まよわのおおきみ―父は大草香皇子で使人の虚言に騙された安康天皇により殺害された。）により酒宴の後、中帯姫命の膝枕で熟睡中に刺殺されたと記述している。当時、眉輪王は七歳と云われる。

他に幕末の第一二一代孝明天皇暗殺説（岩倉具視が首謀し、妹の女官・堀河紀子による砒素毒殺説）があったが、現在は悪性の紫斑性疱瘡による死去説が大勢である。

従って現代まで一二六代の天皇で暗殺が二人と云うのは他の諸外国の歴代王朝の暗殺数に比して例外的に僅少と云われる。

ただ正常死亡（疾病、老衰による）外という事では**第三十九代弘文天皇**（大友皇子）が壬申の乱に破れ自害、**第八十一代安徳天皇**が壇ノ浦の合戦に破れ、二位の尼（清盛の妻・時子）と共に入水自殺を遂げている。（非正常死亡四人、三・二％）。

因みに中国の歴代王朝の皇帝六一一人（大王朝、小王朝合わせて）で正常死亡（疾病、老衰による）は三三九人（五六％）、非正常死亡二七二人（四四％）と二人に一人近くが異常死亡者と云われる。

飛鳥時代の主要事績は次の通りである。

なお西暦五九三年から六二二年の間、推古天皇の摂政として用明天皇の第二子の聖徳太子が政務を執られた。

推古天皇元年（西暦五九三年）、聖徳太子は物部守屋との戦いで加護を祈った四天王を祀る四天王寺の造立開始。

推古天皇八年（西暦六〇〇年）、遣隋使を派遣（日本側資料には記載なし。『隋書倭国伝』

に記載あり）。

推古天皇十一年（西暦六〇三年）、冠位十二階（徳・仁・礼・信・義・智の各々に大小あり。この順序に聖徳太子の思いを知る事が出来る。――『隋書倭国伝』では徳・仁・義・礼・智・信の順序で紹介している。）を制定。

推古天皇十二年（西暦六〇四年）、聖徳太子自ら作った「官僚執務心得帳」とも云うべき初めての「**十七条の憲法**」を発表。（夏四月丙寅朔戊辰、皇太子親肇作憲法十七條）（詳細は第一部第三章第二節「橿原奠都の詔」と「十七条の憲法」参照）。

「十七条の憲法」の各条冒頭句原文は次の通り、

一曰、以和爲貴、無忤爲宗。
二曰、篤敬三寶。
三曰、承詔必謹。
四曰、群卿百寮、以禮爲本。
五曰、絶饗棄欲、明辨訴訟。
六曰、懲悪勸善、古之良典。
七曰、人各有任。
八曰、群卿百寮、早朝晏退。

九日、信是義本。
十日、絶忿棄瞋、不怒人違。
十一日、明察功過、賞罰必當。
十二日、國司國造、勿収斂百姓。
十三日、諸任官者、同知職掌。
十四日、群臣百寮、無有嫉妬。
十五日、背私向公、是臣之道矣。
十六日、使民以時、古之良典。
十七日、夫事不可獨斷。

推古天皇十五年（西暦六〇七年）遣隋使（小野妹子）を派遣。

この時の国書の書き出しが『日本書紀』には記載は無いが『隋書倭国伝』には記載あり、有名な「**日出處天子致書日沒處天子無恙**」「日出ずる処の天子、書を日没する処の天子に致す。恙無きや、云々」で隋の煬帝を「無礼なり」と不快にさせたと云う。然し高句麗への遠征を控えた煬帝は倭国との友好を必要とし、小野妹子の帰国に随って文林郎（隋書倭国伝記載、日本書紀では鴻臚寺掌客）・裴世清を派遣、隋の進物と共に「皇帝から倭皇（やまとのすめらみこと）にご挨拶を送る。云々」の国書を呈上した。

この時、小野妹子の隋の煬帝より預かった天皇宛国書紛失事件が起こっている。『日本書紀』によれば妹子は帰還の時、百済にて百済人により掠め取られ提出できないと奏上した。群臣は使者の任務を果たしておらず流刑にすべきと云ったが、推古天皇は大唐の客人への聞こえも悪いとして赦して罪とされなかったと云う。真相は霧の中である。

推古天皇十五年（西暦六〇七年）法隆寺を創建。

推古天皇十六年（西暦六〇八年）隋使・裴世清の帰国に伴い再度、小野妹子を遣隋使として留学生（るがくしょう）八人と共に派遣。

国書は「東の天皇、西の皇帝に敬問す。云々」で始まっている。

推古天皇二十二年（西暦六一四年）遣隋使（犬上御田鍬—いぬかみのみたすき）を派遣。『隋書倭国伝』には記載なし。

舒明天皇二年（西暦六三〇年）初めて遣唐使（犬上御田鍬）を派遣。

皇極天皇四年（孝徳天皇大化元年—西暦六四五年）六月十二日、「**乙巳の変**」起こる。中大兄皇子と中臣鎌足らが数々の不敬・専横を極めた蘇我氏宗家（蝦夷、入鹿）を滅ぼす。十四日、孝徳天皇即位、中大兄皇子は皇太子となる。翌年**大化改新**の詔。なお皇極天皇は先代舒明天皇の皇后、孝徳天皇はその前の皇極天皇の同母弟。孝徳天皇没後、皇極天皇が重祚（斉明天皇）。

斉明天皇六年（西暦六六〇年）百済が唐（水・陸一三万人）・新羅（陸上軍五万人）連合軍（合計一八万人）に破れ滅亡。

百済の遺臣は倭国に滞在していた王の太子・豊璋王を擁立、倭国に援助を求め、倭国はこれを承諾。

斉明天皇七年（西暦六六一年）天皇は百済復興の為、征西、五月、九州朝倉宮（福岡県朝倉町）に移った。七月、天皇崩御。皇太子は即位式を挙げることなく長津宮（博多大津）に移り全軍を指揮。（皇太子が正式に即位し天皇となったのは天智天皇七年―西暦六六八年）。

天智天皇元年（西暦六六二年）五月、豊璋を百済に送った。

天智天皇二年（西暦六六三年）八月、**白村江（現在の錦江河口近辺）の戦い**。（二七日～二八日）。

倭国軍四万二〇〇〇（水軍）、百済軍五〇〇〇対唐軍一三万（水軍）、新羅軍五万。

唐水軍に倭国水軍大敗。豊璋王は高句麗に逃亡。

（西暦六六六～六六八年）高句麗、唐に攻められ滅亡。

（西暦六七〇年）新羅が西蔵（チベット）と交戦中の唐の半島駐在機関（熊津都督府）を攻撃、唐と交戦と服従を繰り返す。

（西暦六七五年）唐軍撤収。唐の冊封体制下、新羅による半島統一。

天武天皇元年（西暦六七二年）前年十二月三日、天智天皇近江の宮にて崩御。六月、弟の大海人皇子、吉野より東国に入り挙兵、大友皇子（弘文天皇）との間で **壬申の乱**勃発。七月、大友皇子敗れ自殺。翌年二月、天武天皇、飛鳥浄御原宮（あすかきよみはらのみや）にて即位。

天武天皇十一年（西暦六八二年）此の頃　**富本銭**を鋳造する。

天武天皇十三年（西暦六八四年）八色の姓（やくさのかばね―真人まひと・朝臣あそん・宿禰すくね・忌寸いみき・道師みちのし・臣おみ・連むらじ・稲置いなき）を制定する。

持統天皇八年（西暦六九四年）**藤原京**に遷都する。

持統天皇十一年（西暦六九七年）八月、皇太子（文武天皇―もんむてんのう）に譲位。

文武天皇（大宝元年―西暦七〇一年）**大宝律令**の成立。

元明天皇（文武天皇の実母、文武天皇の遺詔により即位。）和銅元年―西暦七〇八年、武蔵国秩父郡より和銅―精錬を要しない自然銅―を献上。銀銭及び銅銭を鋳造する（**和同開珎**）。

（二）飛鳥文化の特色

最初の仏教中心に花開いた文化で中国南北朝時代の六朝文化の影響大。後に続く白鳳文化、天平文化の基礎を築いた。時期として推古朝から大化の改新時までを云う。

仏像はアルカイックスマイル（唇の両端がやや上向きに微笑を浮かべたように見える、ギリシャ初期の彫刻に特有の表情。）を特色とし、代表作に法隆寺金堂釈迦三尊像、法隆寺夢殿救世観音像、飛鳥寺釈迦如来像がある。

絵画・工芸では法隆寺玉虫厨子（唐草模様はエジプト、ギリシャ由来と云う）、中宮寺天寿国繍帳などがある。

（三）白鳳文化の特色

時期として大化の改新時（西暦六四五年）から平城京遷都（西暦七一〇年）までを云う。

代表的なものは薬師寺の薬師三尊像、薬師寺東塔、法隆寺金堂壁画、高松塚古墳壁画などで、彫刻は飛鳥文化に比べて丸みをおびて奥行きがあり、アルカイックスマイルは消えている。

第六節　奈良時代の概要

平城遷都（西暦七一〇年）から長岡遷都（西暦七八四年）までの奈良に都がおかれた時

期。文化史上では天平時代とも云う。

（一）**奈良時代の主要事績**

元明天皇、和銅三年（西暦七一〇年）平城京に遷都。

元明天皇、和銅五年（西暦七一二年）**古事記**三巻（天武天皇が稗田阿礼に誦習させていた帝紀・旧辞を元明天皇の命を受けて太安万侶が撰録）成立。

元正天皇、養老二年（西暦七一八年）**養老律令**の成立（実施は天平宝字元年―西暦七五七年―から）。

元正天皇、養老四年（西暦七二〇年）**日本書紀**三十巻成立。（舎人親王ら撰。日本最初の勅撰歴史書。帝紀・旧辞の他、諸氏の記録、寺院の縁起、中国、朝鮮資料等を引用。六国史の第一）。

元正天皇、養老七年（西暦七二三年）開墾奨励の「三世一身法」を定める。

聖武天皇、天平元年（西暦七二九年）二月、長屋王の変。

八月、藤原夫人（光明子）、皇后となる。

天平十年七月、大伴宿禰子虫が囲碁の途中、長屋王の事で口論、宮処連東人（みやこのむらじあずまびと）を斬殺。東人は長屋王のことを事実を偽って告発した人物。（著者注―続日本紀に明記）。

聖武天皇、天平十二年（西暦七四〇年）藤原広嗣の乱。

聖武天皇、天平十五年（西暦七四三年）墾田永年私財法を定める。

孝謙天皇、天平勝宝四年（西暦七五二年）東大寺大仏の開眼供養。

孝謙天皇、天平宝字元年（西暦七五七年）橘奈良麻呂の乱。

淳仁天皇、天平宝字三年（西暦七五九年）頃、『**万葉集**』の成立。

淳仁天皇、天平宝字八年（西暦七六四年）藤原仲麻呂の乱（恵美押勝の乱）。

称徳天皇、天平神護元年（西暦七六五年）道鏡、太政大臣禅師となる。

称徳天皇、神護景雲三年（西暦七六九年）宇佐八幡宮神託事件。

桓武天皇、延暦元年（西暦七八二年）氷上川継（天武天皇の曾孫）の乱（朝廷転覆未遂事件）。

桓武天皇、延暦三年（西暦七八四年）長岡京に遷都。

（二）奈良時代・天平文化の概要

律令国家の充実（養老律令の成立。開墾奨励の「三世一身法」「墾田永年私財法」の整備）を背景に有力貴族の反乱（藤原広嗣の乱、橘奈良麻呂の乱、藤原仲麻呂—恵美押勝—の乱、氷上川継の乱、）等を押さえ、中央集権体制を強化し、盛唐期の唐の文化、西アジアやガンダーラ地方の文化を吸収した国際色豊かな貴族文化であり、仏教文化であり、同時に天皇から庶民に至るまでのあらゆる階層の和歌四五〇〇首余りを万葉仮名（漢字の音訓だけを借用して日本語を表記）で記した「万葉集」や独自の漢詩集「懐風藻」、最初の歴史書「古事記」や「日本書紀」の成立といった日本固有色豊かな精神文化の出現した時代である。

仏教文化の代表的な彫刻に、東大寺盧舎那仏像（奈良の大仏）・興福寺阿修羅像・東大寺戒壇院四天王立像・東大寺法華堂執金剛神立像・日光菩薩・月光菩薩立像・唐招提寺鑑真和上坐像などがあり、建築では東大寺法華堂（三月堂）・転害門・薬師寺東塔・唐招提寺金堂などが挙げられる。

絵画では「六扇の正倉院鳥毛立女屏風」、「薬師寺吉祥天像」「過去現在絵因果経」、工芸では「正倉院螺鈿紫檀五弦琵琶」「正倉院平螺鈿背八角鏡」「東大寺大仏殿八角灯篭」などがある。また称徳天皇が恵美押勝の乱の戦没者を慰霊するため作らせた百万塔の内部に納めた陀羅尼経は日本最古の印刷物といわれる。

第七節　平安時代の概要

桓武天皇、延暦十三年（西暦七九四年）平安京遷都から後鳥羽天皇、建久三年（西暦一一九二年）鎌倉幕府の成立までの約四百年間を平安時代と云い、文化史としては平安前期の弘仁・貞観（こうにん・じょうがん）文化と後期の国風文化より成る。

（一）平安時代の主要事績

桓武天皇、延暦十三年（西暦七九四年）平安京遷都。

桓武天皇、延暦十六年（西暦七九七年）坂上田村麻呂を征夷大将軍に任命。

嵯峨天皇、弘仁元年（西暦八一〇年）薬子の変（平城上皇の寵厚く権勢の座（尚司）にあった藤原薬子が兄の参議・仲成と共に嵯峨天皇の廃立、平城上皇の重祚、平城京遷都を企てたが嵯峨天皇方の迅速な対応で失敗。仲成は射殺、薬子は毒薬自殺、平城上皇は出家。二所朝廷の対立として平城太上天皇の変とも云う）。

仁明（にんみょう）天皇、承和九年（西暦八四二年）承和（じょうわ）の変。

（藤原氏による最初の他氏排斥事件。嵯峨上皇の重病に危険を感じ皇太子・恒貞親王を東国に逃そうとした伴健岑（とものこわみね）、橘逸勢（たちばなのはやなり）らが謀反を企てたとして流罪。中納言・藤原良房の陰謀といわれ、その妹・順子と仁明天皇の子・道康親王（後の文徳天皇―もんとくてんのう）が皇太子となった。良房は事件後、大納言さらに人臣初の摂政・太政大臣となり藤原氏繁栄の基礎を作った）。

清和天皇、貞観八年（西暦八六六年）応天門の変。

（この年、三月、朝堂院の南の正門である応天門が全焼、大納言・伴善男（とものよしお）はかねて不仲の左大臣・源信（みなもとのまこと）が大伴氏造営の応天門を呪っての犯行であると告発するも養子の参議・基経の報告を聞いた太政大臣・藤原良房の清和天皇への弁護の進言で源信は最終的に無罪となったが、本人は嫌気がさしてか隠棲。八月、目撃者の告発により伴善男、中庸（なかつね）父子に逆に放火の嫌疑がかかり有罪、流刑となる。

藤原良房・基経らが、源信や伴善男を政界から追放するために、応天門の炎上を巧みに利用して、初めは善男らを動かして源信を抑え、のちには伴善男を罪人に仕立てて政界から駆逐したとの見方もある。良房は、この事件を契機に人臣初の摂政となる。国宝「伴大納言絵巻」で有名。

宇多天皇、仁和三年（西暦八八八年）阿衡（あこう）の紛議（事件）。

前年二月、即位した宇多天皇は太政大臣・藤原基経を史上初の関白に任ずる詔勅を出し慣例により基経は一度は辞退。前回同様、左大弁・橘広相（たちばなのひろみ）に命じての二度目の詔勅を発令。そこに「阿衡―中国の殷代の賢臣伊尹（いいん）が任じられた官―の佐（たすけ）をもって卿の任とせよ」とあり、これを文章博士・藤原佐世（ふじわらのすけよ）が「阿衡は位貴くも、職掌なし」と基経に告げ、基経は一切の政務を放棄。翌仁和三年六月、遂に天皇は先の詔勅を取り消し、橘広相を罷免、なおも広相の遠流を主張する基経に讃岐守・菅原道真（橘広相の学師、藤原佐世の義父）が書面で慰撫、二年に亘る紛議は漸く収束した。宇多天皇はその後、菅原道真を重用し藤原氏を牽制する。

宇多天皇、寛平六年（西暦八九四年）遣唐使停止。

唐は黄巣の乱（西暦八七四年、私塩の闇密売業者の王仙芝が唐朝に反乱挙兵、同じ業者の黄巣も参加。八七八年王仙芝が戦死。黄巣は広州を落とし、八八〇年洛陽、長安を落とし、斉の国を建て、皇帝に即位。しかし所詮態勢整わず、幹部の朱温の裏切り等もあり最後は長安を捨てて逃走、八八四年、泰山近辺で自害。八七八年〜八八四年の戦乱を黄巣の乱という。）で衰退。遣唐大使に任命された菅原道真の建議により停止。九〇七年、朱温改め朱全忠は唐の哀帝より禅譲を受け後梁を建国、唐は名実共に滅亡。五代十国の分裂時代に入る。

朱雀天皇、承平五年（西暦九三五年）承平・天慶（じょうへい・てんぎょう）の乱（承平天慶の乱は平安時代中期のほぼ同時期に起きた、関東での平将門の乱（西暦九三五〜九四〇年）と瀬戸内海での藤原純友の乱（西暦九三九〜九四一年）の総称。

平将門は桓武天皇五世の子孫。関東に土着。父の遺産相続を巡り一族間で争い、こじれて常陸の国府を攻撃、後に関東全域を収め、新皇を称し　二ヵ月後、藤原秀郷、平貞盛の朝廷軍に破れ討死。京都でさらし首となる。

延慶二年（西暦一三〇九年）天変地異を将門の祟りとして神田明神に合祀。

明治七年（西暦一八七四年）神田明神の祭神より外され、摂社の将門神社に遷座。昭和五十九年（西暦一九八四年）、再度、神田明神に合祀される。

藤原純友は藤原北家の出身。伊予掾（じょう──国司三等官）として海賊鎮圧の職にあったが帰任せず土着、承平六年（西暦九三六年）海賊の頭領となり伊予の日振島を本拠とし、天慶三年（西暦九四〇年）淡路、讃岐、九州大宰府を襲撃、略奪を行う。小野好古、源経基の朝廷軍に博多湾で大敗、捕縛され獄中で死没。

冷泉（れいぜい）天皇、安和二年（西暦九六九年）三月、安和（あんな）の変。

藤原氏最後の他氏排斥事件。康保四年（西暦九六七年）五月、村上天皇死去、冷泉天皇即位、藤原氏の推挙により皇太弟に年少の守平親王決定。二年後の安和二年（西暦九六九年）三月、左馬助・源満仲より橘繁延（たちばなのしげのぶ）が皇太弟の守平親王を廃し、年長の為平親王とする動きありとの密告あり、調査の結果、左大臣・源高明（みなもとのたかあきら。醍醐天皇の皇子。源の賜姓。為平親王の義父。紫式部『源氏物語』は高明鎮魂の為の説あり。）が黒幕であるとして九州太宰権師（ごんのそち―権官＝定員外）に左遷。一種の流罪（一年後帰京）。左大臣に藤原師尹（もろただ）（右大臣）、右大臣には藤原在衡（大納言）が就任し、以降、政争は藤原一族間となる。

一条天皇、長保五年（西暦一〇〇三年）紫式部『**源氏物語**』完成。

世界最古の女性による王朝恋愛長編小説。全五十四帖。構成、心理描写に優れ、物語文学の最高峰とされる。なお一条天皇の死後、権力者、藤原道長が天皇の遺品を整理している際、「王が正しい政を欲するのに、讒臣一族が国を乱してしまう」という天皇の手書を見つけ、道長が激怒、この手書を破り去ったという話もある。（愚管抄、古事談に記載）。

後一条天皇、長和五年（西暦一〇一六年）左大臣・藤原道長、摂政になる。

寛仁二年（西暦一〇一八年）三月、後一条天皇が十一歳になった時、道長は三女の威子を女御として入内させ、十月には中宮となした。威子の立后の日（十月十六日）に道長の邸宅で諸公卿を集めて祝宴が開かれ、この時に道長が即興で詠んだ歌が有名な「この世をばわが世とぞ思ふ　望月の　欠けたることも　なしと思へば」である。なお道長は『源氏物語』の熱心な第一読者でもある。

後一条天皇、寛仁三年（西暦一〇一九年）刀伊の入寇。

平安中期の寛仁三年（西暦一〇一九年）三月末〜四月にかけて刀伊（女真族で十二世紀に金、十七世紀に清を建国するツングース系民族で沿海州に住む。東夷＝刀伊）が五十余隻の船団（約五〇〇〇人）で対馬、壱岐、さらに筑前国怡土郡（博多周辺）に来寇、対馬の国司は辛うじて逃れ大宰府に報告、壱岐は国司以下玉砕、眼病の治療のため大宰府滞在中の大宰権師・藤原隆家が地元の豪族、武士を糾合し撃退した。

後一条天皇、長元元年（西暦一〇二八年）平忠常の乱。

　平将門の叔父・良文の孫で上総、下総、常陸の在家領主である平忠常が長元元年（西暦一〇二八年）六月、安房守・平惟忠を焼き殺す事件を起こし、更に上総国の国衙（こくが、役所）を占領した。朝廷は将門討伐に功あった平貞盛の嫡流の平直方を追討使に任命したが成果あがらず房総三国（上総、下総、安房）は戦乱により荒廃、長元三年九月、「安和の変」の告発者、源満仲の三男で常陸介時代に忠常を臣従させていた源頼信（兄は鬼退治で有名な源頼光、息子は源頼義、孫は源義家）を新たに追討使に任じ、忠常は戦わずして直ちに降伏、乱は平定された。この乱により坂東平氏の多くが頼信配下に入り、清和源氏が東国で勢力を広げる契機となった。

後冷泉天皇、永承六年（西暦一〇五一年）前九年の役はじまる。終結は康平五年（西暦一〇六二年）。

安倍比羅夫の子孫で奥州に覇を唱えた安倍頼良（後に頼時と改名）の貢租拒否等の横暴討伐の為、朝廷は永承六年（西暦一〇五一年）陸奥守・藤原登任を差し向けたが逆に戦いに大敗、代わって河内源氏の源頼義を陸奥守に任じ派遣、永承七年（西暦一〇五二年）頼義現地着任間もなく、後冷泉天皇祖母・上東門院・藤原彰子の病気平癒を願って大赦を布告、安倍頼良（頼時）は無罪となり、陸奥守・源頼義に忠誠を誓って同音の頼良を改め頼時と改名した。

天喜四年（西暦一〇五六年）二月、陸奥守・源頼義の任期（四年）の終わる直前に阿久利川事件（あくりがわ又はあくとがわ）が起きる。事件は引き続き陸奥守に再任され奥州に地盤を確保したい源頼義またはその配下の陰謀と云われ、結果として源頼義に従っていた安倍頼時の娘婿の藤原経清が離反し前九年の役は長引くこととなった。

天喜五年（西暦一〇五七年）五月、安倍頼時は戦傷死、嫡男の貞任が後継者となる。同年十一月、黄海（きのみ、現在の一関市藤沢町黄海）の戦いで安倍貞任は源頼義軍を撃破、頼義は長男の義家を含むわずか七騎で戦線離脱。
康平五年（西暦一〇六二年）春、頼義の後任の陸奥守として高階経重が着任。郡司らは頼義に従い、経重には従わなかったため、経重は帰洛し解任。頼義が陸奥守に再任。同年七月、かねてよりの頼義の要請に応じ、出羽国仙北（秋田県）の豪族・清原光頼が弟・武則を総大将として参戦、形勢は一挙に逆転、同年九月、安倍氏の拠点である厨川柵（岩手県盛岡市天昌寺町）、嫗戸柵（盛岡市安倍館町）が陥落。安倍貞任は戦傷死、藤原経清は斬首され、安倍氏は滅亡、戦役は漸く終結した。

戦後処理として貞任の弟宗任は伊予国（のちに筑前国の宗像）に流罪。頼義は正四位下伊予守。清原武則は従五位下鎮守府将軍に補任。奥六郡を与えられ、清原氏が奥羽の覇者となった。藤原経清の妻であった頼時の息女は敵の清原武則の息子・武貞の妻となり、経清の遺児（亘理権太郎。後の藤原清衡。奥州藤原氏の祖）共々清原氏に引き取られた。（後三年の役の一因）。
白河天皇、永保三年（西暦一〇八三年）後三年の役始まる。終結は堀河天皇寛治元年（西暦一〇八七年）。

前九年の役で滅亡した安倍氏の所領を含め新たに奥州で覇を唱えた清原一族の内紛（武貞の息子・実衡、養子・清衡、清衡の同母弟・家衡、武貞弟・武衡、清原一族の長老・吉彦秀武―きみこのひでたけ―等の絡む）に乗じ、陸奥守・源義家が参戦した私戦。結果、前九年の役でのこぎり刀で無残に斬首された藤原経清の遺児・清衡（清原武貞に再婚した母の連れ子で武貞の養子）が清原家の全所領を引き継ぎ、藤原清衡と実父の姓に改姓、奥州藤原氏の祖となり、清原家は滅亡。一方、源義家は私戦に勝手に介入したとして朝廷により陸奥守を解任、戦費の支払い拒否、さらに貢租を戦費に流用したとして支払い請求され、已む無く関東より参戦した武士たちに私財より手当てを支給、逆に名声を得、後の鎌倉幕府の基盤が養成されたと云う。

堀河天皇、応徳三年（西暦一〇八六年）白河上皇、院政開始。

同年、白河天皇は八歳の実子・堀河天皇（七十三代）に譲位し、以降、鳥羽天皇（七十四代―孫、五歳で即位）、崇徳天皇（七十五代―曾孫、五歳で即位）の三代・四十三年間に亘って初めて院政を敷いた。

後白河天皇、保元元年（西暦一一五六年）保元（ほうげん）の乱。

崇徳上皇と後白河天皇の皇位継承をめぐる対立に摂関家の藤原頼長と藤原忠通との家督争いが結びつき、上皇・頼長側に源為義、平忠正らの武士軍がつき、後白河・忠通側に源義朝（為義嫡男）、平清盛（忠正の甥）らの武士軍がつき、京都を戦場にして争った。結果は夜討ち策を採らなかった崇徳上皇方が敗北し、上皇は讃岐に流され、頼長は戦傷死し、源為義、平忠正らは斬首、源為朝（為義八男）は武勇を惜しまれ伊豆大島に配流された。

二条天皇、平治元年（西暦一一五九年）平治の乱。

保元の乱から三年後のこの年、平清盛の熊野参詣中に藤原信頼（後白河上皇の取り立てた近臣）と源義朝が権勢を振るった藤原通憲（信西）討伐の為、後白河上皇・二条天皇を幽閉、藤原通憲（信西）は逃亡、結局自害の後、梟首された。

急遽、引き返してきた平清盛や二条天皇近臣の葉室光頼らにより天皇は内裏を脱出、清盛の六波羅邸に迎えられ、さらに後白河上皇も仁和寺に退避した。義朝は軍勢を率いて六波羅に攻め込むも大敗。信頼は仁和寺に逃げ込むも即刻斬首。義朝も逃亡先の尾張で謀殺された。

翌、平治二年、平清盛は正三位、参議に任ぜられ、以降平家が隆盛の一途を辿り、六条天皇、仁安二年（西暦一一六七年）平清盛は太政大臣就任。

この年、鹿ヶ谷（京都、大文字山山麓）の俊寛の山荘で後白河法皇と俊寛、藤原成親、高倉天皇、治承元年（西暦一一七七年）鹿ヶ谷（ししがだに）の陰謀。

この年、鹿ヶ谷（京都、大文字山山麓）の俊寛の山荘で後白河法皇と俊寛、藤原成親、藤原師光（西光）ら法王近臣が集まって平家打倒を謀議した事件。多田行綱の密告により発覚、師光は死罪、成親、俊寛らは流罪。

近年、謀議は平清盛のでっち上げとし、鹿ヶ谷事件と云う説もある。

安徳天皇、治承四年（西暦一一八〇年）四月、以仁王の令旨→各地で源氏挙兵→平家滅亡の路を辿る。

以仁王は後白河天皇第三皇子でこの年、源頼政と謀って諸国の源氏に平氏討伐、挙兵の令旨を発したが事前に発覚、奈良の寺院勢力を頼って逃れる途中、平家追討軍により討死。但し、この令旨が引き金となって源頼朝、木曽義仲らが決起し、平家は滅亡への道を辿る。即ち、

寿永二年（一一八三年）信濃国で挙兵した源（木曽）義仲は五月、倶利伽羅峠の戦いで「火牛の計」（真実性に疑問あり）を用い、平維盛の率いる平家軍を破り、七月、京に上洛、平家は安徳天皇と三種の神器を奉じて九州大宰府まで落ちて行ったがその後、回復、東上し、十月、備中の国「水島の戦い」（この戦いの最中に九五％ほど欠けた金環食が起こったことが、「源平盛衰記」等の資料によって確認されている）で木曽軍を破り、落ち目の義仲は平家に和平を提議するが拒否され、翌寿永三年（西暦一一八四年）一月、「宇治川の戦い」で頼朝の派遣した範頼、義経軍に敗れ滅亡した。この間、平家は福原にまで進出した。同年二月、「一の谷の戦い」で源義経による「鵯越の逆落とし」（真偽には諸説あり）により平家は敗北（平忠度、敦盛の死亡）、船で安徳天皇を奉じて四国屋島に逃れ、寿永四年二月、暴風雨を衝いて阿波に渡った義経は陸路、平家が拠点した屋島を奇襲、平家は敗走し壇ノ浦の最終戦となる。この屋島の戦いで有名な那須与一の「扇の的」、義経の「弓流し」のエピソードが生まれる。

同年三月、源平の最終戦「壇ノ浦の戦い」（下関市）で平家は壊滅、その後、勝利の立役者・義経も頼朝と不和となり、逃れた奥州平泉の衣川館で自害。

（二）平安時代、文化（前期＝弘仁・貞観文化、後期＝国風文化）の概要

平安時代前期文化（九世紀）の弘仁（八一〇～八二四年）貞観（八五九～八七七年）文化は晩唐文化の影響の見られる平安京を中心とした貴族文化でまた密教色の強い仏教文化でもある。

後期の国風文化は十世紀のはじめ頃から十一世紀の摂関政治期を中心とする文化で、菅原道真の進言による遣唐使派遣停止（寛平六年、西暦八九四年）もあり、奈良時代から進行していた独自の国風文化が加速されていった。

奈良時代の万葉仮名は片仮名（伊→イ）、平仮名（安→あ）として発展し、藤原氏の天皇家に対する外戚政策から所謂「女房文学」が仮名文字を使用して結実し、紫式部の世界的に著名な「源氏物語」をはじめ、清少納言の「枕草子」等の傑作を生んだ。

また末法思想を背景に浄土信仰の浄土教が広まった。浄土教は「入唐求法巡礼行記」の円仁（第三代天台座主。慈覚大師）が九世紀前半に中国五台山の念仏三昧法を日本に伝え、源信（恵心僧都）が「往生要集」にて天台浄土教を大成した。

さらに阿弥陀聖（あみだひじり）とも市聖（いちのひじり）とも称された空也上人が庶民の間に念仏三昧の浄土教を広めた。

こうした浄土信仰は京の貴族に深く浸透し、国風文化の仏教建築（平等院鳳凰堂、醍醐寺五重塔等）、仏像（平等院鳳凰堂阿弥陀如来像等）、絵画（源氏物語絵巻、伴大納言絵巻、鳥獣人物戯画等）などにその影響を残した。

第八節　鎌倉時代の概要

後鳥羽天皇、文治元年（西暦一一八五年）壇ノ浦の戦いで平家滅亡、同年、文治の勅許により、源頼朝が守護・地頭の設置を認められ、軍事・警察・土地支配権を公認され、更に建久三年（西暦一一九二年）源頼朝、征夷大将軍任命。→鎌倉幕府による鎌倉時代が始まる。以降、元弘三年（西暦一三三三年）「元弘の乱」により執権北条高時の自殺による鎌倉幕府滅亡までの約百五十年間を鎌倉時代という。

（一）鎌倉時代の主要事項

平安時代末期に登場した武家政権・平氏に次いで本格的武家政権の鎌倉幕府は建久十年（西暦一一九九年）創始者頼朝の急死で嫡男・頼家が征夷大将軍となったが、有力御家人衆間で権力闘争が激化、梶原景時の変、城長茂の乱（建仁の乱、資盛、坂額御前ほか）比企能員の変を経て、建仁三年（西暦一二〇三年）頼家幽閉（後、北条氏により暗殺）、頼朝次男の実朝が征夷大将軍となったが畠山重忠の乱、牧氏事件、泉親衡の乱、和田合戦を経て建保七年（西暦一二一九年）、甥の公暁（頼家庶次男）に鶴岡八幡宮で暗殺された。この間、頼朝の舅の北条時政（初代執権）及び政子（尼将軍と呼称）、義時（二代執権、政子の弟）の北条一族が権勢を振るった。
後鳥羽上皇、承久三年（西暦一二二一年）承久の乱勃発。
寿永二年（西暦一一八三年）後白河法皇の院宣を受け、後鳥羽天皇は四歳で即位（平家が安徳天皇と共に持ち去った三種の神器を欠いたまま即位、安徳天皇の異母弟）、建久九年（西暦一一九八年）土御門天皇に譲位、以降、土御門、順徳、仲恭天皇の三代二十三年間に亘って院政を敷いた。

幕府は実朝暗殺後の後継将軍として後鳥羽上皇の皇子・雅成親王を要望、後鳥羽上皇は愛妾・熊菊（白拍子出身）の所領における地頭職撤廃、院に近い御家人、仁科盛遠（幕府の許可なく上皇の西面の武士となり、所領没収となる）の処分撤回を条件としたが執権・北条義時は幕府の根幹に係ることとして拒否、双方の対立が深まった。幕府側は皇族将軍を諦め、摂関家より将軍（後の九条頼経）を迎え、執権政治を確立した。
承久三年（西暦一二二一年）五月、後鳥羽上皇は「流鏑馬揃え」を口実に諸国の兵を集めた翌日、幕府側京都守護代を攻撃、全国に北条義時追討の院宣を発した。

幕府は北条政子の声涙共に下る大演説で一体となり、一九万の大軍で三方より京都を攻撃、宇治川の合戦を経て朝廷方を撃破した。

この乱の結果、後鳥羽上皇（隠岐の島）、順徳上皇（佐渡島）、土御門上皇（土佐後に阿波）に配流され、仲恭天皇は廃位、後堀河天皇が即位した。

幕府は朝廷監視の為、六波羅探題を設置し、京都、鎌倉の二元政治は西国を含めて終わり、武家政権が確立したと云われる。

貞永元年（西暦一二三二年）御成敗式目（貞永式目）制定。

日本最初の武家法。執権・北条泰時が主導して制定。全五十一条。後の室町時代、戦国時代を通じて有効。江戸時代の「武家諸法度」に繋がった。

特別検討（一）—元寇（蒙古襲来）

第一回蒙古使節団、文永三年（西暦一二六六年）十一月、高麗に到着。フビライ国書持参。

高麗側は遠征軍費負担を恐れ、朝鮮半島東南にある巨済島に案内、対馬を臨み、荒海を見せ、渡海の困難と遠征の無益を説き、使節団は帰国、フビライは激怒し、高麗の元宋国王に日本との交渉を厳命した。

第二回高麗使節団、文永五年（西暦一二六八年）正月、フビライ国書、高麗国王書状、使節団代表添え状等持参し、大宰府に提出。大宰府より鎌倉に送達。

三月、北条時宗、八代執権に就任。

蒙古皇帝国書（第五代皇帝フビライ、日付は至元三年—文永三年—西暦一二六六年）は「互いに誼みを持ちたい。兵を用いることを誰が好もうか」とあり、極めて威圧的。第一回使節団持参国書とみられる。

幕府は朝廷（後嵯峨上皇、院政）に提出。議論百出。七ヵ月後、日本側反応無く、使節団帰国。交渉失敗を報告。

第三回蒙古使節団、文永六年（西暦一二六九年）二月、七五名の使節団が対馬に上陸、日本側はこれより先の来航を拒否。些細な争いより島人二名（塔二郎、弥二郎）を捕え帰国。二人はフビライに謁見、宝物を貰い宮殿を案内される。また首都・燕京（後の大都）の万寿山の玉殿や諸城等も案内される。

第四回高麗使節団、文永六年（西暦一二六九年）九月、対馬島人二名（塔二郎、弥二郎）を燕京より護送、元の中書省よりの国書と高麗王書状を大宰府に提出。

中書省国書は日本に服属を要求したものと思われる。朝廷にて拒否文書を作成。

幕府は返書不要と上奏。朝廷側受け入れ、返書無きまま使節団帰国。

第五回蒙古使節団、文永八年（西暦一二七一年）九月、蒙古使節団百人余りが大宰府に到着。大宰府はこれより以東の訪問を拒否、国書の写しを受領。元は高麗の金州（金海市）に元・高麗軍を集結、十一月末を回答期限とし、武力行使を辞せずとした。朝廷は服属拒否の返書案を作成するも幕府は難色を示し、日本側より使節団派遣を決定した。同年十一月、フビライは国号を大蒙古国より大元と改めた。

日本使節団、文永九年（西暦一二七二年）一月、日本使節団一二名は高麗経由、元の首都・

大都訪問、元側は軍備偵察と判断し、フビライに会わせず、元の丞相アントンより日本側の警戒する金州駐屯軍は三別抄（高麗国王への反政府軍）対策軍と説明、使節団は四月、高麗経由帰国。この間、二月、所謂「二月騒動」で執権・時宗は異母兄の北条時輔ほか反対勢力を一掃、政権基盤を強化した。

第六回元使節団、文永十年（西暦一二七三年）三月、大宰府に至るも返書得ることなく六月、元に帰国。

文永の役

文永十一年（西暦一二七四年）一月、フビライ、日本侵攻を決意、五月、元軍一万五〇〇〇人高麗到着。

十月三日、元軍（元・漢軍二万人、高麗軍六〇〇〇人―水夫は別）二万六〇〇〇人、朝鮮の合浦（馬山）出航。

十月五日、対馬侵攻。守護代、宗資国以下八十余騎全滅。

十月十四日、壱岐侵攻。守護代、平景隆以下百余騎全滅。

十月十六～十七日、肥前海岸襲来。松浦郡、平戸島、鷹島、能古島に襲来。松浦党応戦するも敗退。

十月二十日、元軍主力部隊（蒙古、漢軍）博多湾（早良郡）上陸。

（赤坂の戦い）

元軍、赤坂（博多西部）に布陣。日本軍（肥前御家人、菊池武房）攻撃。元軍、早良郡に敗走。

（鳥飼潟の戦い）

早良郡の鳥飼潟にて日本軍主力部隊（総大将・小弐景資ほか九州各地の御家人）と元軍戦闘。元軍敗退。

（百道原、蛭浜の戦い）

追撃戦に入り、同じく早良郡の百道原、蛭浜の戦いで元軍敗退。百道原の戦いでは小弐景資軍により元軍、左元帥、劉復亨が射倒された。

一時は大宰府を目指し、博多、筥崎より水城まで攻め入った元軍も、日本軍の奮戦により結局、陸上に橋頭堡を確保できず、日暮れて全元軍は船上に退陣。幹部協議の末、高麗へ撤退決定。危険な夜間撤退強行。撤退途上、暴風雨に遭遇。大被害を蒙る。十一月二十七日、朝鮮の合浦帰着。

「高麗史」は「十月日本を攻める。壱岐に至って戦い敗れ、軍の還らざる者は一萬三千五百餘人」と総評。

「元史」は「冬十月、元軍は日本に入り、これを破った。しかし元軍は整わず、また矢が

尽きたため、ただ四境を虜掠して帰還した」と総評している。

所謂「神風」は、文永の役の陸上戦で元軍陸上に橋頭堡を確保できず、日本側勝利が決定し、高麗への元軍撤退途上での暴風雨であった。この事は、日本側諸資料、「高麗史」「元史」「新元史」等、内外の資料で明白である。

第七回元使節団、建治元年（西暦一二七五年）二月、長門国室津に来着。鎌倉に連行。龍ノ口刑場（江の島近辺）にて五名斬首。日本の国情視察のスパイの嫌疑濃厚との事。

建治二年（西暦一二七六年）南宋、元に降伏。

第八回元使節団、弘安二年（西暦一二七九年）南宋の旧臣よりの書状として日本に元への服属を告知する形を採る。六月、一行を博多にて斬首。

弘安の役

弘安四年（西暦一二八一年）五月三日、東路軍将士・四万人（元・漢軍三万人、高麗軍一万人―水夫は別）九〇〇隻、合浦出航。

五月二十一日、対馬侵攻。双方激戦展開。元軍占領。

五月二十六日、壱岐侵攻。元軍占領。一部長門襲来。

元軍、博多湾上陸を意図するも、沿岸一帯に二〇キロに及ぶ石築地、又河口に逆茂木、乱杭あり、上陸断念。（この時、石築地を背にして戦った「河野の後ろ築地」の逸話あり）。

（志賀島の戦い）

六月六日、元軍、志賀島（陸繋島）に侵攻。占領し、周辺を軍船の停泊地とした。

六月八日、元軍は志賀島より「海の中道」経由、筑前進撃を窺うも守護大友頼泰指揮下の豊後の武士団、次いで肥後守護代安達盛宗配下の武士団が加わり、中道一帯で激戦。東路軍司令官・洪茶丘は討死寸前まで追い詰められ敗走。この「海の中道」一帯の戦いが「弘安の役」における唯一の九州本土陸上戦。

六月九日、元軍、志賀島放棄、壱岐へ撤退。

江南軍は六月十五日の東路軍との壱岐集結期限に現れず、軍議の結果、東路軍は江南軍合流後、日本軍との再戦を決定。

江南軍は総司令官アラカンが発病、アタカイ（名目上）に交代。実質司令官は范文虎。六月中旬、一〇万人（旧南宋軍主体）の将士（水夫は別）、三五〇〇隻、江南を出発。平戸島（防備薄く、大宰府に近いと誤認）を目指した。六月下旬、江南軍、平戸島侵攻。艦船を風浪に備えて五〇歩の間隔で平戸島周辺に停泊させた。

（壱岐島の戦い）

六月二十九日、日本軍松浦党他、壱岐の東路軍攻撃。

七月二日、日本軍龍造寺氏他、壱岐の瀬戸浦に上陸、東路軍と激戦。

東路軍、壱岐を放棄、平戸へ移動。平戸にて江南軍と合流、合流後二十日以上滞留、その後、元軍主力は鷹島へ侵攻。

（鷹島沖海戦）

七月二十七日、鷹島沖停泊の元軍艦船に日本軍軍船が攻撃。日中より夜明けまで継続。元軍は鷹島の防備を強化。

七月三十日、台風襲来。元軍大損害。（元史によれば四〇〇〇隻の艦船中、残存艦二〇〇隻）。北九州上陸の台風は平年三・二回。元軍出発して海上に三か月滞留。従って平年並みの当然の被害。

八月五日、元軍幹部、軍議の結果、撤退決定。鷹島、平戸島より幹部は十余万人の兵卒を見捨て堅牢な船に乗り帰還。高麗軍、南宋軍「棄兵論」有り。

（御厨（みくりや）海上合戦）

八月五日、日本軍は伊万里湾海上の元軍を総攻撃。元軍軍船を伊万里湾より一掃。

（鷹島掃蕩戦）

八月七日、日本軍は鷹島の元軍を総攻撃。十余万の元軍壊滅。二万～三万人の元軍兵士を捕虜。**元史によれば「十萬之衆得還者三人耳」（十万の衆（鷹島に置き去りにされた兵士）、還ることの得る者、三人―南宋人―のみ）とある。**弘安の役全体でみると、元史は全軍の一割～四割帰還としており、高麗史は二万七〇〇〇人の内、帰還者は一万九五〇〇人としている。戦闘はこの鷹島掃蕩戦をもって終了し、弘安の役は日本軍の勝利で幕を閉じた。

これにより鷹島は「元寇終焉の地」と呼称される。

六波羅探題より派遣された宇都宮貞綱を将とする六万余騎の主力軍は中国地方の長府に到着した時、蒙古軍壊滅し、戦争に間に合わなかった。

その後の動向

幕府は第二次高麗征伐計画を発表したが中止。第一次高麗征伐計画は文永の役後の建治二年（西暦一二七六年）発表するも中止。フビライも日本の反撃に備え、高麗の金州等に鎮辺万戸府を設置し警戒した。

フビライは第三次日本侵攻計画を推進するも、国内の争乱、ベトナム中部沿岸地方のチャンパ王国との対立より中止。

第九回元使節団、弘安六年（西暦一二八三年）日本向け出発するも台風に遭い到達せず。

フビライ国書は「善なるものは和好、悪なるものは戦争、よく考慮せよ」の趣旨であった。

第十回元使節団、弘安七年（西暦一二八四年）十月出発。対馬に到着後、日本行きを怖れた水夫らにより正使が殺害され、挫折。

弘安八年（西暦一二八五年）十一月、フビライは第三次日本侵攻計画を発表。翌年の三月

～八月に朝鮮合浦に全軍集結、日本侵攻を予定した。

他方一二八七年～一二九一年にかけて、元のフビライの日本侵攻計画に伴う過重な負担に対して元朝王族であるナヤンの反乱、カダアンの反乱等が相次ぎ、更に陳朝大越国（北部ベトナム）との間の第一次元越戦争（一二五八年）、第二次元越戦争（一二八三年）の失敗に次いで、第三次元越戦争（一二八七年）に於いて、同年四月、白藤江の戦いで元軍は大敗。こうした内憂外患により、フビライの熱望にも拘わらず、日本侵攻は進まなかった。

第十一回元朝重臣よりの書状、正応五年（西暦一二九二年）七月、フビライの重臣より交易に来航した日本商船に対し書状がもたらされ、日本に伝達されたが詳細不明。

第十二回高麗使節団、正応五年（西暦一二九二年）フビライより漂着した日本人（七年間拘留）の護送を機に日本に服属を迫る国書提出を命じられた高麗国王（忠烈王）は高麗使節団を派遣。一行は鎌倉に連行されたが、詳細不明。「高麗史」によれば「正使は十五年後日本で病没」との情報あり。

永仁六年（西暦一二九四年）一月、大元朝初代皇帝フビライ死去。ここに日本侵攻計画は漸く収まった。

第十三回元使節団、正安元年（西暦一二九九年）大元朝二代皇帝テムルは禅僧の一山一寧を正使として国書を託し日本に派遣。これが**最後の元使節**となった。

使節は博多に到着後、九代執権・北条貞時の命により鎌倉に連行、伊豆の修禅寺に留置。

後に一山一寧は高僧として厚遇され、鎌倉の建長寺の住持、後宇多上皇の招きにより京都南禅寺三世を勤め、日本で死去。

所謂「**神風**」は「文永の役」では元軍が対馬（十月五日）、壱岐（十月十四日）占領、更に平戸島、鷹島、能古島（十月十六日〜十七日）を占領、次いで九州本土博多湾に上陸（十月二十日）、進撃するも「赤坂の戦い」「鳥飼潟の戦い」「百地原、蛭浜の戦い」で元軍敗れ結局、陸上に橋頭堡を確保できず、同日暮れ、海上に撤退。協議の末、朝鮮への撤退決定、危険な夜間撤退強行途上、暴風雨に遭遇、大損害を蒙った。

「弘安の役」では元軍（東路軍）対馬（五月二十一日）、壱岐（五月二十六日）を占領、博多湾上陸を意図するも防塁（約二〇キロ）厳しく断念、回避して志賀島（陸繋島、六月六日）を占領、日本軍の陸（海の中道）および海側よりのの猛攻により六月九日、志賀島より壱岐に撤退、更に猛攻を受け七月二日、壱岐より平戸島に移動、同地にて江南軍と合流、**合流後、同周辺にて二十日以上不可解な滞留**、その後、元軍主力は七月二十七日、鷹島に侵攻、日本軍と海陸で激戦、七月三十日夜半、台風襲来、大被害（四四〇〇隻→二〇〇〜四〇〇隻）を受け、諸将協議、撤退決定、諸将のみ堅牢船を選び先行帰還。鷹島に残された主力十余万の蒙古兵卒は日本軍の攻撃により壊滅。**六波羅探題より派遣された六万余騎の日本主力軍は長府にて蒙古殲滅を知り、決戦の機会は与えられなかった。**従って「弘安の役」における「神風—台風」は元軍の殲滅・撤退時期を早めただけで五月二十一日の対馬侵攻以来、七月三十日の台風襲来まで二ヵ月以上も戦いながら、九州本土に拠点を確保できなかった元軍敗北総撤退の時期を多少早めたものの元寇勝敗の決定要因とは云えない。

それは頼山陽の漢詩「蒙古来」の結句「恨む可し東風一驅大濤（だいとう）に附し、羶血（せんけつ）をして尽（ことごと）く日本刀に膏（ちぬ）らしめざりしを」の情景を妥当とする。

なお、先述の様に、「弘安の役」にて東路軍と江南軍が平戸島周辺にて合流後二十日以上不可解な滞留を行った理由について学会でも色々議論されているが、これについての私（高木勲）の見解を次に記載したい。

特別検討（一）追加—元寇・弘安の役にて元軍（東路軍・江南軍）合流後二十五日間（七月二日～七月二十七日）滞留の理由について

元史、高麗史等、勘案すると「弘安の役」にて高麗の合浦を出航した東路軍四万、元の江南の慶元（寧波）を出航した江南軍一〇万の合同場所は壱岐島で日時は六月十五日前であった。

東路軍は五月三日に出航、巨済島に約半月滞在後、五月二十一日、対馬を攻撃、次いで五月二十六日壱岐を攻撃、一部は六月四、五日頃、長門襲撃、本体は博多湾上陸を意図するも延々二〇キロに及ぶ石築地また河口に逆茂木、乱杭あり断念、六月六～八日博多湾北部の陸繋島の志賀島を攻撃、海の中道よりの博多侵攻を意図するも激戦展開の末、敗退、六月九日、壱岐へ撤退。待てども約束の六月十五日までに江南軍現れず、東路軍総司令官忻都、副司令官洪茶丘は「東路軍は戦いを重ねたが戦況不利であり、江南軍も壱岐集結期限に現れず船腐りと糧食も尽きようとしており、撤退し再起を計るべし」と提案したが、副司令官金方慶が撤退再遠征案（高麗の負荷大）を黙殺、その後の軍議で金方慶は「用意した三か月分の食糧はまだ一か月分残っており、合同後再戦すべし」と主張、諸将反論せず、東路軍は江南軍合流後、日本軍との再戦を決定。（注1参照）。

（注1）『高麗史』巻一百四 列伝十七 金方慶「忻都茶丘等、以累戦不利、且范文虎過期不至、議回軍曰、聖旨令江南軍、與東路軍、必及是月望、会一岐島、今南軍不至、我軍先至数戦、船腐糧尽、其将奈何、方慶黙然、旬余又議如初、方慶曰、奉聖旨齎三月糧、今一月糧尚在、俟南軍来、合攻必滅之、諸将不敢復言」

江南軍は総司令官阿剌罕（アラカン）が発病、阿塔海（アタハイ）に六月二十六日交代。実質司令官は范文虎。既に六月十八日、三五〇〇隻、一〇万人（南宋の降兵主体―鍬、鋤、鎌、種籾等を積み込み屯田兵の計画←フビライは南宋の反乱を怖れて棄兵の意図）の将士、江南の寧波を出発。平戸島（注2参照。三月頃、日本漂着船の情報により防備薄く、かつ大宰府に近いと判断、壱岐集結を平戸に変更―世祖フビライに集合場所を壱岐より平戸に変更方上申、フビライよりアラカン一任を取得した）を目指した。

（注2）『元史』巻二百八 列傳第九十五 外夷一 日本國「今年（至元十八年）三月、有日本船爲風水漂至者、令其水工畫地圖、因見近太宰府西有平戸島者、周圍皆水、可屯軍船、此島非其所防、若徑往據此島、使人乘船往一岐、呼忻都茶丘來會、進討爲利、帝曰、此閒不悉彼中事宜、阿剌罕輩必知、」

慶元（寧波）出航後、七昼夜を経て現地到着、六月下旬、江南軍、平戸島侵攻。艦船を風浪に備えて五〇歩の間隔で停泊させた。

壱岐の東路軍は江南軍よりの遅れた連絡（連絡使が誤って対馬へ行き、次いで壱岐島に到着）を受けて七月二日頃平戸にて合流、その後、合同軍は平戸近辺に滞留、七月二十七日、平戸に守備兵四〇〇〇人を残し、主力は伊万里湾頭の鷹島に侵攻した。

問題は両軍平戸島近辺で合同後、伊万里湾北部に位置する鷹島侵攻までに二十五日間、貴重な時日を過ごした理由如何である。

これについて今谷明（都留文科大学学長）はその著書『封建制の文明史観』（二〇〇八年十一月、PHP研究所刊、四一～四三頁）で「この不可解な一ヶ月の空費について歴史家

はどう解釈してきたのだろうか」として、

戦後の代表的な中世史家・黒田俊雄は、

「どういうわけか、その後、二十日以上もの間、江南、東路両軍は平戸島から五島方面に浮かんでいた。（…）ただでさえ船旅に疲れているはずの大軍を、しかも夏季の伝染病など発生し易い時期に一ヶ月も平戸・鷹島の海上で日を送らせたというのは解しかねる」（『蒙古襲来』黒田俊雄著、中公文庫）といぶかり、「軍船なる示威をして日本に降伏交渉する意向だったのでは」としている。

旗田巍（はただたかし）はその著『元寇』（中公新書）で、

「元軍は一ヶ月近く平戸とその付近にとどまった。その間、戦闘はなかった。元軍は作戦を練り、日本軍の情勢をさぐり、兵士の休養をとった。」

としているが、敵軍の情勢ならば東路軍の経験も聴取し得たはずで、一ヶ月の遅滞はやはり不可解だとしている。

また網野善彦はとくにこの遅延に疑問をしるしていない（『蒙古襲来』網野善彦著、小学館刊）と批判しているが、今谷明自身、特に滞留の理由についての見解は前述自著に示していない。

確かに私（高木勲）の見る限り、網野善彦は「七月初旬、東路、江南両軍の合体成り、七月下旬東進開始」として、その間の滞留について全く疑念を示していない。（前述同著二八二頁）。

他に関幸彦著『神風の武士像―蒙古合戦の真実』（吉川弘文館刊）は「弘安合戦関係年表」（八六～八七頁）では「七月二日平戸で東路軍と江南軍合流。七月二十七日先発隊が平戸から鷹島に東進」と正確に記述しながら本文（八八頁）では「江南軍十万が七月末北九州の海上に達した」と不正確な記述をしている。

また佐藤和彦・錦昭江編『北条時宗の時代』（河出書房新社刊）は「江南軍は六月十八日慶元を出発し七月に平戸や五島列島に到着し、東路軍と合流した。その後、博多・大宰府を攻略すべく、七月下旬に肥前鷹島に移動した。―同書八四頁」とあり、これまた滞留の理由について何ら触れていない。

更に森本繁著『北条時宗と蒙古襲来99の謎』（PHP文庫）は同書三〇二～三〇三頁で「謎81肥前鷹島でどんな戦闘があったか」において「江南軍の主力が六月末に平戸島に到着したので、東路軍は七月上旬に壱岐島の瀬戸浦から平戸島沖へ航行し、その江南軍と合流した。（…）攻撃準備を完了して、平戸島から東へ逐次移動し、伊万里湾から鷹島の近海へ集結したのは、七月二十七日であった。」と記述し、この間に平戸島から伊万里にかけての北松浦郡一帯の沿岸に上陸をしようとしたが、松浦党の水軍の抵抗激しく断念したと述べている。

そこで以下、私（高木勲）の合同軍滞留の理由についての見解を述べたい。

（一）江南軍司令官范文虎（征日本行省右丞）は、もともと南宋の降将であり、蒙古の将軍である東路軍司令官忻都（征日本行省右丞）、副司令官洪茶丘（征日本行省都元帥、高麗出身の蒙古将軍）が彼らの直前の実体験より博多湾石築地よりの攻撃上陸は無謀と云い、行動を共にした副司令官金方慶（征日本行省都元帥）もこれに当然同意すれば、東路・江南の合同軍が博多湾に上陸して大宰府を目指す当初の方針を強行することは不能と考える。

更にこの時点で東路軍の糧食は一ヵ月を割り込みつつあり（前述注1参照）、攻めるなら直ちに博多湾に向かうべきで、それを実行しなかったのは博多湾攻撃上陸方針を合同直後に両者議論の末、放棄を合意したからに他ならないと推測される。

（二）他方、上陸場所の変更は極めて重要な変更であり、范文虎らの一存で決することは出来ない。

当初の集合場所・壱岐を平戸に変更した時、世祖フビライに上申し、その当時の総司令官阿剌罕（アラカン）一任を取得した経緯（前述、注2参照）より、合同軍首脳部は、その後継者である阿塔海（アタハイ）の承認を改めて得るべく動いたとみられる。

この時期、江南主力軍出発（六月十八日）後の六月二十六日に後継者に任命されたアタハイ（征日本行省右丞相―中国に貴右賤左の伝統、元では右丞相が長官）は、東路軍総司令官・忠烈王（征日本行省左丞相―次官）が高麗にいたと同様に元の慶元（寧波）にいたと考えられる。

アタハイが第一線で指揮をとった記述は元史にはなく、元史では范文虎が第一線の総指揮・総責任に任じている。このことは例えば次の記述（注3参照。台風遭難後の軍議での応答、撤退責任は范文虎が負う。）でも明らかである。

（注3）『元史』巻二百六十五 列傳第五十二 張禧「禧曰、士卒溺死者半、其脱死者、皆壯士也、曷若乘其無回顧心、因粮於敵以進戰、文虎等不從、曰、還朝問罪、我輩當之、公不與也、」

（三） 他方、江南軍の主体は南宋の降伏兵であり、鍬、鋤、鎌、種籾等を積み込み、屯田の計画で、出来るだけ少ない犠牲で九州本土に上陸する必要があり、平戸に近い伊万里湾頭の鷹島を先ず攻め、次いで石築地の無い伊万里湾岸を襲撃、上陸、博多湾岸よりの大宰府攻撃よりかなり遠距離となるが、その上で大宰府を目指すのが、兵と同じく南宋出身の范文虎の最終の判断ではなかったろうか。

（四） そしてこの重大な作戦変更につき、寧波にいる東路軍・江南軍総司令官（征日本行省右丞相）・阿塔海（アタハイ）の承認を求めたと思われ、寧波～平戸片道七昼夜（注4参照）とすれば往復二週間、会合、その後の調整軍議等を勘案すれば両軍合同後、鷹島侵攻までの二十五日間は説明できるのではないか。

（注4）『元史』巻二百二十八 列傳第十五 相威「十八年、右丞范文虎、參政李庭、以兵十萬、航海征倭、七晝夜至竹島、與遼陽省臣兵合、欲先攻大宰府、遲疑不發、八月朔、颶風大作、士卒十喪六七。」

以上が元寇における歴史上、不可解とされる東路軍、江南軍両軍合同後滞留問題についての私の見解である。なお幾つかの疑念はあるが一試論として、大方の諸兄のご批判を仰ぎたい。

アジア諸国の動向

アジアでは高麗が一二三一年から一二五八年にかけて六度に亘り蒙古軍の侵攻を受け、更にその後八十年にわたって元の直轄地として支配された。

一二三一年、蒙古二代皇帝オゴディが蒙古使帰途殺害事件を詰問、侵攻（第一次）、一二三二年、前回侵攻和議による蒙古統治官七二名、全員殺害を詰問、蒙古軍侵攻（第二次）高麗朝廷は江華島に避難、蒙古軍は半島北部を制圧するも江華島攻略出来ず、司令官戦死もあり撤退。一二三四年、金滅亡。一二三五年、蒙古軍は高麗侵攻（第三次）。一二三八年、高麗は和議希望、王室より人質、しかるに無関係の人を提供、蒙古朝廷は激怒、一二四四年～一二五〇年に亘り侵攻（第四次）、蒙古朝廷・三代皇帝グユク逝去により蒙古軍撤退。一二五三年、蒙古四代皇帝モンケの命により蒙古軍侵攻（第五次）、高麗朝廷は江華島よりの帰京を約束した。しかし朝廷上層部は江華島に残留。一二五四年～五八年に亘り違約を責め蒙古軍侵攻（第六次）高麗全土は荒涼化。高麗朝廷は戦争継続主張の武臣派崔氏を暗殺、全面降伏し、以後八〇年に亘り蒙古直轄領化（蒙古高麗行省の支配下）。

陳朝大越国（ベトナム北部支配。一二二五～一四〇〇年。首都タンロン－ハノイ）が第一次元越戦争（一二五八年）、第二次元越戦争の「白藤江の戦い」では元軍を壊滅させたが戦後、元に臣従を誓った。なお元越戦争では当時、ベトナム中部沿海部を支配していた**チャンパ王国**（西暦一九二～一八三二年、林邑、占城）も陳朝大越国に協力している。

また**ビルマ**最初の王朝パガン朝は一二七一年、元使の入貢と臣従の要請を拒否。一二七三年、再度来訪した元使は処刑。一二七七年、元軍一万二〇〇〇人が雲南より侵攻。ビルマは二万人の兵士と一二〇〇頭の戦象で対抗するも潰走。元軍も指揮官負傷して引き揚げた。一二八三年、元軍一万人が四川より侵攻。ビルマ軍敗れ和議成立。一二八七年、元軍七〇〇〇人がパガン朝の内乱に乗じて侵攻、パガン朝は実質的に滅亡し属国化。

インドネシアではシンガサリ王国（一二二二～一二九二年）に朝貢を求める元使が来訪するも、その顔に刺青を入れて送り返した。一二九三年、元軍二万～三万、一〇〇〇隻の軍船がジャワ北岸に来襲。前年、王は反乱軍により殺害。王の娘婿ウィジャヤが来襲した元軍と協力、反乱軍を制圧、更に娘婿は元軍をジャワより追い払った。

その後、娘婿・ウィジャヤは新たにマジャパヒト王国（一二九三年〜一四四八年）を建国し、元には朝貢を行った。

なお国家ではないが文永の役の十年前、一二六四年、蒙古軍による樺太のアイヌ人攻撃があり、次いで一二八四年〜八六年にかけて三年続いて元軍の樺太在住アイヌに対する攻撃があり、アイヌは樺太より排除されたが、十四世紀後半、元朝の衰えと共に、アイヌは樺太に進出している。

こうして高麗、ベトナム、ビルマ、インドネシアの各国は来襲元軍に善戦するも最終的には元に朝貢を行っている。

朝貢品の中で特異なのは高麗が元に対して行った貢女で、高麗史によれば一二七三年、結婚都監を置き、一四〇名の貢女を元に献上している。一二七五年には貢女確保の為、国中の婚姻を禁止、一二七六年には寡婦処女推考別監なる特別の役所を置き組織的に貢女を集めている。これらの貢女の中から、韓ドラのヒロイン「奇皇后」が出ており、一三六三年の元・高麗戦争の原因となっている。高麗時代の貢女の献上先は蒙古（元）、契丹、明と云う。

封建制との関連

他方、今谷明（都留文科大学学長）は著書『封建制の文明史観』（ＰＨＰ研究所刊）で十三世紀、蒙古軍の侵略をはね返した日本（鎌倉幕府、文永の役、来襲軍二万七〇〇〇人。弘安の役一四万人）、西欧（ドイツ・神聖ローマ帝国、来襲軍八〇〇〇人〜一二万人）、エジプト（マムルーク朝―解放奴隷騎兵出身のイスラム・スンニ派王朝、スルタン―対蒙古、シリア・パレスチナ戦場。来襲軍二万人）は封建制が確立しており、中国、ペルシャ（中央官僚制）、東欧（キエフ公国、ポーランド、ハンガリ―は建国間もなく封建制未発達。南ロシアは分裂状態）の地域は容易に蒙古軍に蹂躙されたと云う。また撃退三地域では来襲軍の規模は日本の場合が最大であり、鎌倉時代武士団の健闘が賞賛される。（但し大陸で可能な蒙古騎兵団の突撃不能←馬の海送不足、山野田畑の地）。

封建制の字義は中国、周の時代に王の一族を各地に分封した「封土―土地の領域を定めること、建国―その領域に国を建てること」からきており、西欧中世のＦｅｕｄａｌｉｓｍの訳語である。

梅棹忠夫（文化人類学者、生態学者、国立民族学博物館初代館長）氏は昭和三十二年（西暦一九五七年）一月「文明の生態史観」を発表し、旧世界（アジア、ヨーロッパ、北アフリカ）を二つに分け、中緯度温帯にあり、乾燥地帯遊牧民の暴力から遠く、自成的遷移（内部からの変革）により、同似の封建時代を経てブルジョワジーを育成し、高度資本主義を確立した東端の日本と西端の西欧を第一地域とし、巨大な乾燥地帯を含むユーラシア大陸の残りの主要部を第二地域とし、そこでは中国、インド、ロシア、イスラムの四大ブロックがあり、他成的遷移（外部の影響で変革）で、専制政治による王権の興亡が繰り返され、資本主義は未成熟とした。

同年（西暦一九五七年）四月、カール・アウグスト・ウイットホーゲル（ユダヤ系ドイツ人、中国学者、米国に亡命）は奇しくも梅棹忠夫の『文明の生態史観』の出版直後に大著『東洋的専制―全面的権力の比較研究』を出版し、中国が春秋戦国時代から大規模な灌漑治水事業を始め、官僚的中央集権国家に移行、以降、封建制度を経験せず、ロシアはモンゴルの征服と「タタールのくびき」により、この中央集権制度が導入され定着した。他方、ヨーロッパと日本において封建制が発展し、最後は多数中心型で私有財産に基礎を置いた工業社会が両地域にもたらされたと主張した。

日本の封建制について最初に指摘したのは「シーボルト事件」で有名なドイツ人蘭館医のフォン・シーボルトで、帰国後の大著『日本』で叙述した。

またカール・マルクスは『資本論』第一巻第七篇「資本の蓄積過程」第二十四章「所謂本源的蓄積」第二節「農村民からの土地の収奪」の注記で「日本は、その土地所有の純封建的組織とその発達した小農民経営とによって、たいていはブルジョワ的先入見に囚われている我々の全ての歴史書よりもはるかに忠実なヨーロッパの中世像を示してくれる。」と江戸時代末期の日本の封建制を指摘している。

何故に西欧と日本にのみ類似の典型的な封建制が自成的に隔絶されたユーラシア大陸の両端に発達したのか。梅棹忠夫の云う中央乾燥地帯遊牧民の暴力から遠い地域であると共に、Ｅ・Ｏ・ライシャワーは土地所有法や租税法をもつ中央集権制と氏族制度（日本）や部族制（ドイツ）の適度の融合を挙げている。

そしてライシャワーは封建制が近代化を促進したとして専制制に比し、法律的な権利、義務が重視された点、商人や製造業者がより自由であった点を挙げている。

こうして多数中心的な封建制により、一元的な専制制度に比し、各所の競争が促進され、禁欲的な武士道（日本）や宗教倫理（西欧）の精神基盤と相まって、両地域に資本主義が開花したと云われる。

他方、全く異なる視点から人口統計と家族構造に基づく分析を行っているエマニュエル・トッドは、日本の家族構造（長男が親の家を継ぐという直系家族制）およびそれによる影響が非常にヨーロッパ的（特にドイツやスウェーデン）であると指摘、日本特殊論を否定している。

またＦ・フクヤマは『「信」無くば立たず―「歴史の終わり」後、何が繁栄の鍵を握るのか』を発表し、一国の繁栄、競争力はたった一つのありふれた文化的特質、即ちその国の社会に備わる信頼の水準によって決まるとし日本、ドイツ、アメリカは高信頼社会で、他方、中国、ロシア、イスラム世界は低信頼社会であり、近代的な法治国家としてのルール、社会秩序が根付いていないと指摘している。

以上、元寇に絡んで封建制のもつ歴史的意義を日本文明論の観点で種々検討した。後に更に総合的に検討する（第一部第一章日本文明論諸説に包含）として一先ず元寇後の鎌倉時代に戻ることとしたい。尚、**特別検討（一）―元寇（蒙古襲来）**についての参考資料を次に記載する。

元寇関係参考文献

『蒙古襲来』網野善彦著、二〇〇一年一月、小学館刊
『北条時宗と蒙古襲来99の謎』森本繁著、二〇〇〇年九月、ＰＨＰ研究所刊
『元寇』伴野朗著、一九九六年五月、講談社刊
『神風の武士像―蒙古合戦の真実』関幸彦著、二〇〇一年六月、吉川弘文館刊
『逆説の日本史―鎌倉仏教と元寇の謎』井沢元彦著、一九九八年九月、小学館刊
『図説―北条時宗の時代』佐藤和彦、錦昭江編、二〇〇〇年、十一月、河出書房新社刊
『風濤』井上靖著、一九八一年十月、岩波書店刊
『ジパング伝説』宮崎正勝著、二〇〇〇年十月、中央公論新社刊

『封建制の文明史観』今谷明著、二〇〇八年十一月、ＰＨＰ研究所刊

鎌倉時代「元寇」後の情勢

弘安八年（西暦一二八五年）霜月騒動。

　十一月に鎌倉で起きた政変。八代執権・北条時宗の死（弘安七年）後、有力御家人・安達泰盛と、内管領・平頼綱の対立が激化し、頼綱方の先制攻撃を受けた泰盛とその一族・与党が滅ぼされた事件である。

正応六年（西暦一二九三年）平禅門（へいぜんもん、平頼綱の出家後別名）の乱。

　九代執権・北条貞時が内管領・平頼綱の権勢を不安視し、鎌倉大地震の混乱に乗じ襲撃、一族九十余名滅亡させた事件。

文保元年（西暦一三一七年）文保の和談。

　鎌倉時代後期の文保元年に後嵯峨天皇の皇子である後深草天皇の子孫（持明院統）と亀山天皇の子孫（大覚寺統）の両血統の天皇が交互に即位する（両統迭立）ことを定めたとされる合意。近年は合意不成立説が有力。

正中元年（西暦一三二四年）正中の変。

　大覚寺統傍系の後醍醐天皇が嫡流の邦良親王への譲位を推す幕府討伐を企てるも発覚、側近の日野資朝や日野俊基が罪を被り、天皇は罪を逃れた。

元弘元年（西暦一三三一年）元弘の乱→鎌倉幕府滅亡。

後醍醐天皇を中心とした勢力による鎌倉幕府討滅の戦乱。再度の倒幕計画が側近吉田定房の密告により発覚し身辺に危険が迫ったため、後醍醐天皇は急遽京都脱出を決断、三種の神器を持って挙兵した。はじめ比叡山に拠ろうとして失敗し、笠置山（現京都府相楽郡笠置町内）に籠城するが、圧倒的な兵力を擁した幕府軍の前に落城して捕らえられる。

幕府は後醍醐天皇を廃位し、皇太子量仁親王（光厳天皇）を即位させた。後醍醐天皇は翌元弘二年＝正慶元年（西暦一三三二年）隠岐島に流された。この時期、後醍醐天皇の皇子護良親王や河内の楠木正成、播磨の赤松則村（円心）ら反幕勢力（悪党）が各地で活動していた。

このような情勢の中、後醍醐は元弘三年＝正慶二年（西暦一三三三年）、名和長年ら名和一族を頼って隠岐島から脱出し、伯耆船上山（現鳥取県東伯郡琴浦町内）で挙兵する。

その追討のため幕府から派遣された足利高氏（尊氏）が後醍醐方に味方して六波羅探題を攻略。その直後に東国で挙兵した新田義貞は鎌倉を陥落させて北条氏を滅亡させた。↓鎌倉時代は終わりを告げた。

第九節　建武の新政

元弘三年（西暦一三三三年）六月、後醍醐天皇が親政開始。—建武の新政（中興）。

名は翌年の建武の元号に拠る。

足利高氏は新政第一の功労者として後醍醐天皇の諱・尊治から偏諱を受け尊氏と改名した。

武士層を中心とする恩賞問題の不満等により、建武三年（西暦一三三六年）足利尊氏の北条時行討伐を契機としての離反により、政権は僅か二年で崩壊した。

建武二年（西暦一三三五年）七月、中先代の乱。

北条高時（鎌倉幕府第十四代執権）の遺児・時行が、御内人の諏訪頼重らに擁立され、鎌倉幕府再興のため信濃で挙兵、鎌倉に侵攻した反乱。先代（北条氏）と後代（足利氏）との間にあって、一時的（二〇日余り）に鎌倉を支配→中先代の乱。建武政権下、鎌倉将軍府の執権・足利直義は時行に攻められ、鎌倉退去の際、部下の淵辺義博に命じ、北条時行との連携を怖れ、鎌倉東光寺土牢に幽閉していた護良親王（大塔宮、皇位簒奪の嫌疑で幽閉）を殺害した。

第十節　室町時代の概要

室町時代は足利尊氏が建武式目を制定し、二年後、暦応一年（西暦一三三八年）征夷大将軍に補任されてから、天正一年（西暦一五七三年）室町幕府十五代将軍義昭が織田信長によって京都から追放されるまでの二百三十五年間を云い、南北朝対立期、幕府安定期、戦国動乱期に区分される。

南北朝対立期

延元元年＝建武三年（西暦一三三六年）延元の乱＝建武の乱。

足利尊氏は鎌倉幕府再興を願って挙兵した北条時行（高時の遺児、中先代の乱）討伐の為、鎌倉を追われた弟・直義軍と合流、時行軍を打ち破り、鎌倉を回復、君側の奸として新田義貞討伐を後醍醐天皇に進言するも逆に後醍醐天皇より新田義貞、北畠顕家に尊氏討伐命令が発せられ、一時は浄光明寺に籠って引退を宣言するが直義・高師直ら足利軍が各地で劣勢となると、彼ら一族一党を救うため天皇に叛旗を翻すことを決意。延元の乱が勃発。

当初、尊氏軍は新田義貞軍を破り、京都に入るもその後、義貞・顕家連合軍に敗れ、九州に西走、筑前多々良浜の戦いで天皇方の菊池武敏軍を破り東上、湊川の戦いで新田・楠木軍を破り入京。持明院統の光厳上皇を奉じ、その意向を受けて弟の豊仁親王が光明天皇として即位、三種の神器確保の為、尊氏は比叡山に逃れた後醍醐天皇に和議を申し入れ、後醍醐天皇も帰京、花山院に幽閉。直後に尊氏は建武式目十七条を定めた。他方、後醍醐天皇は花山院を脱出、吉野吉水院を行宮として年末に南朝樹立、以降六〇年に亘る南北朝時代の争乱となった。

暦応一年（西暦一三三八年）足利尊氏征夷大将軍に補任。京都に幕府を開く。翌年、後醍醐天皇、吉野で崩御。

正平三年（西暦一三四八年）高師直は先に敗退した足利直義軍に代わり、四條畷の戦いで楠木正行を撃破、更に南朝の本拠地吉野を陥落させた。

貞和五年（西暦一三四九年）〜文和一年（一三五二年）**観応の擾乱**（かんのうのじょうらん）。

　足利幕府で政務を担当した尊氏の弟、直義と軍事を担当した足利家の家宰、高師直が対立、尊氏の旗幟不分明もあって南北朝を巻き込んだ全国的な抗争となった。

最終的に高師直兄弟は尊氏、直義により謀殺され、直義もまた尊氏により毒殺されたと云われる。

　この乱の結果、尊氏、嫡子義詮に政務、軍事の両権限が一本化し、将軍の親裁権が強化され、他方、南朝は延命し、南北朝抗争は長引いた。

　また北朝内の皇統も対立があったが結局、嫡流の崇光上皇の曽孫である後花園天皇（一〇二代。伏見宮家出身）の継承により、現代（一二六代―南朝通算）天皇に至っている。

北朝　康暦元年（西暦一三七九年）康暦の政変。

　三代将軍・義満の管領・細川頼之が反対勢力・斯波義将らの軍事クーデターで失脚。後、弟で養子の細川頼元の管領就任によりその補佐役として復旧。細川頼之よりの自立を願った将軍・義満の細川、斯波両家対立を利用した画策の説がある。この政変の後、義満は直轄軍事力の奉公衆を整備、土岐康行の乱（康応一年―西暦一三八九年）、明徳の乱（明徳二年―西暦一三九一年―一一ヵ国の守護で六分の一衆といわれた山名氏討伐）、応永の乱（西暦一三九九年―守護大名の大内義弘を討伐）で将軍権力を強化した。

元中九年＝北朝 明徳三年（西暦一三九二年）南北朝合一（**明徳の和約**）。

この和約（三種の神器の譲渡、両統迭立ほか）により南朝の後亀山天皇が吉野から京都に帰還して、北朝の後小松天皇に三種の神器を譲って退位。これによって、建武三年（西暦一三三六年）以来の朝廷の南北分裂状態が終了し北朝に統合。但し両統（北朝―持明院統、南朝―大覚寺統）迭立の約束は反古とされ、後小松天皇は嫡子の称光天皇に譲位し、嗣子のない称光天皇崩御の後継者として、後小松上皇は伏見宮家から猶子を迎え後花園天皇として再び約束を反故にし、北朝嫡子系統を擁立した。反発した南朝の後胤や遺臣らは、朝廷や幕府に対する反抗を十五世紀後期まで続けた。（後南朝）。

室町幕府安定期

応永元年（西暦一三九四年）足利義満、太政大臣となる。

応永八年（西暦一四〇一年）日明貿易（勘合貿易）の開始（天文十八年―西暦一五四九年―まで）。

応永二十三年（西暦一四一六年）上杉禅秀の乱。

前関東管領である上杉氏憲（法名・禅秀）が鎌倉公方（かまくらくぼう）の足利持氏に対して起した反乱。

応永二十六年（西暦一四一九年）**応永の外寇**。

李氏朝鮮による倭寇基地としての十日あまりの対馬攻撃。糠岳戦争とも言い、朝鮮では己亥東征と言う。双方、勝利を主張。

正長元年（西暦一四二八年）正長の土一揆。

畿内一帯に起きた初めての農民一揆。

正長二年（西暦一四二九年）琉球に統一王国成立。

琉球王国が三山（南山、中山、北山）分立時代を経て尚思紹王（第一尚氏王統の始祖）により統一成立。（書き言葉は漢字、仮名まじりの和文。琉球国民は遺伝子分析で日本人と同祖。琉球の古語や方言に、中国文化の影響が見られない七世紀以前の日本語の面影が残っているため、中国文化流入以前に九州以北より移住）。

永享十年（西暦一四三八年）永享の乱。

鎌倉公方の足利持氏と関東管領の上杉憲実の対立に端を発し、室町幕府六代将軍足利義教が持氏討伐を行った。

永享十二年（西暦一四四〇年）結城合戦。

永享の乱後、将軍・足利義教が実子を鎌倉公方として下向計画、これに下総の結城氏朝・持朝父子などが永享の乱で自殺した持氏の遺児を擁立し、室町幕府に対して反乱を起こすも結城城を包囲され討死し敗北。

嘉吉元年（西暦一四四一年）嘉吉（かきつ）の乱（嘉吉の変）。

播磨・備前・美作の守護・赤松満祐が室町幕府六代将軍足利義教（四人の兄弟から籤引きで選ばれた籤引き将軍）を結城合戦勝利の祝宴に自邸に招き、宴中に暗殺、その後、領国播磨で幕府方討伐軍に敗れて切腹。

嘉吉三年（西暦一四四三年）禁闕の変。

吉野朝廷の復興を意図する後南朝勢力が京都の後花園天皇内裏に乱入、三種の神器の内、宝剣（後に清水寺で発見）と八尺瓊勾玉を持ち去った事件。

長禄元年（西暦一四五七年）長禄の変（ちょうろくのへん）。

赤松氏の遺臣らが後南朝の行宮を襲い、南朝の皇胤である自天王と忠義王（後南朝の征夷大将軍）の兄弟を騙し討って、神璽（八尺瓊勾玉）を持ち去り、翌年北朝に返還、赤松氏は加賀半国にて再興。

享徳三年（西暦一四五五年）～文明十四年（西暦一四八三年）享徳の乱。

室町幕府八代将軍・足利義政の時に鎌倉公方・足利成氏が関東管領・上杉憲忠を暗殺した事に端を発し、関東地方一円に拡大した約三〇年に亘る争乱。

長禄元年（西暦一四五七年）コシャマインの戦い。

　アイヌ酋長コシャマイン率いるアイヌ勢と道南の和人武士団（道南十二館）との抗争。最終的に武田信広（若狭武田氏の出）がコシャマイン父子を弓で射殺。後の松前藩の実質祖先となった。また信広は西暦一四七五年に、樺太アイヌの首長から貢物を献上され、樺太を支配下に置いたと云われる。

文正元年（西暦一四六六年）文正の政変。

　室町幕府足利義政の側近伊勢貞親と季瓊真蘂（きけい しんずい）が諸大名の反発で追放された事件。この政変で義政は側近を中心とした政治を行えなくなり、残った諸大名は下剋上の風潮と相俟って応仁の乱を起こしていく。

戦国動乱期

応仁元年（西暦一四六七年）～文明九年（西暦一四七七年）**応仁の乱**（戦国時代始まる）。

　六代将軍足利義教（四人の兄弟から籤引きで選ばれた籤引き将軍）が嘉吉の乱により暗殺、七代将軍は義教の嫡子義勝が九歳で継いだが急逝し、同母弟の義政が八歳で将軍職を継承、成人して茶・作庭・猿楽などに没頭し幕政は実力者である管領家の細川勝元、四職家の山名宗全、正室の日野富子らに左右された。

　義政は二十九歳になって、富子や側室との間に後継男子がないことを理由に将軍職を実弟の浄土寺門跡義尋に譲って隠居することを決意、起請文までしたためて強要、義尋は還俗し名を足利義視と改めると勝元の後見を得て今出川邸に移った。ところが義政と富子との間に足利義尚（後に義熙と改名）が誕生すると実子・義尚の将軍職擁立を切望する富子は山名宗全に接近し、義視の将軍職就任を阻止しようと暗躍した。義視の後見人である細川勝元と義尚を押す山名宗全の対立は激化し、将軍家の家督争いは全国の守護大名を勝元派と宗全派に二分する事態となり、京都を主戦場とし十一年間続く応仁の乱となった。

長享元年（西暦一四八七年）長享の乱（ちょうきょうのらん）勃発。

長享元年（西暦一四八七年）から永正二年（西暦一五〇五年）にかけて、山内上杉家の上杉顕定（関東管領）と扇谷上杉家の上杉定正（没後は甥の朝良。なお家宰が太田道灌―太田資長、後に上杉定正の配下により暗殺される。）の間で行われた戦いの総称。この戦いによって上杉氏は衰退し、駿河今川氏の客将・伊勢宗瑞（北条早雲）の関東地方進出を許す結果となった。

長享元年（西暦一四八七年）、延徳三年（西暦一四九一年）長享・延徳の乱。

近江守護・六角高頼は荘園や九代将軍足利義尚近臣の所領を横領、義尚は六角討伐を親征、延徳元年（西暦一四八九年）義尚が近江鈎（まがり）の陣中で死去、討伐は中断。義尚の従弟で後を継いだ足利義材も、延徳三年（西暦一四九一年）に再び六角高頼討伐を行ったが、高頼は甲賀郡から伊勢へ逃亡、幕府軍は討伐を断念。

長享二年（西暦一四八八年）**加賀一向一揆**。

加賀の守護大名・富樫政親（将軍足利義政の偏諱頂戴）の弾圧に一向門徒が反発、政親を滅ぼし、西暦一五八〇年（天正八年）織田信長に敗れるまで九〇年に亘って加賀一国を実質的に支配、加賀は「百姓の持ちたる国」と呼ばれた。

延徳元年（西暦一四八九年）足利義政、銀閣（慈照寺観音殿）を完成。

明応二年（西暦一四九三年）明応の政変。

幕府十代将軍足利義材（よしき）と管領畠山政長が河内の畠山基家討伐に出陣中、前管領・細川政元が日野富子（八代・足利義政の御台所）の支持の下、足利義澄を新将軍に擁立。従軍中の諸大名が次々に離脱、孤立した足利義材は降伏して幽閉され、畠山政長は自刃。

永正七年（西暦一五一〇年）三**浦**（**さんぽ**）**の乱**。

朝鮮国慶尚道三浦（釜山浦・薺浦・塩浦の三港）で起きた、朝鮮側の交易制限政策に対する対馬守護宗氏と恒居倭人（朝鮮居留日本人）ら四五〇〇人による反乱。朝鮮側に鎮圧されたが対馬宗氏による日本国王偽使（乱後の七十年間に二二回中、二〇回が偽使―必要な象牙符は大友、大内氏が宗氏に協力）の派遣で交易制限は有名無実化された。

大永三年（西暦一五二三年）**寧波の乱**（にんぽーのらん・ねいはのらん）。

寧波争貢事件、明州の乱、宗設の乱とも云う。日明貿易（勘合符による貿易）の主導権をめぐり、博多商人と結ぶ西国大名大内氏と管領家で堺商人と結ぶ細川氏が明の寧波で抗争、無効の勘合符で、明の役人に賄賂を贈り、先行しようとした細川氏の遣明船を大内氏の遣明船（正使は謙道宗設）が焼き払い、細川氏の遣明船正使を殺害、賄賂を贈った副使を紹興城まで追い、明の役人殺害、外交問題に発展し、日明貿易は一時中断、その後、大内氏独占で再開された。その間、後期倭寇による私貿易、密貿易が盛んとなった。

享禄四年（西暦一五三一年）～天文四年（西暦一五三五年）**享禄・天文の乱**（きょうろく・てんぶんのらん）。

浄土真宗本願寺宗門における教団改革を巡る内紛と、これに触発されて発生した細川氏、畠山氏らとの対外戦争の総称。

本願寺十世証如と、その後見人蓮淳（八世蓮如の六男。証如の外祖父であり大叔父でもある）による法主の権限強化を図った政策方針の末に生じた一連の争乱。

天文元年（西暦一五三二年）一向宗徒の入京の噂が広がり、日蓮宗徒の町衆は細川晴元・茨木長隆らの軍勢と手を結んで一向宗寺院を焼き討ちした。特に東山を隔てた山科盆地の一向宗の本拠である山科本願寺は全焼した。

天文五年（西暦一五三六年）**天文法華の乱**。

京都法華宗の呼びかけで比叡山西塔の僧侶・華王房と上総茂原妙光寺の信徒・松本新左衛門久吉（松本久吉）とが宗教問答したところ、松本久吉が華王房を論破した（松本問答）。面目を失した比叡山は日蓮宗が法華宗を名乗るのを止めるよう室町幕府に裁定を求めたが、幕府は後醍醐天皇の勅許を証拠にした日蓮宗の勝訴とした。延暦寺は京都法華衆の撃滅を決議。

京都洛中洛外の日蓮宗寺院二十一本山に対して延暦寺の末寺になり上納金を払うように迫ったが京都日蓮宗側は拒否。延暦寺の僧兵と宗徒、近江の大名・六角定頼の援軍が加わって、延暦寺側は総計約六万人を動員して、京都洛中洛外の日蓮宗寺院二十一本山をことごとく焼き払い、京都法華宗の三〇〇〇人とも一万人とも言われる人々を殺害（天文法難）。その放った火は大火を招き、京都は延焼面積では応仁の乱に勝る被害を受けたと言う。

天文十二年（西暦一五四三年）**鉄砲伝来**。

ポルトガル人、大隅国種子島に漂着し、鉄砲を伝える。

天文十八年（西暦一五四九年）**キリスト教伝来**。

イエズス会のフランシスコ・ザビエル、薩摩国鹿児島に上陸し、キリスト教を伝える。

西暦一五五〇年代、**南蛮（ポルトガル、スペイン）貿易始まる**。

ポルトガルはマカオを根拠とし、次いでスペインはマニラを根拠として日本と交易した。

織田信長・豊臣秀吉は基本的に南蛮貿易を推奨した。徳川家康はスペインとの貿易に積極的姿勢を見せ、慶長十五年（西暦一六一〇年）京都の商人田中勝介を当時スペイン領のノビスパン（メキシコ）に派遣した。家康の頃、キリスト教は禁止されてはいたものの貿易は推奨されていた。

天文二十二年（西暦一五五三年）～永禄七年（西暦一五六四年）川中島の戦い（一～五次）。

永禄三年（西暦一五六〇年）桶狭間の戦い。

永禄十一年（西暦一五六八年）織田信長、足利義昭を奉じて入京する。

天正元年（西暦一五七三年）**織田信長、足利義昭を追放して、室町幕府滅亡。**

第十一節　安土桃山時代（織豊時代）

天正元年（西暦一五七三年）織田信長が足利義昭を京都から追放して、室町幕府滅亡してから、慶長八年（西暦一六〇三年）徳川家康が征夷大将軍に任じられまでの期間。、日本の歴史において、織田信長（安土城）と豊臣秀吉（伏見・桃山）が天下統一の覇者の時代。二人の名前を取って、織豊時代（しょくほうじだい）ともいう。

天正四年（西暦一五七六年）安土城の築城開始。

天正十年（西暦一五八二年）**本能寺の変。**

天正十年（西暦一五八二年）～天正十八年（西暦一五九〇年）天正遣欧使節が渡欧。

九州のキリシタン大名、大友宗麟・大村純忠・有馬晴信の名代としてローマへ派遣された四名の少年を中心とした使節団。イエズス会員アレッサンドロ・ヴァリニャーノが発案。

彼らの持ち帰ったグーテンベルク印刷機によって日本語書物の活版印刷が初めて行われ、キリシタン版と呼ばれる。

天正十年（西暦一五八二年）〜慶長三年（西暦一五九八年）太閤検地。

　豊臣秀吉が日本全土で行なった検地（山林を除く田畑の測量及び収穫量調査）。

天正十三年（西暦一五八五年）**羽柴秀吉、関白となる（翌年、太政大臣となり、豊臣の姓を賜う）**。

天正十五年（西暦一五八七年）豊臣秀吉、バテレン追放令を定め、カトリック教会の宣教師を追放。

天正十六年（西暦一五八八年）豊臣秀吉が、刀狩令を定める。兵農分離を促進。

天正十八年（西暦一五九〇年）小田原征伐（豊臣秀吉の全国統一）。

天正十九年（西暦一五九一年）豊臣秀吉が、身分統制令を定めた、その内容は、侍（さむらい）、中間（ちゅうげん）、小者（こもの）ら武家奉公人が百姓・町人になること、百姓が耕地を放棄して商いや日雇いに従事すること、逃亡した奉公人をほかの武家が召抱えることなどを禁じたもので、これらに違反した場合は成敗するという。この侍は若党（わかとう）のこと。文禄・慶長の役を控えて武家奉公人と年貢を確保する意図があったとされている。

文禄元年（西暦一五九二年）人掃令を定め、全国の戸口調査を行う。

関白豊臣秀次の名で出された法令。人別改めとも。全国の戸口調査を命じ、一村単位の家数、人数、男女、老若、職業などを明記した書類を作成して提出させたもの。目的は豊臣秀吉の朝鮮出兵（文禄・慶長の役）のための兵力把握や人夫の動員可能数の把握と言われているが、結果として兵農分離の一因ともなった。

文禄元年（西暦一五九二年）朝鮮出兵（文禄の役始まる）。

慶長二年（西暦一五九七年）朝鮮出兵（慶長の役始まる）。

次の**特別検討**（二）で詳述。

慶長元年（西暦一五九六年）サン＝フェリペ号事件。

日本の土佐国にスペインのガレオン船、サン＝フェリペ号が漂着、乗組員がスペインは先ず宣教師を送り、次いでその国を植民地化すると述べ大問題。豊臣秀吉の唯一のキリスト教徒への直接的迫害である日本二十六聖人殉教の端緒となった。慶長伏見地震、伏見城大破。

慶長五年（西暦一六〇〇年）関ヶ原の戦い。東軍（徳川家康）西軍（毛利輝元、石田三成）の両軍合わせて二〇万が関ヶ原で激突、僅か半日で東軍の勝利。

江戸時代～現代

慶長八年（西暦一六〇三年）徳川家康、征夷大将軍となり、江戸幕府を開いてより慶応四年＝明治元年（西暦一八六八年）江戸城明け渡し迄の二百六十五年間を江戸時代と云う。

その後、明治、大正、昭和、平成、令和時代と続く。この間については、身近な時期でもあり、個々の事例の検討を省略し、次の四表題の特別検討を以て代表としたい。

特別検討（三）—中世~近世にかけての日本貿易の推移と鎖国令について

特別検討（四）—靖国神社問題、極東国際軍事裁判問題、大東亜戦争について

特別検討（五）—大東亜戦争開戦時期の問題について

特別検討（六）—日本核武装について

特別検討（二）—当時の世界状勢と文禄・慶長の役（朝鮮出兵）

（一）当時の世界情勢

（1）スペイン、ポルトガルによる世界分割協定

西暦一四五二年、ローマ教皇ニコラウス四世（二〇八代）は、叔父であるエンリケ航海王子と共に海外航路開拓（一四四一年アフリカ西岸ブランコ岬到着、一四四四年アフリカ西岸セネガル川とベルデ岬到着）に執心のポルトガル王アフォンソ五世に「異教徒を永遠の奴隷にする許可」を与え、一四五五年には「異教徒の土地、物品を所有する権利」を与

えた。この間、一四五三年にオスマン帝国により東ローマ帝国は滅亡、地中海貿易（胡椒等、東洋物産交易の中心）はオスマンに支配された。こうして新たな航路を求め、ヨーロッパ南端のスペイン、ポルトガルによる大航海時代が始まった。

西暦一四九二年、コロンブスがスペイン・イザベル一世の契約（サンタフェ契約―コロンブスを新発見地の相続権ある終身提督とし提督領から得られる純益の一〇％を取り分とする等）と援助の下、大西洋航路によりアメリカ海域（サルバドル島、キューバ、イスパニョーラ島に上陸）に到達、所謂、「インディアンスの大虐殺―コロンブスの上陸時に約八〇〇万人いたインディアンの人口は、一四九六年の末までに、その三分の一に減少」と植民地獲得競争をあおった。

西暦一四九三年、スペイン・イザベル一世はローマ教皇アレクサンドル六世（スペイン出身）に働きかけ、ポルトガルとの新発見領土分界線・教皇子午線（ヴェルデ岬諸島の西方一〇〇レグア（一レグアは約五・五キロメートル―の子午線）を設定し、その東をポルトガル、西をスペインの領有とし、このような「譲渡の権限は神の代理人である教皇の固有の権限」であるとした。

西暦一四九四年、スペイン、ポルトガル両国は、ポルトガルの強い要請により、新たにトルデシリャス条約を締結、教皇分界線を西に三七〇レグア移動させることとした。（東端がブラジルにかかる）。

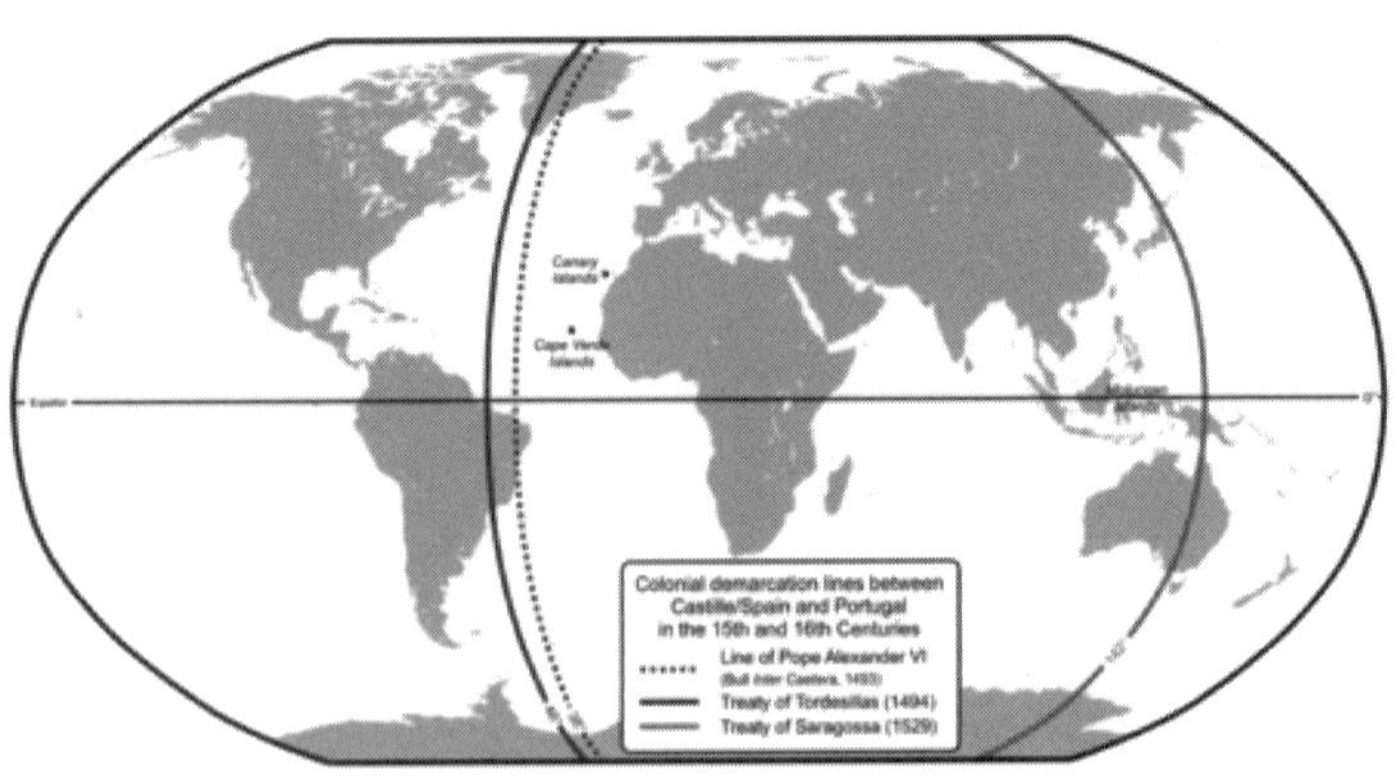

トルデシリャス条約（左側太線）とサラゴサ条約（右側太線）の境界線

西暦一五二二年、ポルトガル人航海者マゼランは三年前、スペイン王カルロス一世（兼神聖ローマ帝国皇帝カール五世）の信任を得てスペイン船五隻（総勢二七〇人）の艦隊を率いてスペイン・セビリアを出発。南アメリカ大陸南端の海峡（マゼラン海峡）を発見して太平洋に到達し、マゼランは途中フィリピンで島の王と交戦、戦死したが、残された最後の一隻（乗員一八名）がスペインに帰港、史上初めての世界一周を達成した。

西暦一五二九年、東南アジアで植民地獲得に狂奔していたスペイン、ポルトガル両国はサラゴサ条約を締結（地球は球体、一本の境界線は無意味）。貴重品であった香辛料の一大産地モルッカ諸島の東二九七・五リーグを通る子午線を第二の境界とした。これは位置的にはブル島の東一四二五キロメートル、東経一四四度三〇分の位置。この子午線はニューギニア島中央部を通る。（日本に延長すると、東蝦夷地、現在の網走市東部、釧路市西部を通る）。これによりポルトガルのマカオにおける権益が承認。スペインはオーストラリア全域における優先権を獲得。フィリピンは子午線の西側だが、この条約でスペイン領と承認。

（2）ロシアの拡大

他方、ヨーロッパ東端では西暦一二〇六年にモンゴル帝国を建設したジンギスカンの二代皇帝オゴタイ＝ハンは、甥のバトゥに征西を命じ、バトゥは西暦一二三七年、ロシア中心部に侵入、リャザン、モスクワ、ウラジーミルを陥落、西暦一二四〇年、キエフ公国を滅ぼした。さらに遠征軍を二隊に分け、バトゥの本隊はハンガリーに侵攻、西暦一二四一年、ハンガリー王国の首都ブダペストを破壊。

北に向かった一隊はポーランドに侵攻、同年、ワールシュタットの戦いでポーランド・ドイツ連合軍を破った。そのまま西進するかと思われたが、オゴタイ＝ハンの死去の知らせに東にとって返した。バトゥは結局首都カラコルムには戻らず、西暦一二四三年、ヴォルガ河畔のサライにとどまり、キプチャク＝ハン国を建国。

ロシア諸侯にとって所謂「**タタールのくびき**」の時代となる。

フビライ（大蒙古五代皇帝―ジンギスカン→オゴデイ→グユク→モンケ→フビライ）が大ハンの位についた（一二六〇年）頃にはモンゴル帝国は、中国の元と西北モンゴルのオ

キプチャク=ハン国の版図（西暦1300年頃）

ゴタイ＝ハン国（一二二五年頃〜一三一〇年）・中央アジアのチャガタイ＝ハン国（一二二七〜十四世紀後半）・ロシアのキプチャク＝ハン国（一二四三〜一五〇二年）そしてイラン方面のイル＝ハン国（一二五八〜一三五三年）の四ハン国に事実上分裂した。そしてチャガタイ＝ハン国は、一三二一年、相続をめぐる争いから更に東チャガタイ＝ハン国、西チャガタイ＝ハン国に分裂した。

（3）十三世紀末大元は連邦化

大元の連邦化については本書巻末折込地図（十三世紀後半の世界―蒙古帝国を参照）。

「タタールのくびき」は十三世紀前半に始まったモンゴルのルーシ侵攻とそれにつづくモンゴル人（モンゴル＝タタール）によるルーシ（現

在のロシア・ウクライナ・ベラルーシ）支配を云い、納税と軍事協力義務を負うと共に、ルーシ諸侯の任免権はキプチャク＝ハン国の汗に握られていた。

北東ルーシの小国であったモスクワ公国のイヴァン一世（イヴァン・カリター）は、キプチャク＝ハン国に忠誠を誓い、キプチャク＝ハン国の徴税代理人となってモスクワを裕福にした。彼が「カリター・金袋」とあだ名されるのはこの事実に由来する。その財産を使って周辺の諸公国内部に所領を増やし、その結果、それらの公国は実質的にモスクワの支配下に入った（ベローオーゼロ公国、ガーリチ公国、ウグリチ公国、コストロマー公国）。一三二七年のトヴェリにおける反タタール蜂起の際にモンゴルの尖兵として活躍し、一三二八年にはウラジーミル大公位を得た。イヴァン・カリターはまた、キプチャク＝ハンの同意を得て、息子セミョーンに大公位を相続させて以来、モスクワは北東ルーシ地方の諸公国の中で領袖的地位を得た。

正教会との関係では一三二八年、府主教座をウラジーミルからモスクワに移した。モスクワにおける府主教座の存在は、ルーシのなかでのモスクワの優位性を宗教的な面からも支持することになった。

一四二七年にイヴァン三世は東ローマ帝国最後の皇帝コンスタンティノス二世の姪ソフィア（ゾイ・パレオロギナ）を二番目の妻とし、ローマ帝国の継承者であることを宣言し、モスクワを（ローマ、コンスタンティノープルに続く）「第三のローマ」と称し、初めてツァーリ（ロシア皇帝）の称号を名乗り、ルーシの諸公国を併合（ノヴゴロド公国は一四七八年、トヴェリ公国は一四八五年に併合）し、また一四八〇年にイヴァン三世がキプチャク＝ハン国への貢納を拒否、その懲罰軍とウグラ河畔で対峙、懲罰軍は期待する援軍（ポーランド王軍）来たらず撤退、事実上の独立を果たし、二百四十年間続いた「タタールのくびき」は終わりを告げた。

イヴァン三世の孫、イヴァン四世（イヴァン雷帝）は一五四七年にツアーリの称号を正式に用い、ロシア・ツァーリ国（一五四七～一七二一年）とした。

キプチャク＝ハン国は十四世紀の末頃から内紛等により衰退、十五世紀にはヴォルガ流域にカザン＝ハン国、アストラハン＝ハン国、黒海北岸にクリム＝ハン国、西シベリアにシビル＝ハン国などの小ハン国が分立した。

ロシア・ツァーリ国は一五五二年にカザン＝ハン国、一五五六年にアストラハン＝ハン国を滅ぼし、始めてキプチャク＝ハン国の一部を併合、シベリアに向かって東方への拡大を開始した。**一五九八年（朝鮮出兵中の豊臣秀吉死去の年）シビル＝ハン国併合。こうしてロシア・ツァーリ国はロシア帝国（一七二一年にピョートル一世が建国）を経て欧亜に跨る大国となった。**

十三世紀にジンギスカンの築いた欧亜に跨る大蒙古国は秀吉の朝鮮出兵による戦乱で疲弊した明を滅ぼした清と東方に拡大したロシアにより吸収された。

(4) チムール帝国、ムガール帝国の成立

この間、西チャガタイ＝ハン国のモンゴル系土豪出身のチムールが周辺諸国を併合してチムール帝国（一三七〇〜一五〇七年）を建国、かっての蒙古帝国の西南部を統合したが、チムールが元を滅ぼした明を征伐すべく二〇万の大軍を率いての遠征途上で病没、その後、内紛により分裂衰退、十六世紀初め、ウズベクにより滅亡した。この頃、チムールの血を引く王族のバブールが母国・中央アジアでの再興を諦め、北インドを攻略、**ムガール帝国**（一五二六〜一八五八年）を建国した。

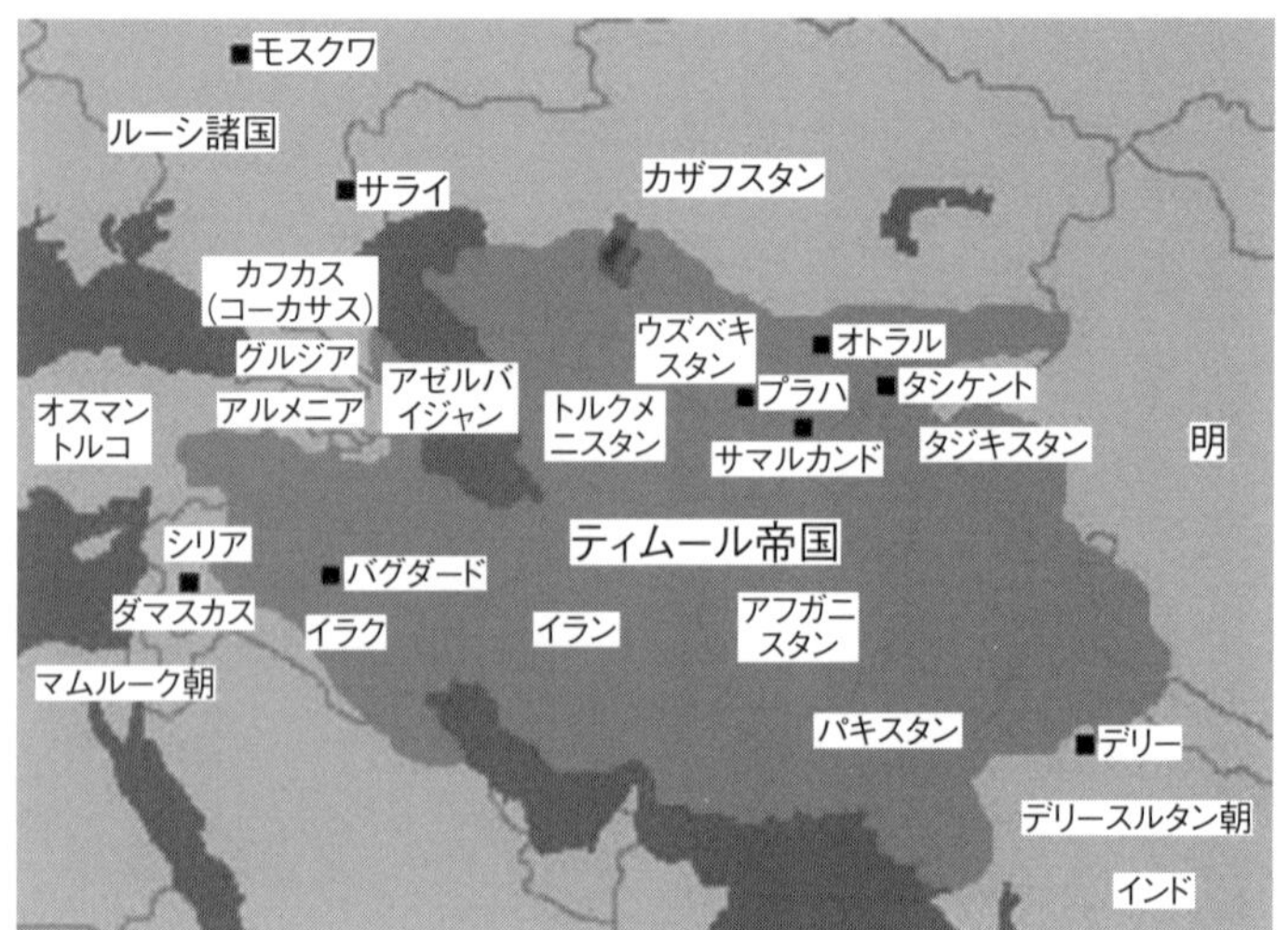

チムール帝国の最盛期

ムガール帝国の最大版図

こうした世界情勢を背景として豊臣秀吉による明遠征を意図した朝鮮出兵が行われた。

(二)　秀吉の朝鮮出兵（文禄・慶長の役）

「総括」

『明史・朝鮮伝』「自倭亂朝鮮七載、喪師數十萬、糜餉數百萬、中朝與屬國迄無勝算、至關白死而禍始息。」

「日本による朝鮮出兵が開始されて以来七年、（明では）十万の将兵を喪失し、百万の兵糧を労費するも、中朝（明）と属国（朝鮮）に勝算は無く、ただ関白（豊臣秀吉）が死去するに至り乱禍は終息した。」

ケネス・スオープ（米・南ミシシッピ大学教授）は「明（中国）を中心とした東アジアの支配体制・秩序への秀吉の挑戦。明は自身の利害の為に出兵。十六世紀中の世界最大の戦争で、これは日本と中国の戦争。」と述べている。

(1)　秀吉の意図

信長と会見したルイス・フロイス（『日本史』）によれば、信長は「毛利を平定、日本六六ヵ国を支配後、一大艦隊を編成して、中国を武力で征服。日本は我が子たちに分与する」

と自らの構想を語った。

天正十四年（一五八六年）三月、秀吉はイエズス会準管区長ガスパール・コエリョに対して、国内平定後は日本を弟秀長に譲り、唐国の征服に移るため二〇〇〇隻の船を建造、またポルトガルの大型軍艦二隻の売却斡旋を依頼。中国でもキリスト教の布教を許可すると言明。

天正十九年（一五九一年）秀吉はスペイン・フィリピン総督やポルトガルのインド・ゴア副王に書状を送り、日本への服属方要求。文禄五年（一五九六年）サンフエリペ号事件。

翌年二十六聖人の処刑。両国使節（豪華贈り物持参）来日。

文禄元年（一五九二年）小西行長の漢城攻略報告受領直後の口述文書である五月十八日付け秀吉より関白秀次宛の二十五箇条の文書では「後陽成天皇、関白秀次を北京に、日本の天皇には良仁親王か智仁親王を、日本の関白には豊臣秀保か宇喜多秀家を、朝鮮は織田秀信（信長の直孫）か宇喜多秀家を王とする、秀吉は寧波に居所。インドは諸侯の切り取り自由。」と述べている。

（2）戦争経過

文禄の役（文禄元年四月―西暦一五九二年～文禄二年四月―西暦一五九三年）

小西行長、宗義智（娘婿、対馬領主）の欺瞞（朝鮮服属、仮途入明諒承、服属使節（実

は統一祝賀使節）来日→秀吉に朝鮮変心と説明→朝鮮出兵一番隊）。文禄元年四月十二日釜山上陸→釜山城の戦い→東莱城→尚州→忠州→五月三日漢城陥落→開城→六月十五日平壌陥落→七月十六日明軍（遼東）五〇〇〇参戦するも敗退→沈惟敬を代表に立て、日本軍に講和を提案。他方、加藤清正（二番隊八〇〇〇人）は咸鏡道会寧にて宣祖二王子を確保（朝鮮側にて捕縛して差出す、清正は二王子を厚遇）、朝鮮人（三〇〇〇人）と共に豆満江を渡って満州に入り、近在の女真族攻撃→族長ヌルハチは明・朝鮮に支援を申し出→明・朝鮮拒否。→八月二十九日沈惟敬と小西行長との間で五十日間の休戦が約束。その間、明軍は密かに四万増強。

（注1）日本軍は名護屋滞在が一〇万、朝鮮出征が一六万（一～九番隊）。

（注2）朝鮮『宣祖實録』二十五年（一五九二年）五月壬戌「人心怨叛、與倭同心耳、我民亦曰倭亦人也、吾等何必棄家而避也」。

「人心は怨み叛き、倭に同調するのみ。我が民は言った―倭もまた人である。どうして我々が家を捨てて逃げる必要がある？」。他に「倭賊の半ばは我が民か」の記述。

（注3）景福宮・昌徳宮・昌慶宮の三王宮は、朝鮮叛民の放火により焼失（日本軍接近時、奴婢や囚人の身分記録を保存の掌隷院と刑曹に放火、次いで王宮に放火）。文禄二年一月、増強明軍による平壌攻撃。日本軍漢城に撤退。明軍二万漢城奪還を目指して南下、→碧蹄館にて小早川隆景率いる二万の日本軍と激突、明軍敗北、戦意喪失、再度、講和方針に転

換。三月、漢城の日本軍の食料貯蔵庫（龍山の倉庫）を明軍に焼かれ、日本軍も講和交渉を受諾、開始。**交渉代表の明・沈惟敬と日本・小西行長は共に相手側降伏として各々祖国を欺瞞。**

文禄五年九月、秀吉は来朝した明使節（正使は朝鮮にて逃亡）と謁見し激怒。朝鮮への再度出兵を決定。沈惟敬は帰国後、明政府によって北京にて公開処刑。小西行長は秀吉に死を命じられるが、周囲のとりなしで助命。

慶長の役（慶長二年二月―西暦一五九七年〜三年十一月―西暦一五九八年）

慶長二年（西暦一五九七年）二月、一四万の日本軍出動。一月加藤清正、対馬投錨。**小西行長は朝鮮水軍に清正日程通報し、攻撃方要請。国王は水軍の長、李舜臣（東人派）に攻撃方王命。李舜臣情報源より拒否、投獄。元均（西人派）任命。**

漆川梁海戦（元均死亡）↓黄石山城の戦い↓南原城の戦い↓稷山の戦い（漢城パニック）↓日本軍、所期の目的（注1参照）より京畿道、忠清道、全羅道より反転。朝鮮半島南岸に還り築城を開始。↓蔚山城の戦い↓三路の戦い（第二次蔚山城の戦い、泗川城の戦い、順天城の戦い）全ての戦いで明・朝鮮軍敗退。↓この間、秀吉死去、日本五大老による撤退命令↓小西行長・明と交渉、無血撤退約束↓然るに明・朝鮮水軍は行長軍（順天城）封鎖↓島津軍他、巨済島より反転救援、露梁海戦（李舜臣死亡）↓日本軍撤退完了。

（注1）慶長の役の作戦目的は全羅道占拠、忠清道他にも出動、後、朝鮮南岸に城塞（倭城）築城、兵糧、弾薬備蓄、在番以外は帰国。翌慶長四年大軍出動計画。
（注2）稷山の戦い―「大賊衝斥、將迫都城、天兵（明軍）寡弱、我軍潰散。」
（注3）三路の戦い―「而三路之兵 蕩然倶潰、人心恟懼、荷擔而立。」「三路の戦いで明・朝鮮軍（一一万は）溶けるように共に潰え、人心は恟懼（恐々）となり、逃避の準備をした。」（何れも朝鮮『宣祖実録』より）。

（3）戦後の影響

日本―家康体制強化↓関ヶ原の戦い（豊臣恩顧の大名分裂）↓江戸幕府成立。
明国―女真のヌルハチ台頭、後金建国↓清帝国↓明滅亡（「順」を経て）。
朝鮮―後金・清二代皇帝ホンタイジ（ヌルハチの第八子）二度に亘り朝鮮侵攻、国王は三跪九叩頭の礼（大清皇帝功徳碑・迎恩門、慕華館を建設）清の属国（日清講和一八九五年まで）。

（4）秀吉の対外活動について

天正十五年（西暦一五八七年）秀吉は島津氏を通じて琉球に、対馬の宗氏を通じて朝鮮に日本への服属方要求。

天正十九年（西暦一五九一年）秀吉はポルトガル・ゴアのインド副王とスペイン・マニラのフィリピン総督に降伏勧告状を送達。西暦一五八八年、スペイン無敵艦隊がイギリスに敗れた情報認知の可能性もあり。

文禄二年（西暦一五九三年）高山国（台湾）に服属入貢要求書。使者・原田孫七郎、相手先見つからず帰国。—オランダは寛永三年（西暦一六二四年）台湾占領。西暦一六六一年、「国姓爺合戦」で有名な鄭成功が反清復明基地としてオランダを追放して台湾を占拠した。

文禄五年（西暦一五九六年）ポルトガル・インドゴア副王使節団来日。アラビア馬、豪華武具等贈呈。秀吉、伏見で謁見。

文禄六年（西暦一五九七年）スペイン・フィリピン総督使節団来日。巨象、豪華武具等贈呈。秀吉伏見で謁見。観能。


フィリピン総督は日本の来攻を恐れ、ルソン島在住日本人をマニラ・デイオラ地区に集団移住させた。マニラ日本人町の始まりとなった。この時期、日本人町は東南アジア各地に所在した。（巻末折込地図—十六〜十七世紀のアジア地図参照）。

なお、「当時の世界情勢と秀吉の朝鮮出兵（文禄慶長の役）」についての検討参考文献は次の通りである。

（参考文献）

『フロイス日本史2―豊臣秀吉篇』ルイス・フロイス著、松田毅一、川崎桃太訳、昭和五十二年十二月、中央公論社刊
『逆説の日本史―朝鮮出兵と秀吉の謎』井沢元彦著、二〇〇四年三月、小学館刊
『秀吉の朝鮮侵略と民衆』北島万次著、二〇一二年十月、岩波書店刊
『文禄慶長の役の戦跡、倭城』斎藤政秋著、二〇〇八年八月、ごま書房刊

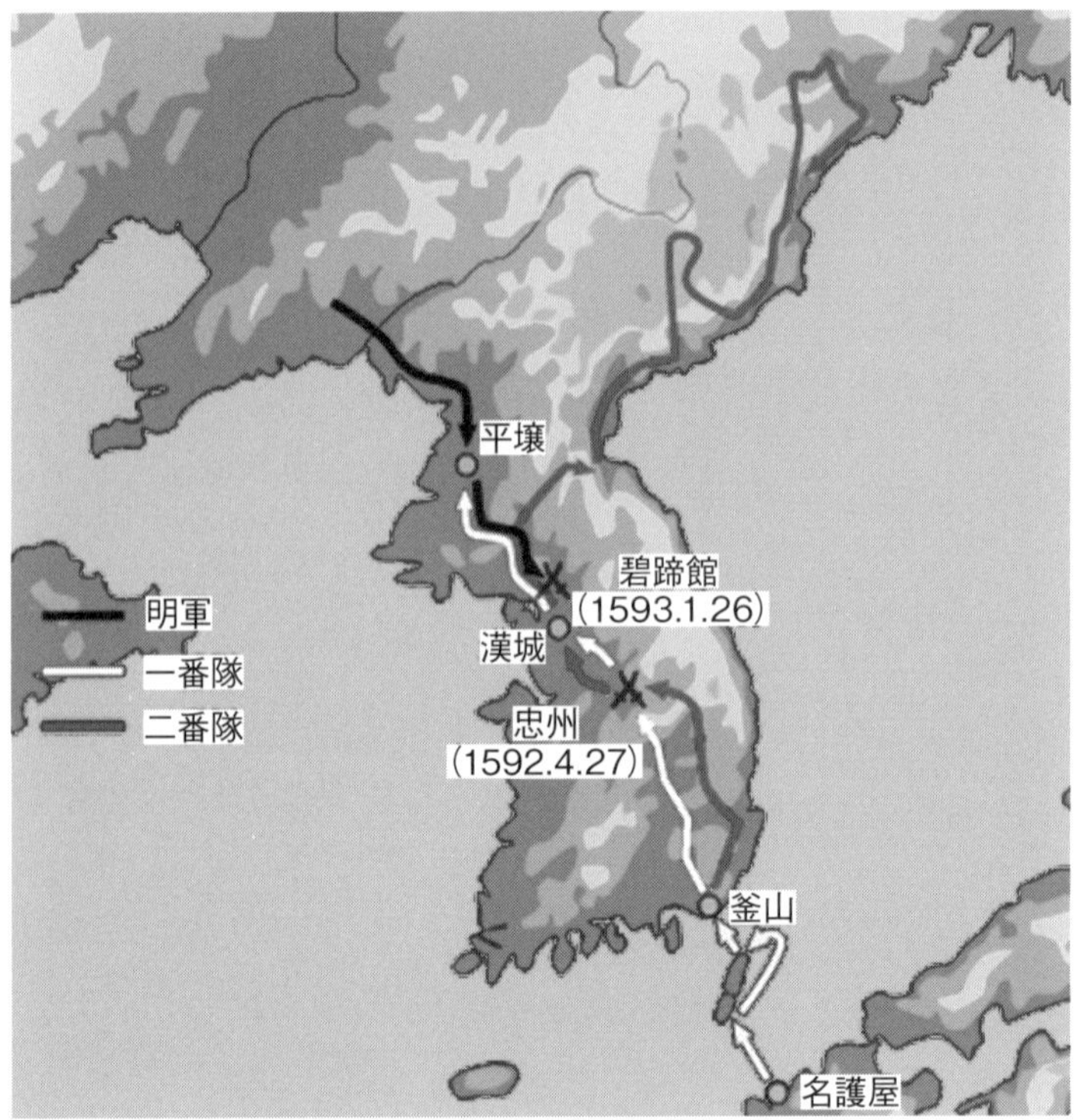

参考図(1) 文禄の役 (1592〜1593)

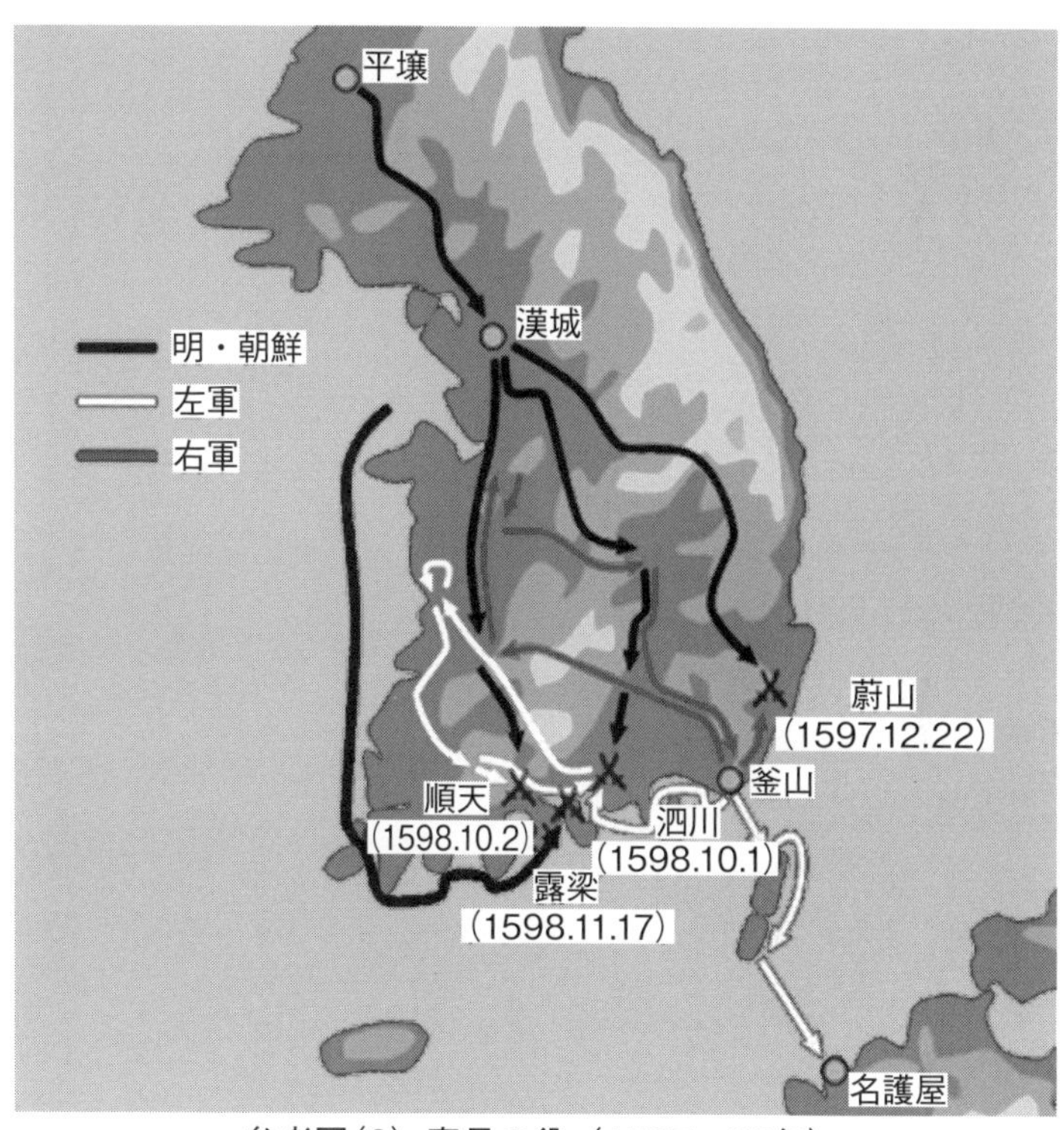

参考図(2)　慶長の役（1597〜98年）

特別検討（三）―中世～近世にかけての日本貿易の推移と鎖国令について

室町時代、三代将軍・足利義満が応永八年（西暦一四〇一年）、明（永楽帝）との国交（明の冊封体制に入り、日本国王に封じられ朝貢貿易、明の狙いは倭寇―前期―の鎮圧）を回復すると、応永十一年（西暦一四〇四年）、日明間に勘合符制が設けられ、勘合符による**勘合貿易**が開始。日本の勘合船は、「本字勘合符」に幕府の勘合印を押したものをもって渡航し、明側では、これを保管してある「本字底簿」と照合して公認船かどうかを確かめた。この勘合貿易は四代将軍・足利義持の時代に朝貢を嫌い一時中絶したが、六代将軍・義教（籤引きによる将軍、嘉吉の乱で赤松満祐により暗殺）のときに再開された。初めは幕府の資金による船舶と商品であったが、次第に寺社や諸大名の船が多くなり、さらに表面上は幕府、寺社、大名の船であっても、堺、博多商人の請負によるものが多くなり、幕府などは名義料を徴収するにすぎなくなった。応仁の乱後、大内氏と細川氏が貿易の利権を争い、一五二三年、寧波（明州）で両者が衝突して（寧波の乱、寧波争貢事件とも云う）一時貿易が中断したが、やがて大内氏が独占した。おもに銅銭、生糸などを輸入し、硫黄、刀剣、銅などを輸出した。博多・堺などは貿易港として栄えた。

その後、明の海禁政策の強化もあって勘合貿易が衰退、嘉靖二十八年（西暦一五四九年）を最後になくなると、倭寇（後期）の活動が活発化。他方、ポルトガルはトルデシリャス条約およびサラゴサ条約によってアジアへの進出・植民地化を進め、西暦一五一一年にはマラッカを占領、西暦一五五七年にマカオに居留権を獲得、中国産品（特に絹）を安定的に入手できるようになり、マカオを拠点として、日本・中国・ポルトガルの三国の商品が取引され、所謂、**南蛮貿易**が始まった。

西暦一五四九年、カトリック教会のイエズス会の創設者でもあるフランシスコ・ザビエルの日本来航以来、キリスト教徒（当時の名称では「切支丹」）の数は九州を中心に広く拡大。織田信長はこれを放任、豊臣秀吉も当初は黙認していたが、島津討伐の為の九州遠征時、日本最初のキリスタン大名・大村純忠が領内の領民を強制的にキリシタンに改宗させ、神社仏閣を破壊し、更に天正八年（西暦一五八〇年）、純忠は大村領内の長崎と茂木の両港をイエズス会に寄進し、長崎は教会領となった事実を知り激怒、天正十五年（西暦一五八七年）博多の地で**バテレン追放令**を出し、キリシタンを邪法として禁止し、バテレン（神父、宣教師）を二十日以内に国外追放することを命じた。

その後、**サン＝フェリペ号事件**（文禄五年―西暦一五九六年―日本の土佐にスペインのガレオン船（大型帆船）のサン＝フェリペ号が漂着、その乗組員がスペイン国王は宣教師を尖兵としてその国を植民地化するとの発言を行い、大問題となった事件）が発生すると、切支丹に対する直接迫害を行ない、秀吉の禁教令後も活発な活動を続けていたフランシスコ会を主体に宣教師、信徒を京都で捕縛、長崎に連行して慶長元年（西暦一五九七年）磔刑に処した。これが**日本二十六聖人殉教事件**である。

他方、秀吉は文禄元年（西暦一五九二年）に初めて朱印状を発行してマニラ、アユタヤ、パタニになどに**朱印船**を派遣した。

秀吉の後、天下を掌握した家康は西暦一六〇一年以降、安南、スペイン領マニラ、カンボジア、シャム、パタニなどの東南アジア諸国に使者を派遣して外交関係を樹立、西暦一六〇四年に**朱印船制度**を実施、これ以後、一六三五年まで三五〇隻以上の日本船が朱印状を得て海外（渡航先集計によると交趾―中部ベトナム（七三回）で最も多く、暹羅―タイ（五五回）、呂宋―ルソン島（五四回）、安南―ハノイ中心、北部ヴェトナム（四七回）等）に渡航し、各地に**日本人町**が形成された。

その最大のものはタイのアユタヤ日本人町（十六世紀〜十八世紀頃）で、最盛期には一〇〇〇〜一五〇〇人の日本人人口を数えた。アユタヤ日本人町の責任者はバンダーサック（タイの官位）第三位の位階をもち、政治的にも発言力をもっていた。

また、阮朝（現在のベトナム社会主義共和国）のホイアン、マレー半島のパタニ王国、カンボジアのプノンペン、フィリピンのマニラ（呂宋、ルソン島）にも、同様の小規模な日本人町が形成されていた。

西暦一六二三年にインドネシア・モルッカ諸島のアンボイナ島（アンボン島）にあるイギリス館を香辛料貿易の独占を狙いオランダが襲い、商館員を全員殺害したアンボイナ事

件で、殺害されたのはイギリス人一〇名、日本人九名、ポルトガル人一名で、日本人は傭兵だったと見られている。如何に当時の日本人が東南アジア各地に進出していたかが解る事例と云えよう。なお本事件は事件発生から三一年後の一六五四年、オランダ政府が八万五〇〇〇ポンドの賠償金を英国に支出することで決着した。

元和六年（西暦一六二〇年）**平山常陳事件**が発生した。これは堺の朱印船主でキリシタンの平山常陳の船がイギリス、オランダ両国船隊に拿捕（だほ）され、キリシタン宣教師二名のマニラから日本への密航が摘発された事件で、二年に及ぶ審問の後、常陳と宣教師の三名は火刑、他の乗組員一二名は斬首刑に処せられた。

　この事件は幕府のキリシタンに対する不信感を大きく掻き立て、その翌月、宣教師とキリシタン五五名が長崎で処刑された、いわゆる**元和（げんな）大殉教**の引き金となった。

　これは元和八年（西暦一六二二年）、長崎の西坂で、大村領鈴田（大村市）、及び長崎（長崎市）の牢獄に数年間つながれていたキリシタン全員に処刑命令が出され、浦上を経由して西坂に連行され、**五五名全員が処刑—火刑**（二五名）、**斬首**（三〇名）**—された。西暦一八六八年、ローマ教皇ピウス九世によって五五人全員が列福（聖人に次ぐ福者の地位）された。**

寛永五年（西暦一六二八年）五月、長崎の町年寄の高木作右衛門の朱印船がスペイン艦隊によって焼打ちにされ、朱印状を奪われるという事件が発生した。

寛永八年（西暦一六三一年）幕府は、従来の朱印状に加えて、老中の連署により発行する「奉書」を携行する船にのみ貿易を許可する「**奉書船制度**」を実施。

寛永十年（西暦一六三三年）奉書船以外の海外渡航が禁止、かつ海外に五年以上居留する日本人の帰国を禁じた。—**第一次鎖国令**。

寛永十一年（西暦一六三四年）**第二次鎖国令**。第一次鎖国令の再通達。長崎に出島の建設を開始。

寛永十二年（西暦一六三五年）**第三次鎖国令**。中国・オランダなど外国船の入港を長崎のみに限定。日本人の海外渡航と在外日本人の帰国が全面的に禁止された。

寛永十三年（西暦一六三六年）**第四次鎖国令**。貿易に関係のないポルトガル人とその妻子（日本人との混血児含む）二八七人をマカオへ追放、残りのポルトガル人を、出島に移した。

寛永十四年～十五年（西暦一六三七～一六三八年）**島原の乱**。重税と過酷なキリスタン弾圧への島原半島（旧領主キリスタン大名有馬晴信）と天草諸島（旧領主キリスタン大名小西行長）の領民による一揆。当初の幕府の討伐軍総大将、板倉重昌討死、老中松平信綱が総大将として鎮圧した。

尚、当時、オランダ・ポルトガル戦争（西暦一六〇三～一六六三年）中のオランダは幕府に協力、二隻の艦船による一揆勢の立て籠もる原城への艦砲射撃を実施した。

寛永一六年（西暦一六三九年）**第五次鎖国令**。出島のポルトガル人を追放、ポルトガル船の入港を禁止。空き地になった出島には、一六四一年に平戸からオランダ商館が、移された。

鎖国後のオランダ商館との貿易は長崎出島で行われ、オランダ人は出島から出ることを禁じられたが、商館長（カピタン）は年に一度の参府を許され、将軍に謁見して献上物をおくった。

また、オランダ商館は外国の情報を提供する義務があり、それを長崎通詞が翻訳し、毎年**「和蘭陀風説書」（有名例として幕末、ペリー来航を一年前に幕府に報告）**として幕府に**提出**。

こうして江戸幕府は自己の体制保持、持続の為、キリスト教禁止を徹底し、**日本人の海外渡航、海外在住の日本人の帰国を禁じ、海外貿易も次の四つの口に限定し所謂「鎖国体制」を整備した**。

長崎口　対オランダと対清朝中国：長崎会所（天領）経由

長崎は幕府の直轄地として幕府の管理で貿易が行われた。

対馬口　対李氏朝鮮：対馬藩経由

対馬藩の宗氏は中世から対朝鮮の外交、貿易の中継ぎを担ってきた。江戸時代に入っても、対馬藩にはその権限が引き続き認められ（釜山倭館における交易）、幕府の対朝鮮外交を中継ぎする役割を担っていた。

薩摩口（琉球口）　対琉球王国：薩摩藩経由

一六〇二年、仙台に琉球船漂着、家康の命により送還、その後、薩摩藩を通じて謝恩使の派遣を要請するも琉球側拒否、薩摩藩が一六〇九年、幕府了解の下、総勢三〇〇〇人をもって琉球王国を攻略、支配したことで、琉球を通じての貿易が認められた。

蝦夷口　対アイヌ：松前藩経由

松前藩の松前氏は蝦夷地で北方貿易を行ってきた。その権限は江戸時代に入っても引き続き認められ、松前藩の収入のほとんどは北方貿易によって支えられ、農業を基盤にした幕藩体制の統治原則にあてはまらない例外的な存在と云われる。

同藩は一六六九年、大首長シャクシャインを中心として起きた、松前藩に対するアイヌ民族の大規模な蜂起（シャクシャインの戦い）と一七八九年（寛政元年）に東蝦夷地（北海道東部、道東）で起きたアイヌと和人の衝突であるクナシリ・メナシの戦いを平定した。

鎖国制度の功罪得失評価について

鎖国について**倫理学者、和辻哲郎**は昭和二十五年（西暦一九五〇年）、米国占領下の日本にて『鎖国—日本の悲劇』を発表、その結語として「秀吉、家康ら（…）為政者の精神的怯懦の故に、ベーコンやデカルト以後の二五〇年の間、或はイギリスのピューリタンが新大陸へ渡って小さい植民地を経営し始めてから、あの広い大陸を西へ西へと開拓していって遂に太平洋岸に到達するまでの間、日本人は近世の動きから遮断されていたのである。

このことの影響は国民の性格や文化の隅々にまで及んでいる。それは良い面もあり悪い面もあって単純に片付けることは出来ないのであるが、しかし悪い面は開国後の八〇年を以てしては容易に超克することは出来なかったし、良い面といえども長期の孤立に基づく著しい特殊性の故に、新しい時代における創造的な活力を失い去ったかのように見える。現在のわれわれはその決算表をつきつけられているのである。」と敗戦、米軍統治下の悲痛な嘆きを吐露している。

同様に**生態学者、梅棹忠夫**は鎖国について、昭和三十二年（西暦一九五七年）発表の『文明の生態史観』において、日本と西欧の平行進化の幾つかの現象に触れ、何れ詳しく検討したいと語った後、封建時代の後半は、日本と西欧についてかなり異なった事情が起こったとして、

「日本が鎖国という奇妙なことをやってしまったからだ。そのため、東南アジア一帯に散在していた日本人植民地の足がかりは成長せずに、そのまま消え去ってしまった。それはゴア、ボンジシェリー、カルカッタのようにはならなかったのだ。

これで、日本によるアジア侵略と植民地化の動きは二〇〇年以上もおくれ、日本の封建体制の崩壊もまた、おくれることになった。貿易と植民地経営による、膨大な富の蓄積が

おくれ、ブルジョワの成長がさまたげられたからである。

植民地経営者として、第一地域の西の部分でイギリス、フランスがはたした役割は東においては当然日本がはたすべきところであった。植民地からあがる儲けということを考慮にいれると、もし鎖国ということがなかったら、日本は独自の産業革命を、すでに明治以前になしとげていたかもしれないとおもう。あるいは、とっくの昔に、インドあたりで、イギリスと決戦をやっていたかもしれない。

第一地域での東西の決戦は、しかし、第二次大戦までもちこされてしまった。方針の変更をせまられただけであったが。」

彼ら為政者には和辻哲郎が『鎖国』で指摘している様に、日本国内における自己の支配体制の強化と永続性が問題であり、自国や自国民の発展や富裕化は全く念頭に無かった。

他方、全く異なった観点から日本の鎖国体制を賢明な措置と評価しているのが、かの哲学者イマヌエル・カントである。

カントは著名な三批判書（純粋理性批判、実践理性批判、判断力批判）の他に、著書『永遠平和のために』（原著一七九五年出版。日本語訳一九八五年一月、岩波書店刊）を出しているが、その中で、西欧諸国の各地における非道な植民地化活動に言及した後、「それ故、中国と日本がこれらの来訪者を試した後で、次の措置をとったのは賢明だった。即ち前者は、来航は許したが入国は許さず、また後者は来航すらもヨーロッパ民族のうちの一民族にすぎないオランダ人だけに許可し、しかもその際に彼らを囚人のように扱い、自国民との交際から閉め出したのである。」と肯定的に評価している。

「鎖国」という語句は江戸時代、元禄三年（西暦一六九〇年）来日したオランダ商館付き医師のエンゲルベルト・ケンペルが日本について解説した著書『日本誌』の付録にある「日本国に於いて正当な理由から自国民には海外出国が、外国人には渡来が禁じられ、その上、この国と他の世界の国々との交流が一切禁じられていることの実証」という章を、長崎のオランダ通詞の志筑忠雄が、簡単な題名の『鎖国論』という書名で享和元年（西暦一八〇一年）翻訳したのが発端である。

ケンペルの『日本誌』は当時のヨーロッパ知識人の間で一世を風靡し、ゲーテ、カント、ヴォルテール、モンテスキューらも愛読し、十九世紀のジャポニズムに繋がって行ったと云われ、先述の鎖国についてのカントの肯定的評価の背景と思われる。

しかしこれらケンペル、カントらの評価はあくまでも非道な侵略側、植民地化側からの相手側、被害者側への評価であり、江戸幕府の執った鎖国政策は、その後の日本の命運にとって、ペリー来航による開国過程での国内争乱、明治新政府による急激な富国強兵政策の推進、日清、日露、日中戦争、大東亜戦争に至る悲劇的な戦争の歴史を招来したと云えよう。「鎖国」の功罪は圧倒的に「罪」であり、それは和辻哲郎の云う「日本の悲劇」に止まらず、梅棹忠夫の指摘のように「世界の悲劇」に繋がっていくのである。

しかもこの「日本の悲劇」は史上初のアメリカによる原爆投下とその後の核抑止により固定化され、第二次大戦後、七〇年以上を経て、依然、日本はアメリカの核の傘の下にあるのである。

「一国一文明」の日本にとって如何に自主性を確保していくのか、自身の核武装に拠らずして果たして自主性を確保しきれるのか、また唯一の被爆国日本が核武装することによって核廃絶の議論と施策の検討が本格化するのではないか、今後の世界人類にとって益々枢要度を増す「八紘一宇」「自他共存共栄」の「日本文明」存続、発展の為に、地球と人類の危機の世紀と云われる二十一世紀に生きる我々は、正に熟考し行動すべき時にあると云えよう。残された時間は決してあまり多くはない。

「特別検討（三）─中世〜近世にかけての日本貿易の推移と鎖国令について」の参考文献

『鎖国─日本の悲劇』和辻哲郎著、一九七〇年五月、筑摩書房刊
『家光は何故「鎖国」をしたのか』山本博文著、二〇一七年六月、河出書房新社刊

『文明の生態史観』梅棹忠夫著、一九九二年八月、中央公論社刊
『永遠平和のために』カント著、宇都宮芳明訳、二〇一〇年五月刊、岩波書店刊
『オランダ風説書―「鎖国」日本に語られた「世界」』松方冬子著、
　二〇一〇年三月、中央公論新社刊

特別検討（四）―靖国神社問題、極東国際軍事裁判問題、大東亜戦争について

（一）靖国神社を巡る諸問題について

（1）靖国神社の歴史

明治二年（西暦一八六九年）大村益次郎（兵部省初代大輔―次官）が献策し、明治天皇の勅許を得て九段坂上に東京招魂社を設立し、戊辰の新政府軍戦没者三五八八柱を合祀鎮祭（参考―戊辰戦争の旧幕府側死者四六九〇人）。

明治十二年（西暦一八七九年）明治天皇の命名により靖国神社と改称。

　第二次大戦終結直後、ＧＨＱは、靖国神社を焼き払いドッグレース場を建設する計画を立てたが、賛否両論が巻き起こり収拾が付かなくなり、ローマ教皇庁代表であり上智大学学長でもあったブルーノ・ビッテル（Bruno Bitter）神父に意見を求めた。ビッテル神父は「いかなる国家も、その国家のために死んだ戦士に対して、敬意を払う権利と義務があ

ると言える。それは、戦勝国か、敗戦国かを問わず、平等の真理でなければならない」とし、「靖国神社を焼却する事は、連合国軍の占領政策と相容れない犯罪行為である」と直言し、靖国神社焼却案は消滅したと云う。

昭和五十年（西暦一九七五年）真言宗醍醐派品川寺僧侶仲田順和（のち醍醐寺第百三世座主）が教皇パウロ六世に東京裁判で戦犯となったものへのミサを行うことを依頼、教皇はミサを約束。パウロ六世は三年後に死亡するが、昭和五十五年（西暦一九八〇年）五月、教皇ヨハネ・パウロ二世がパウロ六世の遺志を引き継ぎ、A級戦犯・BC級戦犯として処刑された人へのミサがサン・ピエトロ大聖堂で行われ、一〇六八柱の位牌が奉納された。

現在靖国神社には、幕末の嘉永六年（西暦一八五三年）以降、第二次大戦までの日本人、軍人軍属の戦没者、戦病死者（維新犠牲者、軍需工場学徒、シベリア抑留者、看護婦、学徒看護隊、所謂戦犯、台湾・朝鮮半島出身者等を含む）二四六万六〇〇〇余柱（日清戦争一万三〇〇〇余柱、日露戦争八万八〇〇〇余柱、日中戦争一九万一〇〇〇余柱、太平洋戦争二一三万三〇〇〇余柱、なお女性は五万七〇〇〇余柱）を御祭神としている。

（2）所謂靖国問題発端の経緯

昭和四十五年（西暦一九七〇年）靖国神社崇敬会総代会にてA級戦犯の合祀決定。（BC級戦犯は昭和三十四年合祀）。時期は筑波藤麿宮司預かりとなった。昭和五十三年（西暦一九七八年）後任の松平永芳宮司が昭和殉難者として合祀決定。（東京裁判の有効性否定、侵略の事実否定の見解表明）。

その後、大平正芳、鈴木善幸、中曽根康弘（一〇回）の歴代首相が首相就任中に参拝。中国、韓国その他より一切の抗議なし。

昭和六十年（西暦一九八五年）八月七日付けの朝日新聞が靖国問題を特集。

その一週間後の八月十四日、中国政府が、史上初めて、公式に靖国神社参拝への懸念を表明。（靖国神社問題は、朝日新聞─編集委員、同志社大学教授─の加藤千洋が作り、社会党の田邊誠─日本社会党第十一代委員長─が中国訪問時、中国政府を焚きつけたと云われる。）

中曽根内閣は同日、正式な神式ではなく省略した拝礼によるものならば閣僚の公式参拝は政教分離には反しないと統一見解を表明、翌八月十五日、閣僚とともに玉串料を公費から支出する首相公式参拝を行った。

首相の参拝行為の宗教性についてはその後、幾つかの裁判で争われているが、各裁判の判決は参拝の際に玉串料などを公費で支出したことについてのみに合憲・違憲の判断をしており、参拝自体が違憲であるとする判決は無い。

（3）昭和天皇関係

昭和天皇は、戦後は数年置きに計八度（昭和二十年（一九四五年）・昭和二十七年（一九五二年）・昭和二十九年（一九五四年）・昭和三十二年（一九五七年）・昭和三十四年（一九五九年）・昭和四十年（一九六五年）・昭和四十四年（一九六九年）・昭和五十年（一九七五年））靖国神社に親拝したが、昭和五十年（一九七五年）十一月二十一日を最後に、親拝を行っていない。理由として次の二つが挙げられている。

一つはA級戦犯の合祀に対する不快感で昭和六十三年（西暦一九八八年）当時の宮内庁長官であった富田朝彦が昭和天皇の発言・会話を手帳にメモしていて明らかとなった。

（メモ内容）

―私は　或る時に、A級が合祀されその上　松岡、白鳥までもが、筑波は慎重に対処してくれたと聞いたが
松平の子の今の宮司がどう考えたのか　易々と
松平は平和に強い考があったと思うのに　親の心子知らずと思っている
だから私　あれ以来参拝していない　それが私の心だ―

いま一つの理由は戦後、歴代総理大臣は在任中公人として例年春秋例大祭の日に参拝していたが、昭和五十年（西暦一九七五年）八月、三木武夫首相（当時）は首相としては春の四月の例大祭に続き、初めて八月の終戦記念日に参拝の後、「総理としてではなく、個人として参拝した」と発言。その直後、同年十一月二十一日、昭和天皇靖国親拝。既に言質を取られていた三木発言を引用して憲法上、「国民統合の象徴」（第一条）であり、「国政に関する権能を有しない」（第四条）天皇親拝が私的か公的かの議論が紛糾。こうした紛糾に加えて更にその後の昭和五十三年A級戦犯合祀、更に昭和六十年八月の朝日記事に端を発した中国政府の公式抗議等がその後の天皇親拝を中止させたと考えられている。

（4）全国戦没者追悼式

なお昭和三十八年以降、毎年終戦記念日の八月十五日に政府主催で行われている全国戦没者追悼式がある。（昭和三十八年日比谷公会堂、三十九年靖国神社、四十年以降は日本武道館）。

追悼の対象は第二次世界大戦で戦死した旧日本軍軍人・軍属約二三〇万人と、空襲や原子爆弾投下等で死亡した一般市民約八〇万人。所謂戦犯者を含むが靖国神社が所謂戦犯を祭神として顕彰の対象としているのに対して、戦犯を追悼すること自体は問題視されていない。

式典には天皇・皇后、三権の長である内閣総理大臣、衆議院議長、参議院議長、最高裁判所長官及び各政党代表（政治資金規正法第三条二項に規定する政党で国会に議席を有するものの代表）、地方公共団体代表（都道府県知事、都道府県議会議長など）が参列する。

また、日本遺族会等関係団体の代表者（日本遺族会会長）、経済団体（日本商工会議所会頭）、労働団体（日本労働組合総連合会会長）、報道機関の代表者（日本新聞協会会長）、日本学術会議会長、日本宗教連盟理事長などを招くほか各都道府県遺族代表、一般戦災死没者遺族代表、原爆死没者遺族代表らが国費で参列している。

（5）千鳥ケ淵戦没者墓苑

他方、千鳥ケ淵戦没者墓苑（ちどりがふちせんぼつしゃぼえん）は、東京都千代田区三番町にある戦没者の納骨堂である。

第二次世界大戦時に日本国外で死亡した日本軍人・軍属・民間人（約二四〇万人）のうち、回収送還された遺骨は一二五万柱（残りの約一一五万柱は海没したとされる約三〇万柱を含めて未回収）、其の内、身元が不明の遺骨や引き取り手のない遺骨を安置するため、昭和三十四年（西暦一九五九年）につくられた。安置戦没者数は三五万八二六〇柱（平成二十五年五月現在）。

無名戦士の墓（Tomb of the Unknowns）は、身元が不明な戦没者を祀った墓地で各国の元首や首相は、外国を公式訪問する際にはその国の無名戦士の墓を訪問し献花するのが通例。

千鳥ケ淵戦没者墓苑は日本における無名戦士の墓に相当するとされる。

二〇一三年十月三日、米国のケリー国務長官とヘーゲル国防長官が日米安全保障協議委員会のため来日のおり献花。米国の閣僚が揃って訪れるのは初めてとされる。

なお、アメリカのアーリントン墓地の無名戦士の墓は各戦役で名前のわからない戦没戦士の遺体を一体だけ選び、その遺体を全無名戦士の遺体の代表として祀っている。

イギリスはロンドンのウェストミンスター寺院の中に無名戦士の墓（第一次世界大戦のヨーロッパ戦線）、フランスはパリのエトワール凱旋門の下に無名戦士の墓（第一次世界大戦）、ロシアはモスクワのアレキサンダー庭園に無名戦士の墓（第二次大戦東部戦線）がある。

（二）極東国際軍事裁判（東京裁判）について

（1）概要

極東国際軍事裁判（東京裁判）は第二次大戦終了翌年の昭和二十一年（一九四六年）五月三日から昭和二十三年（一九四八年）十一月十二日に亘り二年六ヵ月（ドイツに対するニュルンベルク裁判は十ヵ月）をかけて行われた戦勝連合国側一一ヵ国の裁判官が「戦争犯罪人」として指定した日本の指導者二八名を「侵略戦争」を起こす「共同謀議」（国家社

会主義ドイツ労働者党—ナチ党—の指導部やヒトラー内閣、親衛隊という組織が共同して世界制覇の戦争計画を立てたというニュルンベルク裁判の「共同謀議」の論理を、そのまま日本の戦争にも無理に適用。—判決を受けた二五名中に二三名が共同謀議で有罪）を昭和三年（西暦一九二八年）一月一日から昭和二十年（西暦一九四五年）九月二日にかけて行ったとして、平和に対する罪（A級犯罪）、人道に対する罪（C級犯罪）および通常の戦争犯罪（B級犯罪）の容疑で裁いた一審制の裁判（場所は市ヶ谷の旧陸軍士官学校講堂）で起訴は昭和二十一年（一九四六年）四月二十九日（昭和天皇誕生日）。七人の絞首刑（死刑）判決を受けたものへの刑の執行は、昭和二十三年（一九四八年）十二月二十三日（皇太子＝平成天皇誕生日）午前〇時一分三〇秒より行われ、同三五分に終結。戦勝国による一種の政治的報復宣伝劇。二七億円の裁判費用は占領下日本政府負担。

（2）「罪刑法定主義及び法の不遡及の原理」、「法の下の平等原則」「国家行為の法理」、「世界人権宣言」違反

裁判官は中立国からではなく全て戦勝国側十一人（米、英、仏、蘭、カナダ、ソ連、中国、豪州、ニュージーランド、インド、フィリピン）でその多数決で判決は決定（死刑判決七名中六名は七対四、一名は六対五—広田弘毅でインド、蘭、仏が無罪、豪州、ソ連が禁固刑を主張）され、平和に対する罪（A級犯罪）、人道に対する罪（C級犯罪—結果的に適用例なし）は事後法で「罪刑法定主義及び法の不遡及の原理」に違反し、かつ国家機関として行為した個人には、刑事免責が認められるとされていた「国家行為の法理」にも反しており、従って同じ昭和二十三年（西暦一九四八年）十二月十日の第三回国際連合総会ですべての人民とすべての国が達成すべき人権の共通基準として採択された世界人権宣言第十一条「何人も、実行の時に国内法又は国際法により犯罪を構成しなかった作為又は不作為のために有罪とされることはない。」にあまりにも明確に違反しており、よって極東国際軍事裁判（東京裁判）はこの国連総会人権宣言採択直前（一ヵ月弱前）の昭和二十三年（西暦一九四八年）十一月十二日に刑の宣告を含む判決の言い渡しを終了（死刑執行は人権宣言十三日後）した全く法的根拠の無い勝者の恣意的・報復的・宣伝的な占領政策行為と云える。

なお検察官は全て戦勝国側より任命され、弁護人はニュルンベルク裁判がドイツ人のみだったのに対し、日本人と米国人で構成された。

（注1）イギリスの内閣官房長官でもあったハンキー卿は世界人権宣言第十一条「行われたときには国際法でも国内法でも犯罪とされなかった行為について有罪とされることはない」を引合いに出し「東京裁判は世界人権宣言の規定と相容れず、退歩させた」と述べている。

（3）当時有効な国際法規

第二次大戦時、有効な国際法規は「陸戦の法規慣例に関する条約（ハーグ陸戦条約）」とジュネーブ傷病者条約（ジュネーブ条約）の二つである（歴史的道徳的存在ながら平和に対する罪―A級犯罪―の由来とされたパリ不戦条約については別途後述）。

それらの法は非戦闘員の殺傷、非軍事目標、無防備都市への攻撃、不必要に残虐な兵器の使用、捕虜の虐待などを厳禁している。

米国が行った東京大空襲（都市無差別爆撃、特に昭和二十年三月十日の一夜にして死者行方不明者一〇万人以上を出した計画的一般市民殺傷攻撃―木造住宅密集の下町中心の夜間焼夷弾爆撃）や昭和二十年八月六日の広島原爆（ウラン型、TNT換算一万五〇〇〇トン）投下（当時広島在住者三五万人の内、急性放射能の収まる同年十二月末までの死亡者一四万人）、昭和二十年八月九日の長崎の原爆（プルトニウム型、TNT換算二万二〇〇〇トン）投下（当時長崎在住者二四万人の内、七万四〇〇〇人死亡―当初目標の小倉陸軍工廠に投下標準が合っていた場合、小倉市、門司市、八幡市、戸畑市、下関市が灰燼に帰し、被害は広島、長崎を遥かに上廻っていたと想定されている）は史上空前の計画的大規模残虐行為であり、ニュルンベルク裁判の眼目とされたナチスのユダヤ人ホロコーストに相当する誰の目にも明らかな戦時国際法違反であるが、こうした戦勝国側の不法行為は一切棚上げにし「**法の下の平等原理**」を無視したまさに裁判の名に値しない茶番劇で現在、極東国際軍事裁判（東京裁判）を司法裁判として信ずる人は一部の政策的意図者並びに残念ながらWGIP（占領期に連合国軍総司令部・GHQが実施した「戦争についての罪悪感を日本人の心に植えつけるための宣伝計画―ウォー・ギルト・インフォメーション・プログラム」）で洗脳教育された多くの日本人を除いて国際的に皆無（**東京裁判終了後、国際法学会は圧倒的多数で被告全員無罪としたインド・パール判決を支持**）と云える。

（4）裁判所設立の法的根拠

裁判所設立の法的根拠は、日本政府が降伏条件を実施するために連合国軍最高司令官が一切の命令を行うという権限に基づき、一九四六年一月十九日に連合国軍最高司令官ダグラス・マッカーサー元帥が発した極東国際軍事裁判所設立に関する特別宣言、同日に公表された極東国際軍事裁判所条例に基づいている。

（5）米国上院・軍事外交合同委員会でのマッカーサー証言

極東国際軍事裁判（東京裁判）をその権限下で実行したダグラス・マッカーサーは一九四八年（昭和二十三年）十一月十二日判決を下し同年十二月二十三日七名の死刑を執行した。その僅か二年半後の一九五〇年（昭和二十五年）六月二十五日スターリンの許可を得た金日成の北朝鮮軍が突如南朝鮮に侵入、マッカーサーは同月二十七日、国連軍（米国、英国、オーストラリア、ベルギー軍）の総指揮官となったが、翌日ソウルは陥落、七月には釜山周辺に追い詰められ、ここでマッカーサーは米本国をはじめ周囲の反対を押し切って仁川に奇襲上陸、これが大成功を収め、九月にはソウルを奪回、北上し北朝鮮軍を中朝国境の鴨緑江まで追い詰めたが、突如、中国人民志願軍が雪崩を打って参戦し押し戻され、戦況は一進一退となり、マッカーサーは共産軍の退避、補給基地である満州を原爆使用の可能性も含め攻撃する策を提示、トルーマン大統領はソ連（前年原爆実験成功）の参戦を招くとして反対、ソ連に今その余力なしとして強硬に主張するマッカーサーを一九五一年（昭和二十六年）四月十一日解任・更迭した。（後任はリッジウェイ中将）。

なお現在、当時のソ連政府は朝鮮戦争には参戦しないことを決定していたことがソ連崩壊後の情報公開で明らかになっており、マッカーサーの読みの当たっていた事が証されている。

更迭後、本国に帰還したマッカーサーは同年五月三日、米国政治機関で最も権威のある上院の軍事外交合同委員会の第二次世界大戦における対日戦略Ⅱの質疑応答の中で次の証言を行った。

上院議員ヒッケンルーパー（HICKENLOOPER）

質問 No.5：共産中国を海と空から封鎖すべしとのあなたの提案は、アメリカが太平洋で日本に対する勝利を取得した際と同じ戦略ではありませんか？

マッカーサー大将

はい、議員。太平洋で我々は彼らを迂回しました。我々は包囲しました。

あなたは日本がおよそ八〇〇〇万人という膨大な人口があり、四つの島にひしめいていることを理解しなくてはなりません。およそ半分は農民であり、他の半分は工場労働者でした。

日本が擁する労働力は潜在的に、量・質ともに、私が今までに知っていたどこと比べても遜色はありません。

ずっと以前に彼らは、怠けているよりも働いて、建設しているときのほうが幸せであるという、いわば「労働の尊厳」なるものを知っていました。

この巨大労働能力は彼らが働くべき何かを持っていなければならなかったことを意味しました。彼らは工場を建て、働く場所を持っていました、しかし原材料を持っていませんでした。

実質的に蚕を除けば日本原産の天然資源は何もありません。

綿も、羊毛もない、石油も出ない、錫もゴムもない。その他非常に多くのものに欠けています、しかしそれらの全てはアジアの海域に存在していました。

彼らはもしそれらの供給が断絶されたなら、日本で一〇〇〇万〜一二〇〇万人の人々が失業するだろうことを恐れました。従って 彼らが戦争に飛び込んでいった目的は、、主としてその安全を確保するためでした。

"There is practically nothing indigenous to Japan except the silkworm. They lack cotton, they lack wool, they lack petroleum products, they lack tin, they lack rubber, they lack great many other things, all of which was in the Asiatic basin. They feared that if those supplies were cut off, there would be 10 to 12 million people unoccupied in Japan. Their purpose, therefore in going to war was karagely dictated by security."

著者注—karagelyはlargely（主に）との記述もあるとの事。

同じ五月三日、同委員会でマッカーサーは次の証言を行った。

「アメリカが過去百年に太平洋で犯した最大の政治的過ちは、共産主義者が中国において勢力を増大して行くのを黙過してしまったことです。」

（6）東條英機元首相の東京裁判における宣誓供述書およびその遺書

この一九五一年（昭和二十六年）五月三日の米国上院の軍事外交合同委員会でのマッカーサー大将の証言は僅か二年半前の一九四八年（昭和二十三年）十二月にA級戦犯として絞首刑を執行された東條英機元首相の東京裁判における宣誓供述書およびその遺書と全く同一の主旨であった。

A級戦犯として逮捕起訴された東條英機は、一切の自己弁護を捨て国家弁護と天皇擁護に徹し、その宣誓供述書の中で、

一、開戦時日本は、米英連合国等の飽くなき徹底した経済封鎖によりやむなく自存自衛の戦争を決意した。

二、天皇の意を戴した東條内閣を含め、戦争回避に向け平和的手段で最大限の努力をしてきたがハル・ノートにより平和解決の希望を断たれた。

三、民族独立・東亜共栄の思想で戦争を遂行し、

1、ビルマの独立承認（一九四三年―昭和十八年―八月一日）

2、フィリピンの独立承認（一九四三年―昭和十八年―十月十四日）

3、インドネシアの独立宣言（一九四五年―昭和二十年―八月十七日）

4、自由インド仮政府の承認（一九四三年―昭和十八年―十月二十三日）を行い、欧米の植民地支配よりアジアの諸国を解放した。

即ち日本の開戦・戦争行動は「共同謀議」でもなく「侵略」でもなく、アジア各国の独立共栄と資源の確保流通を目的とした已むに已まれぬ追いつめられた自衛の戦争だった。と具体的に理路整然と主張し、最後に締めくくりとして、今次大戦が何ら国際法に違反せぬ自衛戦であること、他方、敗戦の責任は開戦時首相として進んで負いたいと、次のように証言して終了した。

「終わりに臨み―おそらくこれが当法廷の規則の上において許される最後の機会であろうが―私はここに重ねて申し上げる。日本帝国の国策ないしは当年合法にその地位にあった官吏の採った方針は、侵略でもなく、搾取でもなかった。一歩は一歩より進み、また適法に選ばれた各内閣はそれぞれに相承けて、憲法および法律に定められた手続きに従い、事を処理していったが、ついに我が国は彼の冷徹なる現実に逢着したのである。

当時、国家の運命を商量較計するの責任を負荷した我々としては、**国家自衛のために起つということがただ一つ残された途であった。**我々は国家の運命を賭した。而して敗れた。而して眼前に見るが如き事態を惹起したのである。

戦争が国際法より見て正しき戦争であったか否かの問題と、敗戦の責任如何との問題とは、明白に分別出来る二つの異なった問題である。

第一の問題は外国との問題であり、かつ法律的性質の問題である。**私は最後までこの戦争は自衛戦であり、現時承認せられた国際法には違反せぬ戦争なりと主張する。**私は未だかつて我が国が本戦争をなしたことを持って国際犯罪なりとして勝者より訴追せられ、また敗戦国の適法なる官吏たりし者が個人的に国際法の犯人なり、また条約の違反者なりとして糾弾せらるとは考えたこととてはない。

第二の問題、すなわち、敗戦の責任については当時の総理大臣たりし私の責任である。この意味における責任は私はこれを受諾するのみならず、衷心より進んでこれを負荷せんと希望するものである。

昭和二十二年十二月十九日 於東京、市ヶ谷

供述者 東條英機

立会人 清瀬一郎」

更に東條英機は死刑判決を受けた昭和二十三年（一九四八年）十一月十二日から刑が執行された十二月二十四日未明の間にしたためた遺書の中で次のように述べた。

「今次戦争の指導者たる米英側の指導者は大きな失敗を犯した。第一に日本という赤化の防壁を破壊し去ったことである。第二には満州を赤化の根拠地たらしめた。第三は朝鮮を二分して東亜紛争の因（いん）たらしめた」

そしてまさに東條処刑の二年半後、東京裁判の最高責任者であるマッカーサーは米国で最も権威ある上院の軍事外交合同委員会で先述したように「アメリカが過去百年に太平洋で犯した最大の政治的過ちは、共産主義者が中国において勢力を増大して行くのを黙過してしまったことです。」と東條遺書を裏書きする証言をしたのである。

同様に、米・ソ冷戦時、ソ連封じ込め政策を立案、主導したアメリカ国務省の外交官ジョージ・ケナンは、

「アメリカは日本の勢力を支那大陸、満州、朝鮮から駆逐したことで自分たちの目標を達成したかに見える。しかしその結果アメリカは過去半世紀にこの地域で日本が直面し、対処してきた問題と責任を日本に代わって引き受けなくてはならなくなっただけだ。」と述べている。

（7）インド・パール判事、オランダ・レーリンク判事及び他の著名人の東京裁判批判

パール判事の判決書は、いみじくも多数派判決よりも長い文面で、英文二五万字・一二三五頁に及ぶ膨大なものであったが、それは全七部構成からなり、

第一部　事後法的「法律」で裁かれる事に疑問を提起する。

第二部「侵略戦争とは何か」と題し多数派判決のいう侵略の定義が認められないものであるとする。

第三部「証拠及び手続きに関する規則」と題し検察側資料が伝聞証拠にすぎず司法手続きに欠陥をもたらしている事を指弾する。

第四部「全面的共同謀議」では被告が共同謀議を行ったとする立証がなされておらず、あまつさえ共同謀議があったとしてもそれは国際法に違反しない旨断ずる。

第五部「極東裁判の管轄権」に触れ盧溝橋事件以前の満州事変や満州建国にかかわる問題が極東裁判の管轄外であることを断ずる。

第六部「厳密なる意味における戦争犯罪」と表し戦時国際法に照らした犯罪は戦闘地域で起こった偶発事件であり直接の下手人はすでに断罪されており極東裁判の被告には該当しない事案であると断じた。

第七部「勧告」で全被告を無罪と主張する。

そもそもパール判事は極東裁判をして「法律的外貌をまとってはいるが本質的には政治的である目的を達成するために本裁判は設置されたにすぎない。

単に執念深い報復の追跡を長引かせるために正義の名に訴えることは許されるべきでない」と延べ勝者による儀式化した復讐と喝破している。


パールの意見書に接し、裁かれた被告が歌を遺している。

・東條英機
「百年の 後の世かとぞ 思いしに 今このふみを 眼のあたりに見る」
・板垣征四郎
「ふたとせに あまるさばきの 庭のうち このひとふみを 見るぞとうとき」

「すぐれたる 人のふみ見て 思うかな やみ夜を照らす ともしびのごと」
・木村兵太郎
「闇の夜を 照らすひかりの ふみ仰ぎ こころ安けく 逝くぞうれ志き」

ここで「ふみ」と詠まれているのがパールの意見書。


また東京裁判の判事の一人である**オランダのベルト・レーリンク判事**は著書『Tokyo Trial and Beyond』の中で東條について「私が会った日本人被告は皆立派な人格者ばかり

であった。特に東條氏の証言は冷静沈着・頭脳明晰な氏らしく見事なものであった」と述懐し、また「我々は日本にいる間、東京や横浜をはじめとする都市に対する爆撃によって、市民を大量に焼殺したことが、念頭から離れなかった。我々は戦争法規を擁護する為に裁判をしている筈だったのに、連合国が戦争法規を徹底的に踏みにじった事を、毎日見せつけられていたのだから、それは酷いものだった。勿論、勝者と敗者を一緒に裁く事は不可能だった。東條が東京裁判は勝者による復讐劇だと言ったのは、まさに正しかった。」「次の戦争では、勝者が戦争を終結した時に新しい法律をつくって、敗者がそれを破ったといって、いくらでも罰することが出来る、悪しき前例をつくった。」と述べている。また後に「被告らの有罪判決は正確な証言を元に国際法に照らして導き出されたものでは決してなかった」「多数派の判事の判決の要旨を見るにつけ、私はそこに自分の名を連ねることに嫌悪の念を抱くようになった。これは極秘の話ですが、この判決はどんな人にも想像できないくらい酷い内容です。」と東京裁判のあり様を批判している。

レーリンクについて東京裁判のウィリアム・ウェブ裁判長は「欠けてならない判事がいるとすれば、それはレーリンク唯一人だ。何しろ全ての書類に目を通したのは、彼だけなのだから」と述べている。その一方で、国際法に関しては元々専門外（刑法専門家。東京裁判の裁判官で国際法の専門家はインドのパール裁判官唯一人のみ―後に国際連合国際法委員長。また中華民国から派遣された梅汝璈判事は自国において裁判官の職歴なし。）だった事もあり、政治的現実との妥協を強いられる事もしばしばあったと云われる。

その他、G・A・ウィロビー将軍（G・H・Q参謀第二部長）、ウェッブ裁判長、ハーバート・フーバー米国元大統領、ライシャワー博士等多数の人が東京裁判を批判している。

他方、**ビルマ（現ミャンマー）のバー・モウ初代首相**は自身の著書『ビルマの夜明け』の中で「歴史的に見るならば、日本ほどアジアを白人支配から離脱させることに貢献した国はない。真実のビルマの独立宣言は一九四八年の一月四日ではなく、一九四三年八月一日に行われたのであって、真のビルマ解放者はアトリー率いる英国労働党政府ではなく、東條大将と大日本帝国政府であった」と述べている。

（8）「平和に対する罪」の根拠「パリ不戦条約」について

次に東京裁判においてA級戦犯の罪とされた「平和に対する罪」の根拠とされたパリ不戦条約について述べたい。

パリ不戦条約は一九二八年（昭和三年）八月二十七日にアメリカ合衆国、イギリス、ドイツ、フランス、イタリア、日本等の当時の六大列強諸国をはじめとする一五の国が署名し、その後、ソビエト連邦など六三国が署名した条約で、フランスのパリで締結されたためにパリ条約またはパリ不戦条約と呼ばれる。

また最初フランスとアメリカの協議から始まり、多国間協議に広がったことから、アメリカの国務長官フランク・ケロッグと、フランスの外務大臣アリスティード・ブリアン両名の名にちなんでケロッグ＝ブリアン条約（Kellogg-Briand Pact）とも云われ、国際紛争解決の手段としての戦争放棄と一切の紛争を平和的手段で解決することを約した条約で次の二条と、その手続を定めた三条より成る。

第一条

締約国は、国際紛争解決のため、戦争に訴えないこととし、かつ、その相互関係において、国家の政策の手段としての戦争を放棄することを、その各自の人民の名において厳粛に宣言する。

第二条

締約国は、相互間に起こる一切の紛争又は紛議は、その性質又は起因がどのようなものであっても、平和的手段以外にその処理又は解決を求めないことを約束する。

このパリ不戦条約の批准の是非を巡って一九二八年（昭和三年）十二月七日、米国上院議会で討議が行われた。

条約の発起人でもあるケロッグ国務長官は「**経済封鎖**」について上院議員より質問され

た時、「それは戦争行為そのものである」(its an act of war absolutely) と明確に断言して答弁した。

大東亜戦争開戦前までに日本が受けた米英連合国の石油、屑鉄、錫等の禁輸措置による徹底した経済封鎖は、当時の日本の戦争相手である蒋介石政権に対する経済軍事援助と相俟ってまさに戦争行為そのものと云える。

「平和に対する罪」により国際法廷で断罪さるべきはまさに当時のルーズベルト大統領をはじめとする米、英、蘭、仏、ソ連等連合国首脳部と云えよう。

事実、東京裁判において、これら連合国の裁判官が日本を共同謀議による侵略国としてA級戦犯を裁いている時、イギリス軍、フランス軍、オランダ軍が大東亜戦争中に日本が解放したインドネシア、ベトナム、ビルマ、マレーを再び植民地にすべく新たな侵略戦争を行っていたのである。

更にパリ不戦条約には期限がなく、かつ自衛戦争は国家の権利として許され、自衛か侵略かの解釈も当事国の自国裁量権に任されており、大東亜戦争が日本の交戦中の蒋介石政府に対する米、英等の経済軍事援助によるシナ事変の泥沼化と日本への徹底した経済封鎖に追い詰められた日本が行った名義上、実質上共に兼ね備えた自衛戦争であることは明らかである。

現在、パリ不戦条約の精神は国際連合憲章第二条の次の項目に受け継がれている。

三、すべての加盟国は、その国際紛争を平和的手段によって国際の平和及び安全並びに正義を危うくしないように解決しなければならない。

四、すべての加盟国は、その国際関係において、武力による威嚇又は武力の行使を、いかなる国の領土保全又は政治的独立に対するものも、また、国際連合の目的と両立しない他のいかなる方法によるものも慎まなければならない。

他方、占領下に制定公布された日本国憲法第九条（戦争放棄）を構成する次の各項で

一、日本国民は、正義と秩序を基調とする国際平和を誠実に希求し、国権の発動たる戦争と、武力による威嚇又は武力の行使は、国際紛争を解決する手段としては、永久にこれを放棄する。

二、前項の目的を達するため、陸海空軍その他の戦力は、これを保持しない。国の交戦権は、これを認めない。

九条一項はパリ不戦条約の第一条、第二条、更に国際連合憲章第二条の趣旨と「永久に」

を別として同様と云えよう。

九条二項は「戦力の不保持」と「交戦権の否認」で「自衛隊の戦力問題―自衛隊は戦力ではない」や「主権国家としての個別自衛権の放棄の問題」更に国際連合憲章五十一条に定められている「集団的自衛権」が日本国憲法上許されない（一九八一年―昭和五十六年―の鈴木善幸首相政府答弁書）とする問題等、矛盾と混乱に満ちた深刻な問題を提起しており、早急な現行憲法改正の必要性が提起されている。

なお、本特別検討（四）について、私の所属する会社関係OB有志会（隔月開催で構成メンバーによる研究講話を行う）で私（著者）は講話を行った。

その時の配布資料（産経新聞への盧溝橋事件をめぐる私の投書Eメールを含む）もご参考までに次に記載する。

参考―（特別検討四関連）―講話（会社関係OB有志会）席上配布資料

平成二十六年七月十七日

高木　勲

一　靖国神社を巡る諸問題について

（一）**靖国神社の歴史**—明治二年設立、終戦後焼却案、ビッテル神父直言、昭和五十五年A、B、C戦犯、大聖堂でミサ。現在二五〇万柱を祀る。

（二）**所謂靖国問題発端の経緯**—昭和六十年八月七日付け朝日新聞特集記事、同月十四日中国政府、史上初めて抗議。

（三）**昭和天皇関係**—終戦後八度親拝、昭和五十年十一月二十一日より後なし。理由、A級戦犯合祀（富田メモ）及び歴代首相で初めて同五十年年終戦記念日に三木首相参拝、「個人」としての参拝発言、天皇も問題化。

（四）**全国戦没者追悼式**—昭和三十八年以降、毎年八月十五日、日本武道館（四十年以降）にて第二次大戦犠牲者、軍人軍属二三〇万人、一般市民八〇万人を追悼。天皇・皇后・三権の長他全国の各種団体代表者全参加。

（五）**千鳥ケ淵戦没者墓苑**—第二次大戦時、海外で死亡した身元不明や引き取り手のない遺骨三六万柱を安置。無名戦士の墓に相当。

二　極東国際軍事裁判（東京裁判）について

（一）**概要**—戦勝国による占領目的達成の為の内外への政治的報復宣伝劇。W・G・I・

Pに活用。ニュルンベルク裁判モデル（共同謀議）を無理に適用。起訴二八名（天皇誕生日）、死刑執行七名（皇太子誕生日）。

（二）**「罪刑法定主義及び法の不遡及の原理」「法の下の平等原則」「国家行為の法理」「世界人権宣言」**違反。

（三）**当時有効な国際法規**―ハーグ陸戦条約、ジュネーブ条約。

（四）**裁判所設立の法的根拠**―極東国際軍事裁判所条例。

（五）**米国上院・軍事外交合同委員会でのマッカーサー証言**（昭和二十六年五月三日）日本は自衛の戦争。米国百年の政治的過失は中国赤化を黙過した事。

（六）**東條英機元首相の東京裁判における宣誓供述書**（昭和二十三年十二月十九日）および**その遺書**（昭和二十三年十二月）―米英等の経済封鎖に対するやむなき自衛戦争。民族独立・東亜共栄の思想で戦争遂行。但し敗戦の責任は開戦時首相の自分にある。**遺書**―米英指導者の大失敗は赤化の防壁の日本を破壊。満州を赤化の根拠地。朝鮮を二分して東亜紛争の因を作った。

（七）**当事者、著名人の裁判批判**―インド・パール判事（一一人の裁判官中唯一人の国際法専門家にして後の国連国際法委員長、被告全員無罪を主張、裁判終了後の国際法学会はパール判決全面支持）、オランダ・レーリンク判事、ウエッブ裁判長等、当事者及びその他、著名人の東京裁判批判。

（八）「平和に対する罪」（A級犯罪）の根拠「パリ不戦条約」（ケロッグ＝ブリアン条約）についてーケロッグ米国務長官―経済封鎖は戦争行為そのもの。

三　大東亜戦争の実体

一、**大東亜戦争勃発の時期**（十二月七日午後、輸送船団護衛の九七式戦闘機、マレー近辺にて英国哨戒機撃墜、翌八日午前一時十五分―マレー上陸開始―真珠湾攻撃二時間十分前―何れも日本時間、実績）。

二、**大東亜戦争の背景**

（一）**日清戦争の概要**―朝鮮の甲午農民戦争（内乱）→日・清出兵、日本勝利、下関条約、三国干渉→遼東半島還付。

（二）**日露戦争の概要**―露清密約―対日相互防衛他→旅順・大連租借。義和団の乱→満州全土占領、撤兵せず。日英同盟、日本は満韓交換提示、露は韓国三九度以北中立案。交渉決裂→戦端。日本勝利。米国セオドア・ルーズベルト大統領仲介、ポーツマス講和条約。桂ハリマン協定破棄→大統領反日。

（三）**第一次世界大戦の概要**―サラエボ事件→同盟国（独、墺、オスマン、ブルガリア）対連合国（仏。英、露、後に日、伊、米）。連合国勝利。九〇〇万人以上戦死―史上

二番目（一位は中国太平天国の乱―二〇〇〇万人以上）。

（四）**満州事変の概要**―昭和六年九月、中国奉天郊外で柳条湖事件↓日本関東軍満州全土占領。昭和八年五月、塘沽停戦協定成立。

（五）**第一次上海事変の概要**―昭和七年一月〜三月、上海の共同租界周辺での日本軍と中国十九路軍との衝突事件。

（六）**盧溝橋事件**（参考―高木、産経新聞Eメール投書）、**第二次上海事変**（ニューヨーク・タイムズ記事―拡大責任は中国、法王ピオ十一世声明―世界のカトリック信徒は日本軍に協力せよ）、**南京攻略の概要**―昭和十二年十二月十七日南京入城式―中国便衣兵と督戦隊（昭和十三年一月四日付けニューヨーク・タイムズ記事）。

三、**大東亜戦争の端緒**

（一）**ハル・ノートの真相**↑財務次官補ハリー・ホワイト作成―ベノナ計画（米・英情報部によるソ連暗号文解読）で後にソ連コミンテルンのスパイと判明＝日中戦争泥沼化の原因―第一次近衛声明の背景と同一（秘密党員尾崎秀実）。

（二）**ルーズベルト大統領の特質**―大統領で唯一の四選、唯一の重度障碍者、オランダ・ユダヤ系、母親のデラノ一族はアヘン戦争時よりアヘン等の貿易で巨利、妻は従兄のセオドア・ルーズベルト二十六代大統領の姪。

四、**大東亜戦争―戦前と戦後の世界の変貌**（アジア植民地の解放独立↓アフリカ植民地の

解放独立、米国黒人公民権の確立→中近東諸国の解放独立。

五、**その他**

（一）**中国―共産党一党独裁政体**（三権分立の無力化、法治より人治、絶対的権力は絶対的に腐敗→幹部の汚職、蓄財、逃避）と**儒教文化**（**避諱特性―身内の悪事は嘘を言って隠すべし**―論語子路十三）の**結合**。

（二）**留意事項―西漸運動**（アメリカに於ける十九世紀を通じ先住民族を排しての東部海岸より西部への白人の開拓移住運動）、**マニフェスト・デスティニー**（明白なる使命の意で文明は西漸するとしてアメリカ合衆国のIndian虐殺、西部侵略、米西戦争、米墨戦争、米比戦争、ハワイ併合を正当化する思想）、**黄禍論**（十九世紀半ばから二十世紀前半にかけて、欧州、米、豪州等の白人国家に現れた黄色人種脅威論でドイツ皇帝ヴィルヘルム二世の図案による寓意画が有名）、**フライング・タイガース**（日中戦争時に中国国民党軍を支援したアメリカ合衆国義勇軍(American Volunteer Group; AVG)の愛称、中国空軍顧問のシエンノートが一九四〇年夏、米国大統領ルーズベルトの支援の下、募集により空軍編成、一九四一年十二月対日空戦参加、一九四二年七月解散）、**ブッシュ大統領**（**五十四代・五十五代**）**小泉、靖国共同参拝問題**（二〇〇二年二月来日時、ブッシュ提案、小泉逃避―ブッシュ明治神宮単独参拝、小泉鳥居で待機）←真相解明期待。

二〇一四年七月九日、産経新聞に左記をEメール投書

盧溝橋事件もっとパンチの効いた抗議を！

無職、高木　勲　81歳

七月八日付産経新聞に中国習主席が盧溝橋近くの事件記念式典に出席し、対日批判を名指しを避けながらも展開し、他方、李首相も北京でドイツのメルケル首相との会談後の共同記者会見の冒頭に日本を名指しで批判したと云う。

七日の記者会見で菅官房長官は「中国が徒に歴史問題を国際化することは地域の平和と協力に何ら役立たない」と批判しているが、相手には全くパンチが効いていない。

盧溝橋事件が中国共産党の陰謀に起因していることは今や明確であり、現に福田、中曽根内閣で首相特別顧問をした加瀬英明氏は著書『なぜアメリカは対日戦争を仕掛けたか』の中で（一一二〜一一三頁）、一九七九年（昭和五十四年）、中国人民解放軍に招待されて、北京の軍事博物館に案内され、そこで延安の中国共産党本部から毛沢東の名で「全陸海空軍、全国民衆の愛国運動を結集して侵略日本軍に立ち向かえ」と発せられた一**九**三**七年七月七日午後**一〇**時付**の展示された電報を見たという。

当時、日本軍は一九〇〇年（明治三十三年）の義和団事件以後、英仏などの諸外国の軍隊と共に各自居留民を保護するために、駐屯する権利を保持していた。

そして適正に届出済みの空砲による夜間演習中、まさに**七月七日午後一〇時四〇分頃**、背後から中国軍（国民革命軍第二十九軍配下）による実弾射撃を受け、さらにその後、再度実弾射撃を受けた。

これがまさに盧溝橋事件の発端であり中国共産党の画策によるものであることは明白であり、毛沢東電文の軍事博物館展示は自ら認めている証左と云えよう。

従って日本の抗議は、軍事博物館展示の毛沢東電文を引用して、誰が盧溝橋事件勃発の責任者か、誰がその後長期に亘る日中戦争の責任者か、相手も認めている歴史事実を提示して抗議するのが同じ事を繰り返さない為に効果的と云えるのではないか。

安倍内閣にご検討願いたい。

「特別検討（四）―靖国神社問題、極東国際軍事裁判問題、大東亜戦争について」の参考文献

『靖国神社のすべて』別冊宝島２０４９号、二〇一三年九月、宝島社刊
『東京裁判』日暮吉延著、二〇〇八年一月、講談社刊
『東京裁判を裁判する』渡部昇一著、平成十九年二月、致知出版社刊
『世界が語る大東亜戦争と東京裁判』吉本貞昭著、平成二十五年五月、ハート出版刊
『大東亜戦争の実相』瀬島龍三著、二〇〇九年十一月、ＰＨＰ研究所刊

『新歴史の真実』前野徹著、二〇〇三年五月、経済界刊
『大東亜戦争の真実─東條英機宣誓供述書』東條由布子編、渡部昇一解説、二〇〇九年八月、ワック（株）刊
『パール判事の日本無罪論』田中正明著、二〇一四年六月、小学館刊
『英国人記者が見た連合国戦勝史観の虚妄』ストークス著、二〇一四年三月、祥伝社刊
『なぜアメリカは対日戦争を仕掛けたのか』加瀬英明、ストークス著、二〇一二年八月、祥伝社刊
『アメリカが畏怖した日本─真実の日米関係史』渡辺昇一著、二〇一三年四月、PHP研究所刊
『誰が第二次世界大戦を起こしたのか』渡辺惣樹著、二〇一七年八月、草思社刊
『アメリカ社会主義者が日米戦争を仕組んだ』馬淵睦夫著、二〇一五年十月、KKベストセラーズ刊
『太平洋戦争の大嘘─47年間隠され続けた元米大統領の告発』藤井厳喜著、二〇一八年十月、ダイレクト出版刊
『大東亜戦争の正体』清水馨八郎著、平成十八年三月、祥伝社刊
『侵略の世界史』清水馨八郎著、平成十一年九月、祥伝社刊
『戦後史の真実』「歴史人44号」二〇一四年五月、KKベストセラーズ刊

特別検討（五）―大東亜戦争開戦時期の問題について

（一）大東亜戦争開戦直前の一九四一年十二月七日午後には、マレー作戦に参加する上陸部隊を乗せた輸送船団の上空護衛を行っていた日本陸軍の九七式戦闘機（第一二飛行団に属す飛行第一戦隊・窪谷敏郎中尉機）が、哨戒中のイギリス海軍の飛行艇ＰＢＹカタリナを撃墜した。これは同戦争における最初の連合国軍の損失でもある。

（二）一九四一年十二月八日未明（日本時間）、第一八師団歩兵第五六連隊を基幹とする佗美支隊五三〇〇名は、淡路山丸、綾戸山丸、佐倉丸の三隻と護衛艦隊（軽巡川内基幹の第三水雷戦隊）に分乗し、**マレー半島北端のコタバルへ接近した。午前一時一五分（日本時間）、船団護衛の海軍がコタバル海岸へ砲撃開始、これが上陸作戦開始の合図であった。そしてまさにこの時、大東亜戦争が開始されたのである。**波高は二メートルを超え上陸用舟艇への移乗は困難を極めた。コタバルの海岸線で英印軍第八旅団六〇〇〇名との交戦が始まった。イギリス空軍も出撃し、淡路山丸は多数の命中弾を受け炎上沈没、大東亜戦争に於ける被撃沈第一号となった。

一方、**アメリカ領ハワイの真珠湾での攻撃は、一九四一年十二月八日午前三時二五分（日本時間、ハワイ時間は七日午前七時五五分）、予定より五分早く、高橋赫一少佐率いる日本軍急降下爆撃機がハワイのフォード島の米海軍水上機基地に投弾したのが始まりである。**

これはマレーのコタバル上陸作戦で護衛海軍の砲撃開始の実に二時間一〇分後の事である。

何故に本来なら同一時期であるべき英領マレー奇襲攻撃と米領ハワイ奇襲攻撃が二時間もの格差を生んだのか、米英の連携からいって何れかが先行すれば他方の奇襲は成功しないのが常識である。

これについて私の知る限り唯一語っているのが、米国ピュリッツァー賞作家ジョン・トーランドが関係者五〇〇人にインタビューし、五年の歳月をかけた『大日本帝国の興亡』（一九七一年、毎日新聞社刊、二〇一五年六月、早川書房刊、二巻七三頁）で、「太平洋の戦争は実はとんでもない誤算から始まった。コタバル攻撃開始は、ハワイではまだ午前五時四五分にしかなっていなかった。もともとは源田実参謀と軍令部の三代（みよ）中佐は真珠湾を日の出前に叩くことで了解済みだった。

しかし多くのパイロットたちが真っ暗闇の中で発艦することに難色を示したので、ぎりぎりになってから源田は第一次攻撃機の出発を二時間遅らせることにしたのだった。三代はこのことを機動部隊が単冠湾（択捉島。ハワイ攻撃機動部隊出航は十一月二十六日―高木注）を出てから数日後になって初めて知った。そしていまさら攻撃計画の変更が全部隊に徹底する時間もないことから、それについては黙っていることにした。彼は全責任を自分でひっかぶる決心をし、マレー半島では「時間前」に攻撃が行われることを伊藤整一中将（軍令部次長―著者注）にも言わないでおいた。―「私は運を天にまかせたのだ」と彼は後になって言っている。」

ここで第一の疑問は何故に三代中佐はマレー、ハワイ同一時間奇襲の話を源田にして、当初時間でのハワイ攻撃開始を説得しなかったのか、マレー攻撃が二時間先行すれば、米英の連携からいってハワイ攻撃が奇襲でなくなり、当初の成果を期待できないと考えるのが常識ではないのか。

更に次の疑問として三代中佐は上司にも源田の二時間遅れの変更を報告せず、運を天にまかせたとしているが、米国ワシントンで野村駐米大使がハル米国国務長官に「交渉による妥結見込無く打ち切る」旨の最後通牒を提示する当初予定時刻のワシントン時間午後一時（日本時間午前三時、ハワイ時間午前七時三〇分）はハワイ攻撃開始の予定で三〇分前、実績で二五分前であり、日本政府中枢に源田の二時間遅れ攻撃は把握されていたと推測される。

日本側不手際により、実際の手交は予定より一時間二〇分遅れのワシントン時間二時二〇分（日本時間午前四時二〇分）となった。それはハワイ爆撃開始の五五分後、マレー砲撃開始の三時間五分後のことである。

最も大きな疑問はマレー攻撃の二時間後のハワイ奇襲攻撃が何故に成功したのか（但し奇襲主要目的の空母不在―同年十一月二十六日、米本国指示により陸軍追撃機をウェーク島、ミッドウェー島に運搬の為、十一月二十八日に空母エンタープライズが真珠湾を出航、十二月五日に空母レキシントンが出航）であり、この疑問に納得のいく答えを得るには今少し時間を必要とすると思われる。

（関連事項一覧（全て日本時間で統一）

マレー攻撃関係

予定―昭和十六年（西暦一九四一）十二月八日午前一時三〇分

実績―昭和十六年（西暦一九四一）十二月八日午前一時一五分

ハワイ攻撃関係

当初予定―昭和十六年（西暦一九四一）十二月八日午前一時三〇分

変更予定―昭和十六年（西暦一九四一）十二月八日午前三時三〇分

実績――――昭和十六年（西暦一九四一）十二月八日午前三時二五分

米国通告関係

予定―昭和十六年（西暦一九四一）十二月八日午前三時

実績―昭和十六年（西暦一九四一）十二月八日午前四時二〇分

「大東亜戦争開戦時期の問題について」の参考文献

『大日本帝国の興亡（2）昇る太陽』ジョン・トーランド著、毎日新聞社訳
二〇一五年六月、早川書房刊
『真珠湾攻撃』ジョン・トーランド著、徳岡孝夫訳、
一九八二年十一月、文芸春秋刊
『真珠湾作戦回顧録』源田実著、昭和四十七年十二月、読売新聞社刊
『運命の夜明け―真珠湾攻撃　全真相』森史郎著、二〇〇三年八月、光人社刊
『真珠湾攻撃作戦』森史郎著、二〇一五年十二月、潮書房光人社刊
『真珠湾―日本を騙した悪魔』ジョン・コールマン著、太田龍、監訳
二〇〇二年五月、成甲書房刊

追記

ジョン・トーランドは「真珠湾」関係の自身の三冊の著作について最後の著作『**真珠湾攻撃**』**の前書き**で、最初の『**真珠湾は燃えている**』では「日本海軍による攻撃は、正当な理由のない戦闘行為と断定できる」の見方をとったとしている。

そして九年後の『**大日本帝国の興亡**』では「真珠湾は日米双方の過誤と誤算によるもの」との意外な結論に至ったとしている。そして「あの頃の私は、日本側にもアメリカ側にも英雄も悪漢もいないのだと考えた。ましてフランクリン・デラノ・ルーズベルト米大統領が日本の機動部隊の真珠湾接近を事前に知っていたなどということは絶対にありえないと信じ込んでいた。（…）それでは、いよいよ、真珠湾という霧立ち込める深淵の探査を開始することにしよう」と述べ、**大部の同書の最後の第十六章**「**要約すると**」で「しかし、四十年の歳月のあとに当時を振り返って言うなら、フランクリン・デラノ・ルーズベルトは、欠点もあったがやはり偉大な指導者だったと言わざるを得ない。世界の多くの指導者が信じたように、ルーズベルトもまた結果が手段を決定すると信じ、そのため敢えて真実を隠蔽したのである。最大の悲劇は、日本との戦争が、戦う必要のない戦争だったことである。真珠湾で失われた二四〇三人の生命はそれだけにいっそう痛ましいし、真珠湾を契機として生涯を棒に振ったキンメル、ショート、サフォード、プラットン、サーラーラ有為の人材の運命も痛ましい。さらに、もっと広い視野に立てば、何百万という人が不必要だった太平洋戦争によって死に、傷ついたのである。日米双方の戦闘員は云うに及ばず、多くの国の無辜の民衆―ことに焼夷弾と原子爆弾の犠牲になって生命を断たれた日本の犠牲者は痛ましい。（…）何百万の人々に尊敬され、正しい指導者と仰がれた少数の人々が、国益のためには不正を働くべきだと考え、それを実行した。そして日本が避けよう避けようとしていた戦争を挑発してしまったのである。」と述べている。

「大東亜戦争開戦責任論」に米国人としての限界を感じるが、公正な真実の解明に一石を投じた著作と云えよう。

なお真珠湾被害の甚大さから一九四一年十二月十七日付きのルーズベルト大統領命令で太平洋艦隊司令長官（大将）から解任降格（少将）されたハズバンド・キンメル、同じくハワイ方面陸軍司令長官から解任降格（中将から少将）されたウォルター・ショートについて一九九九年五月二十五日、ハズバンド・キンメルとウォルター・ショートの名誉回復決議が米国上院で採択され、二〇〇〇年十月十一日、下院でも名誉回復決議採択されたが、時の大統領ビル・クリントンは署名を拒否。最終採決は次代ジョージ・W・ブッシュまで持ち越されたが、ブッシュも、以降の大統領たちも署名をしていない。ルーズベルトの名誉と彼らの信じる米国国益を一途に護っていると云えよう。歴史の公正な審判が真実の把握と公開の上、厳正に下される日を鶴首して待ちたい。

特別検討（六）―日本核武装について

（一）世界核保有国の状況

下表は、「米科学者連合（FAS）」のクリステンセンが新しい数字を反映させてブログに載せた世界の核兵器データ（二〇一五年四月二十八日アップデート）。この他に核兵器のプルトニウムの芯の部分「ピット」約二万個がテキサス州パンテックスの核弾頭組立・分解施設で保管。

数分で発射可能な「高い警戒態勢」（ハイアラート）状態に置かれているものが米ロ合わせて約一八〇〇発。

（二）核兵器に関する国際条約、決議について

（1）核兵器の不拡散に関する条約（Treaty on the Non-Proliferation of Nuclear Weapons, 略称：NPT）は、核軍縮を目的に、アメリカ合

2015 年の世界の核兵器

国名	戦略核	戦術核	予備 / 非配備	保有核	総数
ロシア	1780	0	2720	4500	7500
米国	1900	180	2620	4700	7200
フランス	290	—	10	300	300
中国	0	—	250	250	250
英国	150	—	65	215	215
イスラエル	0	—	80	80	80
パキスタン	0	—	100 -120	100 -120	100 -120
インド	0	—	90 -110	90 -110	90 -110
北朝鮮		—	< 10	< 10	< 10
合計（概数）	4120	180	6000	10300	15700

衆国、ロシア、イギリス、フランス、中華人民共和国の五ヵ国以外の核兵器の保有を禁止する条約である。略称は核拡散防止条約（かくかくさんぼうしじょうやく）、または核不拡散条約とも呼ばれる。一九六三年に国連で採択された。関連諸国による交渉、議論を経て一九六八年に最初の六二ヵ国による調印が行われ、一九七〇年三月に発効した。

二十五年間の期限付きで導入されたため、発効から二十五年目にあたる一九九五年にＮＰＴの再検討・延長会議が開催され、条約の無条件、無期限延長が決定された。

採択・発効後も加盟国は増加、二〇一〇年六月現在の締結国は一九〇ヵ国。

核兵器国については、核兵器の他国への譲渡を禁止し（第一条）、核軍縮のために「誠実に核軍縮交渉を行う義務」が規定されている（第六条）。しかしアメリカ、ソ連は核開発競争により「誠実に核軍縮交渉を行う義務」の実行どころか核兵器保有数を大幅に増加させた。

非核兵器国については、核兵器の製造、取得を禁止し（第二条）、国際原子力機関（ＩＡＥＡ）による保障措置を受け入れることが義務付けられ、平和のための原子力については条約締結国の権利として認めること（第四条）、などを定めている。

また五年毎に会議を開き条約の運営状況を検討すること（第八条第三項）を定めている。

未加盟国（インド、パキスタン、イスラエル、南スーダンの四ヵ国）。

インドとパキスタンは条約が制定時の核兵器保有五ヵ国にのみ保有の特権を認めそれ以外の国には保有を禁止する不平等条約であると主張し、批准を拒否している。

イスラエル政府は核兵器の保有を肯定も否定もせず、疑惑への指摘に沈黙を続けている。二〇一〇年九月三日、ＩＡＥＡ事務局長・天野之弥が、条約に加盟し全ての核施設についてＩＡＥＡの査察を受けるようイスラエルに対し求めたことを報告書で明らかにした。イスラエルはこの要請を拒否している。

南スーダンは二〇一一年に建国されたばかりの新国家で体制が整っていない。

（2）核兵器禁止条約（かくへいききんしじょうやく　Treaty on the Prohibition of Nuclear Weaponsまたは Nuclear Weapon Ban Treaty）は、核兵器の全廃と根絶を目的として起草された国際条約である。「核兵器の開発、実験、製造、備蓄、移譲、使用及び威嚇としての使用の禁止ならびにその廃絶に関する条約」（Convention on the Prohibition of the Development, Testing, Production, Stockpiling, Transfer, Use and Threat of Use of Nuclear Weapons and on their Elimination）とも呼ばれる。

二〇一七年七月七日に一二二ヵ国・地域の賛成多数により採択されたが、全核保有国は不参加、アメリカの核の傘の下にあるカナダやドイツなどＮＡＴＯ加盟国や日本、オーストラリア、韓国なども不参加。反対票を投じたの国はオランダの一ヵ国、棄権した国はシンガポールの一ヵ国。また、当初は条約に賛成だった北朝鮮も核兵器の開発に成功後、不参加に転じた。

二〇一八年二月現在の署名国（五六ヵ国）と批准した国（キューバ、ガイアナ、バチカン、メキシコ、タイの五ヵ国）。

（3）核兵器廃絶決議

日本は一九九四年以来、毎年、核兵器廃絶決議案を総会第一委員会（軍縮）、及び国連総会本会議に提出、賛成多数で可決採択されている。

直近では二〇一七年十二月四日国連総会本会議は、賛成一五六、反対四、棄権二四で正式に採択した。賛成は昨年から一一ヵ国減り、棄権が八ヵ国増えた。反対数（中国、ロシア、北朝鮮、シリアの四ヵ国）は同じ。総会第一委員会（軍縮）が十月に採択していた。

本件につき、日本外務省は次の報道発表を行っている。

我が国核兵器廃絶決議案の国連総会本会議での採択

平成二十九年十二月五日

1―1　本五日（現地時間四日）、ニューヨークの国連総会本会議において、我が国が米国を含む七七ヵ国の共同提案国を代表して提出した核兵器廃絶決議案（「核兵器の全面的廃絶に向けた共同行動」）が、賛成一五六、反対四、棄権二四の賛成多数で採択されました。共同提案国には、核兵器国である米国及び英国、賛同国には核兵器禁止条約採択に賛成した九五ヵ国が含まれています。

1―2　現在、核軍縮をめぐっては、北朝鮮の核・ミサイル開発をはじめとする国際的な安全保障環境の悪化に加えて、核軍縮の進め方について、核兵器国と非核兵器国のみならず、非核兵器国の間においても立場の違いが顕在化しているといった課題に直面しています。そうした中、本年の決議案は、核軍縮の実質的な前進に向けて、全ての国々の信頼関係を再構築し、立場の異なる国々の間の橋渡しを我が国が率先して行い、すべての国が核軍縮の取組に改めてコミットできる共通の基盤の提供を追求しました。

1―3　この決議案は十月二十八日に国連総会第一委員会で採択されたものと同一ですが、この決議案には、（1）核兵器不拡散条約（NPT）を完全に実施するという核兵器国の明確な約束を再確認、（2）包括的核実験禁止条約（CTBT）の早期発効及び核兵器用分裂性物質生産禁止条約（FMCT）の早期の交渉開始に対する広く浸透した要請を認識、（3）核戦力の透明性向上、（4）核兵器の非人道的な結末についての深い懸念が全ての努力を下支えする主要な要素であり続けること、（5）各国指導者・若者等による被爆者を含むコミュニティ等への訪問等を通じ、被爆の実相に関する認識を向上させるあらゆる取組を奨励、（6）北朝鮮による核実験及び弾道ミサイル技術を用いた発射を最も強い言葉で非難、（7）全ての国に対して北朝鮮の核・ミサイル計画がもたらす脅威への対処に向け、全ての関連する国連安保理決議の実施を含む取組への最大限の努力を呼びかけること、等が含まれています。

1―4　この決議案は核兵器国や核兵器禁止条約に賛成した国を含む、幅広い国々の支持によって採択されました。我が国としては、このような取組等を通じて「核兵器のない世界」の実現に向けて一歩ずつ着実に前進すべく、最大限の努力をしていく考えです。

［参考］国連総会本会議における我が国決議案の採択結果

賛成：一五六

反対：四（中国、北朝鮮、ロシア、シリア）

棄権：二四

［参考］国連総会第一委員会における我が国決議案の採択結果

賛成：一四四

反対：四（北朝鮮、中国、ロシア、シリア）

棄権：二七

（４）部分的核実験禁止条約（Partial Test Ban Treaty, 略称：ＰＴＢＴ）

一九六三年八月五日にアメリカ、イギリス、ソ連との間で調印された核兵器の一部の実験を禁止する条約である。正式名を大気圏内、宇宙空間及び水中における核兵器実験を禁止する条約(Treaty Banning Nuclear Weapon Test in the Atmosphere, in outer Space and under Water)という。地下を除く大気圏内、宇宙空間および水中における核爆発を伴う実験の禁止を内容とする。

一九六三年八月五日にアメリカ、イギリス、ソ連の三国外相によりモスクワで正式調印され、十月に発効した。発効までに一〇八ヵ国（原調印国を含め一一一ヵ国）がこの条約に調印した。一方で、中華人民共和国・フランスを含む十数ヵ国は調印しなかった。

また、地下での核実験は除外されていたため、大国の核開発を抑止する効果は限定的だった。このため、一九九六年九月に包括的核実験禁止条約が国連総会によって採択されたが、二〇一二年現在も未発効である。

（５）包括的核実験禁止条約 Comprehensive Nuclear Test Ban Treaty, 略称：ＣＴＢＴ）は、宇宙空間、大気圏内、水中、地下を含むあらゆる空間での核兵器の核実験による爆発、その他の核爆発を禁止する条約である。一九九六年九月、国連総会によって採択され、日本は一九九六年九月に署名、一九九七年七月に批准した。

二〇一二年二月現在で一八二ヵ国が署名、一五七ヵ国が批准しているが、発効要件国（核兵器保有国を含む四四ヵ国）の批准が完了していないため未発効である。

採択以降、一九九八年五月、インド、パキスタンが核実験を実施、核保有を宣言した。

さらに、朝鮮民主主義人民共和国は二〇〇六年以降、核実験を繰り返しており（北朝鮮核問題）、当条約自体の有名無実化が懸念されている。

（三）留意すべき事項

（1）ニュークリアシェアリング（Nuclear Sharing）

「核兵器の共有」という北大西洋条約機構（ＮＡＴＯ）の核抑止における政策上の概念である。

ＮＡＴＯが核兵器を行使する際、独自の核兵器をもたない加盟国が計画に参加すること、および、特に、加盟国が自国内において核兵器を使用するために自国の軍隊を提供することが含まれている。ニュークリア・シェアリングの参加国は、核兵器に関する政策に対して決定力をもち、核兵器搭載可能な軍用機などの技術・装備を保持し、核兵器を自国領土内に備蓄するもの。**ソ連やその衛星国に配備された核兵器に対応するためにドイツ、イタリア、ベルギー、オランダは自国内にアメリカが所有する核を置いている。四ヵ国共各国の政府がそれぞれ使用権限を持っている。**

ＮＡＴＯ内の核保有国である三カ国（フランス、イギリス、アメリカ）のなかで唯一アメリカだけがニュークリア・シェアリングのための核兵器を提供している。現在ニュークリア・シェアリングを受けている国は、ベルギー、ドイツ、イタリア、オランダである。

平時においては、核兵器非保有国内に備蓄された核兵器は、アメリカ軍により防衛され、核兵器を起動する暗号コードは、アメリカが管理している。有事にあっては、核兵器は参加国の軍用機に搭載され、核兵器自体の管理・監督はアメリカ空軍弾薬支援戦隊(USAF Munitions Support Squadrons)により行われることになっている。（この部隊は、ＮＡＴＯの主作戦基地内で、ホスト国の軍隊と一緒に行動・勤務する。）**戦時に於いて核戦力の行使はＮＡＴＯの総意とされるが、敵地領土への最終的な判断はあくまで核兵器提供国にある。そのため、たとえ他のＮＡＴＯ加盟国全てが同意しても、アメリカかが拒否すれば敵領土へは核兵器は使用できない。**侵略されて領土が敵軍に占領されている場合は逆に、ドイツ、イタリア、ベルギー、オランダで侵略された領土の政府の許可が必要である。

ドイツ国内唯一の核基地がルクセンブルク近郊にあるブューヒェル(Büchel)に存在する。基地内には、ＷＳ３（米空軍用掩蔽シェルター）で装備された一一個の航空機用掩蔽シェルターがあり、核兵器備蓄用に使われている（最大備蓄数は、四四発）二〇発のＢ61核爆弾が備蓄され、ドイツ空軍のトーネードＩＤＳを装備する第33戦闘爆撃戦航空団（JaBoG 33＝Jagd Bomben Geschwader 33）が投下任務にあたっている。

（2）相互確証破壊

相互確証破壊（Mutual Assured Destruction, MAD）とは、核戦略に関する概念・理論・戦略。核兵器を保有して対立する二ヵ国のどちらか一方が、相手に対し核兵器を使用した場合、もう一方の国が先制核攻撃を受けても核戦力を生残させ核攻撃による報復を行う。これにより、**「一方が核兵器を先制的に使えば、最終的に双方が必ず核兵器により完全に破壊し合うことを互いに確証する」**ものである。**理論上、相互確証破壊が成立した二ヵ国間で核戦争を含む直接的な軍事的衝突は発生しない。例えば、米国とソ連の間に相互確証破壊が成立した冷戦後期以降、この二ヵ国間では直接的な軍事力行使は行われていない。**

相互確証破壊成立の要件

「一方の先制核攻撃でもう一方の核戦力が壊滅してしまう状況」では、相互に相手国に届く核ミサイルを持っていても相互確証破壊が成立しているとはいえない。そのため「いかにして敵の先制核攻撃で破壊されずに核攻撃能力を生残させること（生残性）」が相互確証破壊が成立する要件である。

相互確証破壊と「核の傘」

　相互確証破壊が成立した二ヵ国の間においては、核の傘が機能しない可能性が否定できない。日本を例にとれば、冷戦後期に米国・ソ連の間で相互確証破壊が成立したため、ソ

連との関係においては日本に対する米国の核の傘の実効性が問題。

（参考）旧ソビエト連邦、ロシアの自動報復システム

旧ソビエト連邦およびロシアでは、米国の先制核攻撃により司令部が壊滅した場合に備え、自動的に報復攻撃を行えるよう「Dead Hand（死者の手）」と呼ばれるシステムが稼動している。

これはロシア西部山中の基地に一九八四年から設置されているもので、ロシアの司令部が壊滅した場合、特殊な通信用ロケットが打ち上げられ、残存している核ミサイルに対し発射信号を送ることで米国に報復するものである。

中国の相互確証破壊戦略

中国は核戦力の近代化により相互確証破壊の成立を目指しており、二〇二〇年代には**相互確証破壊が成立すると予測されている。この段階で米国、ロシア、中国の間で互いの核の傘が消滅すると見られている。**

（四）現在の国連体制について

現在の国連の英語名称の「unitted nations」は第二次世界大戦における米英側連合軍の名称をそのまま引き継いでおり、全加盟国（二〇一七年五月末現在一九三ヵ国加盟）による国連総会の決議には何ら加盟国を拘束する決定権はなく、唯一、安全保障理事会の決定が全加盟国を拘束する。但し安全保障理事会では米英仏露中の戦勝五ヵ国が常任理事国として拒否権を持ち、その一国でも反対すれば決議は成立しない。これが世界の平和、友好、協力を目指す唯一最大の国際組織「国際連合」の実体である。即ち、

安全保障理事会は一五ヵ国で構成され、アメリカ合衆国、イギリス、フランス、ロシア連邦（一九九一年まではソビエト連邦）、中華人民共和国（一九七一年までは中華民国）の五ヵ国が常任理事国、それ以外の一〇ヵ国は総会で二年の任期で選ばれる非常任理事国である。

各理事国は一票を有し、手続事項に関する決定は一五理事国のうち少なくとも九理事国の賛成投票によって行われるが、実質事項に関する決定は、五常任理事国の同意投票を含む九理事国の賛成投票によって行われる（国連憲章二十七条）。

これは、常任理事国の一ヵ国でも反対投票を投じれば決議は否決されるため、常任理事国は拒否権を有していることになる。すべての国連加盟国は、安保理の決定を受諾・履行することに同意しており（憲章二十五条）、国連の中でこのように履行義務を伴う決定をなし得るのは安保理のみである（総会等の決議は勧告的効力にとどまる）。

常任理事国の拒否権行使により、安全保障理事会は国際社会の平和の維持や回復のためには機能していないと云われ、国連改革特に安全保障理事会改革の必要性が長年議論されてきているが具体的な成果は現在挙がっていない。

第二次世界大戦の旧枢軸国（日本、独、伊等）を指す敵国条項も総会の削除決議等あるものの、依然条文（五十三条、一〇七条）として現存しており、日本の北方領土問題に関連してロシア外相が敵国条項（一〇七条）に依拠してロシア領有の正当性を主張するなど現在も問題を惹起している。

（注1）五十三条は第一項前段では地域安全保障機構の強制行動・武力制裁に対し国際連合保障理事会（安保理）の許可を取り付けることが必要であるとしている。
しかし、第五十三条第一項後段（安保理の許可の例外規定）は、「第二次世界大戦中に連合国の敵国だった国」が、戦争により確定した事項を無効に、または排除した場合、国際連合加盟国や地域安全保障機構は安保理の許可がなくとも、当該国に対して軍事的制裁を課すことが容認され、この行為は制止できないとしている。
（注2）一〇七条は旧敵国の行動に対して責任を負う政府が戦争後の過渡的期間の間に行った各措置（休戦・降伏・占領などの戦後措置）は、憲章によって無効化されないというものである。

なお、国連の経費分担率は次の通りで、分担率は専門家から成る分担金委員会の勧告に基づいて、総会が承認する。分担率は基本的に加盟国の支払能力（全世界のＧＮＰに占める加盟国の割合等）を考慮して決められる。但し最大二二％で打ち止め。日本は米国に次いで二位、常任理事国のロシアはブラジル、イタリアに次いで九位である。二〇一七年の分担金総額は二五億七八二〇万ドルである。

2017年の分担率上位10ヵ国

	国	分担率（%）
1	アメリカ合衆国	22.000
2	日本	9.680
3	中国	7.921
4	ドイツ	6.389
5	フランス	4.859
6	イギリス	4.463
7	ブラジル	3.823
8	イタリア	3.748
9	ロシア	3.088
10	カナダ	2.921

（五）日本核武装の必要性

前述の様に二〇二〇年代に米国、ロシア、中国の間に相互確証破壊が成立し、米国の核の傘はロシア、中国に対して機能しない。

ニュークリア・シェアリングにしても核兵器の最終使用については核の提供国である米国の承認が必要であり、相互確証破壊の成立しているロシア、中国には機能しない。

国際平和と安全の維持を第一の目標として設立された国際連合、その唯一の決定機関である安全保障理事会の現状は先に見た通り、米・英・露・中・仏の五常任理事国の保有する拒否権行使により機能不全である。

プーチン露大統領の独裁体制の続くロシア、一党独裁の共産主義中国、金王朝体制の北朝鮮の核保有三か国と隣接する日本は自らの文明と独立を担保するため、独自に核武装する道を選択するしかない。

（注1）英国エコノミスト誌の調査部門エコノミスト・インテリジェンス・ユニットが発表する世界の民主主義度ランキング二〇一六ではノルウェーを一位として英国一六位、日本二〇位、米国二一位、フランス二四位で、ロシアは一三四位、中国一三六位で最低の一六七位は北朝鮮で、ロシア、中国、北鮮は三国共に独裁政治体制の分類に入っている。日本はまさにこれら核保有専制国家と隣接しているのである。

（注2）米国の「核の傘」の有効性について米国要人の次の発言は注視さるべきである。ヘンリー・キッシンジャーは「超大国は同盟国に対する核の傘を保証するため自殺行為をするわけはない」と語っている。

CIA長官を務めたスタンスフィールド・ターナーは「もしロシアが日本に核ミサイルを撃ち込んでも、アメリカがロシアに対して核攻撃をかけるはずがない」と断言している。

カール・フォード元国務次官補は「自主的な核抑止力を持たない日本は、もし有事の際、米軍と共に行動していてもニュークリア・ブラックメール（核による脅迫）をかけられた途端、降伏または大幅な譲歩の末停戦に応じなければならない」という。

（注3）サミュエル・ハンチントンは世界的ベストセラー『文明の衝突』（二〇〇〇年二月、集英社刊、二八七～二八八頁）において「韓国人の多くは北朝鮮の爆弾を朝鮮の爆弾だと考えている。それはもう一つの朝鮮に発射されることはなく、日本や他の国からの脅威にたいし、朝鮮の独立を守るために利用されると思っている。韓国の役人も軍人も、核使用能力を備えた統一朝鮮の実現を望むと公言している。」と述べている。

人口統計と家族構造に基づく分析を行っている**エマニュエル・トッド**（フランス人口統計学者、一九七六年、最初の著作で一〇～三〇年以内でのソ連邦崩壊＝一九九一年を予測。根拠は女性の識字率の向上に伴う出産率の低下、他方、低下していた乳児死亡率が一九七〇年より上昇した事実より崩壊を予想、適中させた。）は、二〇〇六年十月、朝日新聞のインタビューにおいて、「核兵器は偏在こそが怖い。広島、長崎の悲劇は米国だけが核を持っていたからで、米ソ冷戦期には使われなかった。インドとパキスタンは双方が核を持った時に和平のテーブルについた。中東が不安定なのはイスラエルだけに核があるからで、東アジアも中国だけでは安定しない。日本も持てばいい。」と述べ、日本の核武装を提言した。

さらにトッドは、「核を持てば軍事同盟から解放され、戦争に巻き込まれる恐れはなくなる」と指摘する。また、被爆国である日本が持つ核への国民感情については、「国民感情はわかるが、世界の現実も直視すべき」とした。フランスの核武装については、何度も侵略されてきたことが最大の理由とし、「地政学的に危うい立場を一気に解決するのが核だった」と指摘した。

日本が核兵器を持った場合に派生する中国とアメリカと日本との三者関係については、「日本が紛争に巻き込まれないため、また米国の攻撃性から逃れるために核を持つのなら、中国の対応はいささか異なってくる」との見通しを出した上で、「核攻撃を受けた国が核を保有すれば、核についての本格論議が始まり、大きな転機となる」と指摘した。

トッドは二〇一八年来日時、『文藝春秋』七月号に「日本は核を持つべきだ」の持論を発表し、「米朝交渉は茶番劇にしかならず、核は自国防衛以外に用途はなく、米国の核の傘はフィクションに過ぎない。」と主張。同じく二〇一八年『正論』七月号で「戦争は勢力均衡のシステムが失われた時起こり、日本の核武装は抑止力が利いて開戦を不可能にする」と断定した。

他方、ヨーロッパ最高の知性と云われる**ジャック・アタリ**（ヨーロッパ復興開発銀行初代総裁―一九九〇年）はベストセラー「**21世紀の歴史**」（二〇〇八年、作品社刊）において「二〇三五年頃、アメリカは凋落、各国家は弱体化、国籍を超えた「超帝国」が誕生、人類が消滅しかねない「超紛争」の危機を経て、二〇六〇年頃に新たな勢力となる利他主義者＝世界市民による「超民主主義」が生まれる」と予見し、更に同著で「北朝鮮はその政治体制を不安定にする企てから身を守るため、七〇〇〇キロメートルの射程距離をもつ弾道ロケットを配備する。

日本も日本に向けて放つ可能性のある核攻撃から身を守るため同タイプの核兵器を配備する。日本が核兵器を配備するための準備期間はその決定がなされてから四ヵ月あれば十分である。」と述べている。

東京工業大学先導原子力研究所の澤田哲生助教授は、「核弾頭を一個だけ造るなら、三ヵ月、三億円あれば、技術的には可能」と明言する。また「小型衛星打ち上げに使われる日本独自のイプシロンロケットなどの多層式ロケットを弾道ミサイルに即転用出来る」と云う。

問題は日本の将来を見据え国民世論を醸成する強い政治指導力である。

第二次大戦後、米国は日本に二度と米国に反抗しないよう自ら作った平和憲法を日本に押し付け、更に徹底したウォー・ギルト・インフォメーション・プログラム（War Guilt Information Program, 略称：ＷＧＩＰ）「戦争についての罪悪感を日本人の心に植えつけるための宣伝計画」を実施し、敗戦に打ちひしがれた日本人を戦争忌避の一種の「平和ボケ」にしたのである。

これはもし日本が戦争に勝っておれば米国民に対して、同様な措置を講じたであろうと思えば理解し易い。

こうした戦後経緯を背景に敗戦後、七〇年以上経った現在でも日本人の「平和ボケ」は依然変わらず、例えば核戦争に対する防御措置としての**人口当たり核シェルター普及率の世界各国比較（日本核シェルター協会調査）**を見れば日本の特異性は際立っている。

- スイス　一〇〇％
- イスラエル　一〇〇％
- ノルウェー　九八％
- アメリカ　八二％

・ロシア　七八％
・イギリス　六七％
・シンガポール五四％
・日本　〇・〇二％
・韓国ソウル市　三〇〇％

スイスの核シェルター事情について川口マーン恵美著『世界一豊かなスイスとそっくりな国ニッポン』（二〇一六年十一月、講談社刊）は次の様に（一部要約）述べている。

「一九六〇年より二〇一一年までスイスの家は必ず地下に核シェルター設置が義務付けられ、かつ非常食、衛生設備、酸素ボンベを完備し、二週間は生活できる定めで、自治体の見回りがあった。二〇一二年から法律が改正され、自治体に一五〇〇スイスフランを払って、最寄りの公共シェルターに家族分のスペースを確保すれば、自宅に設置しなくてよくなった。公共シェルターは全国に五〇〇〇基あまり、病院や学校といった公共の建物の地下にあるシェルターと合わせると、その数は三〇万基にのぼり、全人口の一一四％が収容可能という」。

日本人の「**平和ボケ**」は、これ以外のその他でそっくりと云われるスイスと比較し、正にここに極まった感がある。

(六) 日本核武装の意義

(1) 日本国民の自立自存意識の高揚

ロシア、中国、北朝鮮等の独裁専制体質の核武装国に囲まれ、自国の防衛を最終的にアメリカの核に依存するのでは、何時まで待っても日本国民の自立自存の意識は希薄である。日本核武装により国民の自立自存の意識は確立し、周辺の核武装国との未解決の諸問題解決への対話がここに初めて促進される。

(2) 核廃絶、核軍縮への核保有国間の対話本格化が促進

第二次世界大戦の唯一の核攻撃被害国日本の核武装は、講和条件交渉中の日本に史上初の核攻撃（広島原爆投下一九四五年八月六日）した米国、日ソ中立条約を破り、米国の広島原爆投下直後の日本に宣戦布告（一九四五年八月八日）し、満州に侵攻したソ連、日中戦争の発端となった盧溝橋事件を画策誘発、その後内戦に勝利した共産中国、これら核武装三国と英、仏、インド、パキスタン、イスラエル、北朝鮮等を合わせた核保有八ヵ国等との核廃絶に向けての本格論議が国際的に初めて促進される。

二十一世紀の人類が自他共栄の繁栄への道を歩むのか、核による生物荒廃への悲惨な道を辿るのか、正に現在の人類はその岐路に立っている。

米国による広島、長崎の原爆投下により、非戦闘員である無辜の民、広島一四万人、長崎七万四〇〇〇人が投下年内に犠牲となった。被害国日本の核武装と主導により戦後七〇

年経って何ら明るい成果のない核兵器廃絶への本格的展開が期待できる。

日本は先ず敗戦直後、米国に押し付けられた憲法を改正し、非核三原則（核兵器をもたず、つくらず、もちこませず）を撤廃し、ＮＰＴ（核兵器不拡散条約）より脱退し、早急に核武装すべきである。四方海に囲まれ、土地狭小な日本は、英国と同様な原子力潜水艦による核ミサイル防衛攻撃態勢を目指すのが妥当と思われる。（核抑止力としての原子力潜水艦は最低四隻保有と云われ、二隻は常時遊弋、一隻は整備、一隻は訓練用に充当―『核武装が日本を救う』水島総編、平成二十三年、青林堂刊）。

（注１）英国は核弾頭付きのトライデント・ミサイルを搭載した四隻のヴァンガード級原子力潜水艦を保有。核抑止に基づいて冷戦中に計画、建造。外洋に一隻の潜水艦を出撃展開、残りの三隻はそれぞれ待機、修理、訓練をシフトし、絶えることのない核抑止力を維持。また、それぞれの潜水艦はトライデントⅡＤ-５弾道ミサイル一六発を搭載でき、ミサイル一発あたり最大一二基の核弾頭を内包できるので潜水艦一隻あたり最大一九二基の核弾頭搭載可能、現実には四八基搭載。

（注２）国際連合総会（一九九四年）による「核兵器による威嚇又はその使用は国際法の下のいかなる状況においても許されるか」という諮問に対して一九九六年七月八日に勧告

的意見を下した国際司法裁判所の判例は、「核兵器の威嚇または使用は一般的に武力紛争に適用される国際法の規則、特に人道法の原則や規則に違反するであろう」としながらも、「国家の存亡そのものが危険にさらされるような、自衛の極端な状況における、核兵器の威嚇または使用が合法であるか違法であるかについて裁判所は最終的な結論を下すことができない」とした。

核武装への致命的な技術的、経済的問題は日本には存在しない。問題は日本に近接する独裁専制国家・ロシア、中国に対応して、中国に対しても相互確証破壊認識が成立し有効期限切れ明白な「アメリカの核の傘」に猶も依存するのか、その近いそして確実な期限切れの将来を見越して、今から自主独立の核武装への道を選択するのか、日本国民の意思とそれを醸成する強力な政治指導力が待望される。

そして日本核武装には、まず米国の同意が必要であり、日本と近接する核武装国ロシア、中国の反応が問題である。核拡散を基本的に排除する米国が、日本核武装を認めるのは中国、ロシア、北朝鮮の核武装専制国家への対抗であり、東アジア地域の安定の為、米国の関与を日本に肩代わりさせることが米国の利益と判断した場合である。アメリカ、ファーストを掲げ、世界の警察国家の役割の肩代わりを求めている現状が一つの機会であろう。

ロシア、中国、北朝鮮に対しては日米の緊密な連携を背景に根気よく対応を続けるしかない。何よりも基本的に一番肝要な事は、日本国民の自主独立、世界平和確立への強い意志であり、このままの現状推移では地球、人類の危機は去らないとの強い危機感である。強力な政治指導力、環境の変化、多少の時間も必要とするだろう。

特別検討（六）「日本核武装について」の参考文献

『日本核武装の論点』中西輝政編、二〇〇六年九月、PHP研究所刊
『日本核武装』中島尚志著、二〇〇三年六月、はまの出版刊
『日本核武装計画』田母神俊雄著、平成二十五年九月、祥伝社刊
『核武装が日本を救う』水島総編、平成二十三年十月、青林堂刊
『日本核武装再論』兵頭二十八著、二〇〇四年一月、並木書房刊
『日本核武装の選択』中川八洋著、二〇〇四年十月、徳間書店刊
『中国の核戦力に日本は屈服する』伊藤貫著、二〇一一年二月、小学館刊
『文明の衝突』サミュエル・ハンチントン著、鈴木主税訳、二〇〇〇年二月、綜合社刊
『21世紀の歴史』ジャック・アタリ著、林昌宏訳、二〇〇九年五月、作品社刊
『世界一豊かなスイスとそっくりな国ニッポン』川口マーン恵美著、二〇一六年十一月、講談社刊
『文藝春秋』二〇一八年七月号、エマニュエル・トッド（インタビュー）
『正論』二〇一八年七月号、エマニュエル・トッド（インタビュー）

総括（結語）
「二十一世紀、地球・人類の危機と日本文明の役割・展望」

二十一世紀は地球・人類の危機の世紀と云われ、この危機の元凶は人類の経済活動を主因とする温室効果ガスの増加による地球温暖化であり、いま一つは核兵器の増強と拡散である。

地球温暖化については「今後二〇～三〇年間の緩和努力が大きな影響力を持つ」「気候変動に対する早期かつ強力な対策の利益は、そのコストを凌駕する」と明言されており、現状よりも大規模かつ早急な対策の必要性が指摘されている（ＩＰＣＣ―国連気候変動に関する政府間パネル（Intergovernmental Panel on Climate Change）第四次評価報告書 第三作業部会報告書）。

更に国連ＩＰＣＣは二〇一九年八月、「温暖化に伴う旱魃などの増加で二〇五〇年には穀物価格が最大二三％上がる恐れがあり、食料不足や飢餓のリスクが高まる」と予測した特別報告書を公表した。

またスターン報告書（二〇〇六年十月にイギリス政府の要請を受け、経済学者ニコラス・スターン卿(Sir Nicholas Stern）によって発表された地球温暖化（気候変動）に関する報告書）では、何も対策しない場合の被害予測として「今世紀半ばには、嵐や洪水、旱魃、熱波などの極端な気象現象によるものだけで被害額がＧＤＰの〇・五～一％に達し、温暖化が続けばなおも増加する。そして五～六℃の温暖化が発生し、世界がＧＤＰの約二〇％に相当する損失を被るリスクがある。」と記している。

全世界の先進国、発展途上国共々、一致して地球温暖化対策に早期かつ強力に対処する必要がある。

この地球温暖化防止のため国連気候変動枠組条約が一九九四年に発効し、その具体化の為、先進国の排出削減目標を決めた京都議定書が二〇〇五年に発効したが、二〇〇一年米国が不参加（賛成のクリントン政権より反対のブッシュ政権に移行）を表明、更に後進国を含めた全ての国の排出削減目標を定め、二〇一六年に発効したパリ協定に、米国は二〇一七年に離脱（賛成のオバマ政権より反対のトランプ政権に移行）を表明した。中国に次いで世界第二位の温室効果ガス排出国である米国が、時の政権支持基盤の動向に左右され、この地球の大問題に一貫した政策対応が執れていないのである。

核兵器の増強と拡散の現況はどうか。「特別検討（六）―日本核武装について」で述べたように現在（二〇一五年）、世界九ヵ国（米・露・仏・中・英・パキスタン・印度・イスラエル・北朝鮮）が総数一五七〇〇発の核兵器を保有し、数分で発射可能な「高い警戒態勢」（ハイアラート）状態に置かれているものが米ロ合わせて約一八〇〇発もある。

二〇一八年十月、米国トランプ大統領は核増強を続ける露・中に対抗するため米の核兵器を増強すると宣言した。ロシアが条約に違反し、ミサイルの配備を進めていると批判し、米国が旧ソ連との間で結んだ中距離核戦力（ＩＮＦ）廃棄条約を破棄する意向を表明した。条約の制限を受けずに戦力増強を進める中国に対抗する狙いもある（この後、ＩＮＦ廃棄条約は二〇一九年八月失効）。こうして米・露・中の核兵器の三大国は更なる核兵器の増強に邁進する現況である。

核兵器の拡散については、核兵器不拡散条約の認めた米・露・英・仏・中の五核保有国以外の核保有国であるインド・パキスタン・イスラエルは核兵器不拡散条約に加盟していない。北朝鮮は当初、加盟していたが現在脱退している。核兵器の小型化、ドローンによる攻撃など核拡散のリスクは止め処がない。

こうした地球の危機、人類の危機に本来一致して対策を検討し対処すべき国連は、その総会に何ら決定権は無く、国連総会の決議は勧告的効力に止まり、唯一国連加盟国を拘束する決定権を持つのは、核五大国の米・英・仏・露・中が常任理事国であり、各々が拒否権を持つ安全保障理事会の決定のみである。

こうして第二次大戦戦勝国の地歩にたつ核五大国の各々の利害と思惑が絡む拒否権行使により国連は機能不全に陥っている。国連機構、運営方式の抜本的改革が叫ばれている所以である。

端的に云えば温室効果ガスによる地球温暖化に由来する様々な異常現象（氷河・氷床・

永久凍土の融解、海面上昇、また洪水、旱魃、大型台風、ハリケーン、山火事の多発等）による地球・人類の危機への一致した持続的対応の欠如であり、核武力の際限なき増強競争による地球・人類の危機の招来である。

二十一世紀の現在の我々の置かれた此の状況は本書『日本文明論』の「人類の未来展望―第二部第二章」で述べた天の川銀河に於ける地球外高度文明の数（米のフランク・ドレイクは一〇、日本の北大の倉本圭教授はドレイクの五〇年後の現在の知見を基礎に三〇〜一二五と予見）の多さに比し、接触が皆無である矛盾、所謂「フエルミの逆説」（地球外文明の存在の可能性の高さと、そのような文明との接触の証拠が皆無である事実の間にある矛盾）の答えの、

1、高度知的生命体は地球以外に存在しない。

2、存在するが人類が気づいていないか、接触が実現していない。

3、天体間の通信・移動を行い得る文明レベルに達した知的生命体の社会は、高度に発展した所有技術と生命体個体の本能的欲望の不均衡により僅かな期間（一〇〇年単位）で自滅して果てる。

のまさに3の状況そのものであり、地球温暖化対応のテンポの遅さと足並みの乱れ、核兵器の際限なき増強競争はここまで高度に発展した太陽系第三惑星・地球文明の終末を予感させる。まさに二十一世紀の百年間は決定的な運命の世紀であり、このあと八〇年程のわ

れわれの動向が地球・人類の命運を決定すると云えよう。

この枢要な段階で我々は、大自然への畏怖と他との共存共栄を根幹とし、世界最古の磨製石斧を発明使用し、世界で唯一日本でしか発見されていない仲間との共同作業遺跡である環状ブロックと落とし穴遺跡を有する日本の縄文先行文明（四万年前〜一万六五〇〇年前）と世界最古の煮炊き用土器を発明使用し、狩猟採集にして人類初の定住社会を実現し、自然との共生の下、平和裏に一万年以上の長きに亘って存在した縄文文明（一万六五〇〇年前〜三〇〇〇年前）を祖とする日本文明の価値を再認識し、世界に強く広く訴えるべきではないのか。

それこそこの危機の段階に生を受けた我々世代の日本人の天与の義務ではないのか、私は宇宙創成から現代に至る地球、人類の歴史を通観し、「自然への畏怖と共生」「八紘一宇」「和による自他共栄」の日本文明の理念の世界への浸透と共有こそが、二十一世紀の地球と人類の破局的事態を回避する根本的方策だと確信する。

一宇＝一家であれば弱者、貧者の救済は当然の事、常に争乱の因である格差是正に国際的対応が促進され、共存共栄の目的達成の為、核兵器を含む軍備増強の資金は地球温暖化の主因である温室効果ガス削減対策費用に充てられる。

こうした今後の世界に必須の貴重な伝統を持つ一国一文明の日本は、現在、露・中・北朝鮮の核保有の専制国家に隣接し、無法の脅威を受けており、日本はその尊厳と生存の為に、早急に自存自立の核武装を検討すべきである。

第二次大戦、唯一の被核攻撃国である日本の核武装は、ソ連邦崩壊を予測・的中させたフランスの人口統計学者エマニュエル・トッドの指摘の如く、戦後七十余年、一向に進まず、むしろ逆行の道を進んでいる核軍縮促進、更に廃絶への転機となろう。

我々は世界の現実と将来を考察し、日本の立場と役割を認識し、今や速やかにかつ慎重に行動すべき時である。

二十一世紀の世界が日本文明の理念に共感し、今後、平和と繁栄への道を歩むことを願ってやまない。

二〇一八年五月、紀寿（百歳）を迎えた中曽根康弘（第七十一代、七十二代、七十三代、内閣総理大臣。同氏は日米同盟の破棄に備え、日本核武装準備を主張）は談話を発表し、改めて憲法改正の必要性を訴えるとともに「暮れてなお命の限り蝉しぐれ」と祖国日本への熱き思いを語っているが、二〇一九年八月に米寿（数えベース）を迎えた私（高木勲）も「暮れかけて命の限り蝉しぐれ」で祖国日本の隆盛と世界平和体制の構築を願って、今後共、微力ながら精一杯の努力を重ねていきたい。

あとがき

西暦二〇一〇年（平成二十二年）三月、平城遷都一三〇〇年祭を記念して、会社業務の傍ら、二十年に亘り実地調査を含め、色々調べてきた資料を纏め、『阿倍仲麻呂―最初の国際文化人・千三百年の事績』をレーヴック社より自費出版（定価二〇〇〇円、三〇〇部）した。

幸い、全国の有力書店を中心に一年程で完売し、現在（二〇一九年）はアマゾン等で、その古本が思いがけない高値で取引されている様である。

実はその出版の前後に、梅棹忠夫氏の『文明の生態史観』を読み、その俯瞰的、独創的史観に感銘を受け、次の著作はこの氏の著作の正鵠性を何とか少しでも明らかにしたいという考えを持った。これにより第二次世界大戦敗戦後、戦後七十余年に亘って自信喪失気味の日本人に少しでも精神的活を入れられるのではと考えた。

そして自説の正当性確認の為、傍ら自身の知的興味もあり、人類の歴史を辿り（本書第二部―実はその前に宇宙創成から生物進化までの歴史があったが紙数の関係で本著では割愛〝但し本文末尾「参考文献」には記載）、次いで日本列島の形成と特質、日本人の生い立ちと歴史を辿り（本書第三部）、その上で、本書第一部記載の日本文明論諸説、日本、西欧の平行進化、特質、背景、示唆事例等を纏めた。

導入部としての序論では、二十一世紀初頭において、その国の文明到達度を示す指標としての世界トップクラスの平均寿命、健康寿命、真の富裕度を示す一人当たり包括国富を獲得した日本を紹介し、その背景にある固有文明を探るとした。

なお第三部での特別検討（一〜六）は、元寇、秀吉の朝鮮出兵という中世、近世における二大対外戦乱と共に、身近でもあり、個別歴史事項の検討を省略した江戸時代より現代に至る大問題として「鎖国問題」「靖国神社、東京裁判、大東亜戦争問題」「日本核武装問題」等について検討したものである。

先の自著『阿倍仲麻呂―最初の国際文化人・千三百年の事績』は丁度、私の喜寿出版の書となった。今般の著書『日本文明論』が本検討スタート時の目論見通り、私の米寿出版の書として日の目を見ることを願っている。

令和元年（二〇一九年）八月

高木　勲

参考文献（特別検討「一〜六」についての参考文献は、各検討末尾に記載した）

序論

『ホントは世界で一番豊かな国　日本』福島清彦著、平成二十五年九月、金融財政事情研究会刊
『日本経済の質はなぜ世界最高なのか』福島清彦著、二〇一六年二月、ＰＨＰ研究所刊
『21世紀の日本最強論』文藝春秋編、二〇一五年四月、文藝春秋刊
『世界一豊かなスイスとそっくりな国日本』川口マーン恵美著、二〇一六年十一月、講談社刊
『人口と日本経済』吉川洋著、二〇一六年十二月、中央公論新社刊
『人口から読む日本の歴史』鬼頭宏著、二〇〇一年三月、講談社刊
『人口蒸発「５０００万人国家」日本の衝撃―人口問題民間臨調調査報告書』
「日本再建イニシアティブ」著、二〇一五年六月、新潮社刊

第一部　日本文明論諸説、平行進化、特質、背景、示唆事例

第一章　日本文明論諸説

参考文献

『文明の生態史観』梅棹忠夫著、一九九二年八月、中央公論社刊
『文明の生態史観はいま』梅棹忠夫編、二〇〇一年三月、中央公論新社刊
『近代世界における日本文明』梅棹忠夫著、二〇〇〇年七月、中央公論新社刊
『日本とは何か―近代日本文明の形成と発展』梅棹忠夫著、二〇〇〇年十一月、日本放送出版協会刊
『日本文明77の鍵』梅棹忠夫編著、平成十七年四月、文藝春秋刊
『日本文化の構造』梅棹忠夫、多田道太郎編、昭和四十七年五月、講談社刊
『日本文化と世界』梅棹忠夫、多田道太郎編、昭和四十七年六月、講談社刊
『梅棹忠夫―地球時代の知の巨人』文芸別冊、二〇一一年四月、河出書房新社刊
『日本とは何か』堺屋太一著、一九九一年十一月、講談社刊
『日本文明とは何か―パクス・ヤポニカの可能性』山折哲雄著、平成十六年十一月、角川書店刊
『日本文明論への視点―われら何処より来たり、何処へ往くか』遠藤浩一編、平成二十四年六月、展転社刊
『日本文明の謎を解く―21世紀を考えるヒント』竹村公太郎著、二〇〇四年二月、清流出版刊
『文明の海洋史観』川勝平太著、一九九九年九月、中央公論社刊

『文明の環境史観』安田喜憲著、二〇〇四年五月、中央公論新社刊
『文明の多系史観』村上泰亮著、一九九八年七月、中央公論社刊
『文明の交流史観』小林道憲著、二〇〇六年二月、ミネルバ書房刊
『文明の技術史観』森谷正規著、一九九八年六月、中央公論社刊
『国民の文明史』中西輝政著、平成十五年十二月、扶桑社刊
『国民の歴史』西尾幹二著、平成十一年十月、扶桑社刊
『文明論—文明興亡の法則』岸根卓郎著、一九九六年十一月、東洋経済新報社刊
『世界五大文明衰亡の謎』大澤正道著、平成四年七月、日本文芸社刊
『比較文明』伊東俊太郎著、一九八九年四月、東京大学出版会刊
『日本比較文明論的考察1～3』アイゼンシュタット著、梅津順一、柏岡富英、
常行敏夫訳、二〇一〇年六月、岩波書店刊
『森から生まれた日本の文明—共生の日本文明と寄生の中国文明』黄文雄著、
二〇一〇年三月、ワック（株）刊
『日・韓・中三国の比較文化論』王少鋒著、二〇〇七年三月、明石書店刊
『ヨーロッパ文化と日本文化』ルイス・フロイス著、岡田章雄訳注、
二〇一〇年八月、岩波書店刊
『日本文化論』梅原猛著、二〇〇九年九月、講談社刊

『日本文化史』家永三郎著、二〇〇六年六月、岩波書店刊
『日本文化の歴史』尾藤正英著、二〇〇〇年五月、岩波書店刊
『文明の宿命』西部邁、佐伯啓思、富岡幸一郎編、二〇一二年一月、NTT出版
『日本教について』イザヤ・ベンダサン著、山本七平訳、昭和四十八年二月、文芸春秋刊
『人類文明の秘宝・日本』馬野周二著、一九九一年四月、徳間書店刊
『日本文明世界最強の秘密』増田悦佐著、二〇〇八年三月、PHP研究所刊
『日本文明の真価』清水馨八郎著、平成十一年八月、祥伝社刊
『文明の衝突』ハンチントン著、鈴木主税訳、二〇〇〇年二月、集英社刊
『文明の衝突と21世紀の日本』ハンチントン著、鈴木主税訳、
二〇〇一年十一月、集英社刊
『引き裂かれる世界』ハンチントン著、山本瑛子訳、
二〇〇二年十一月、ダイヤモンド社刊
『The Nature of Civilizations』Matthew Melko著、一九六九年、Porter Sargent Publisher
『歴史の終わり』（上・下）フランシス・フクヤマ著、渡辺昇一訳、
一九九二年四月（上）、二〇〇五年六月（下）三笠書房刊
『信無くば立たず』フランシス・フクヤマ著、加藤寛訳、一九九六年四月、三笠書房刊
『帝国以後―アメリカ・システムの崩壊』エマニュエル・トッド著、石崎晴己訳、

『「帝国以後」と日本の選択』二〇一二年五月、藤原書店刊
『武士道』新渡戸稲造著、須知徳平訳、二〇〇四年二月、講談社刊
『日本人論―日本人だけがもつ「つよみ」とは何か?』渡部昇一著、二〇一六年七月、扶桑社刊
『かくて歴史は始まる―逆説の国・日本の文明が地球を包む』渡部昇一著、平成四年十一月、クレスト社刊
『よく考えてみると、日本の未来はこうなります。』日下公人著、二〇〇六年十月、ワック(株)刊

第二章　日本と西欧の平行進化について

『江戸のスーパー科学者』中江克己著、二〇一三年八月、宝島社刊
『新井白石と裁判―日本の司法のアイデンティティーを求めて』山口繁著、二〇〇三年二月、西神田編集室刊
『江戸時代の遺産―庶民の生活文化』スーザン・B・ハンレー著、指昭博訳、一九九〇年四月、中央公論社刊
『紳士道と武士道―日英比較文化論』トレバー・レゲット著、一九九五年一月、サイマル出版会刊

『徳川時代の宗教』Ｒ・Ｎベラー著、池田昭訳、二〇一四年五月、岩波書店刊

第三章　日本文明の特質

『宗教年鑑』https://www.bunka.go.jp/tokei_hakusho_shuppan/hakusho_nenjihokokusho/shukyo_nenkan/pdf/h28nenkan.pdf
『宗教の比較文明学』梅棹忠夫他編、一九九三年三月、春秋社刊
『現代日本人の意識構造』ＮＨＫ放送文化研究所編、二〇一五年二月、ＮＨＫ出版刊
『現代日本人の宗教』石井研士著、二〇〇七年四月、新曜社刊
『日本人なら知っておきたい神道』武光誠著、二〇〇四年八月、河出書房新社刊
『日本人なら知っておきたい仏教』武光誠著、二〇〇六年七月、河出書房新社刊
『仏教経典の世界―総解説』一九九八年一月、自由国民社刊
『天皇と日本の起源』遠山美都男著、二〇〇三年二月、講談社刊
『世界の王室うんちく大全』八幡和郎著、二〇一三年六月、平凡社刊
『徳川時代の宗教』Ｒ・Ｎベラー著、池田昭訳、二〇一四年五月、岩波書店刊
『英国人記者が見た世界に比類なき日本文化』ヘンリー・ストークス、加瀬英明共著、二〇一六年一月、祥伝社刊

第五章　纏向遺跡の示唆するもの＝「国譲り伝説」

『纏向から伊勢・出雲へ』黒田龍二著、二〇一二年二月、学生社刊

『平成の大遷宮から日本の古代へ―伊勢、出雲、纏向、日本誕生の謎』

　ＴＢＳテレビ、「世界、ふしぎ発見」、平成十三年十二月放映

第二部　人類誕生と進化の歴史及びその未来展望

『インフレーション宇宙論』佐藤勝彦著、二〇一〇年九月、講談社刊

『泡宇宙論』池内了著、一九九五年八月、早川書房刊

『宇宙進化の謎』谷口義明著、二〇一一年五月、講談社刊

『始まりの科学』矢沢サイエンス・オフィス編、

　二〇〇七年九月、ソフトバンク　クリエイティブ刊

『重力で宇宙を見る』二間瀬敏史著、二〇一七年十月、河出書房新社刊

『宇宙はなぜこのような宇宙なのか』青木薫著、二〇一三年七月、講談社刊

『宇宙史１３７億年の大事件ファイル―ビッグバンから地球誕生まで』

　「Ｎｅｗｔｏｎムック」二〇〇六年九月、ニュートンプレス刊

『宇宙の不思議なはじまりそして地球と生命』「Ｎｅｗｔｏｎムック」

　二〇一〇年五月、ニュートンプレス刊

『広い宇宙に地球人しか見当たらない50の理由―フェルミのパラドックス』ウェッブ著、松浦俊輔訳、二〇〇四年十月、青土社刊
『今世紀で人類は終わる?』マーティン・リース著、堀千恵子訳、二〇〇七年五月、草思社刊
『宇宙・地球・生命脳100億年の旅』立花隆著、一九九九年六月、朝日新聞社刊
『生命と地球の共進化』川上紳一著、二〇〇〇年五月、日本放送出版協会刊
『生命と地球の歴史』丸山茂徳、磯崎行雄著、一九九九年十月、岩波書店刊
『人類進化の700万年』三井誠著、二〇〇五年九月、講談社刊
『ヒトの進化700万年史』河合信和著、二〇一〇年十二月、筑摩書房刊
『絵でわかる人類の進化』斎藤成也編、二〇〇九年十二月、講談社刊

第三部　日本文明の生成と発展

第一章　日本列島の形成と特質

『日本列島の形成』平朝彦・中村一秋編、一九八六年七月、岩波書店刊
『プレート・テクトニクス―その新展開と日本列島』新妻信明著、二〇〇七年九月、共立出版刊
『日本列島の誕生』平朝彦著、一九九四年三月、岩波書店刊

『日本列島の歴史』糸魚川淳二著、昭和五十一年十一月、講談社刊
『変動する日本列島』藤田和夫著、一九八五年六月、岩波書店刊
『日本の地形―特質と由来』貝塚爽平著、二〇一〇年七月、岩波書店刊
『地震・プレート・陸と海』深尾良夫著、二〇〇〇年四月、岩波書店刊
『地球・海と大陸のダイナミズム』上田誠也著、一九九八年十月、日本放送出版協会刊

第二章　第一節　日本列島居住民の到達と旧石器時代の遺跡

『日本人になった祖先たち』篠田謙一著、二〇〇九年三月、日本放送出版協会刊
『アフリカで誕生した人類が日本人になるまで』溝口優司著、
　　二〇一一年十月、ソフトバンククリエイティブ刊
『日本人の源流』斎藤成也著、二〇一八年一月、河出書房新社刊

第二章　第二節　縄文時代の概要

『縄文文明の発見』梅原猛、安田喜憲編著、一九九五年十一月、ＰＨＰ研究所刊
『縄文文化が日本人の未来を拓く』小林達雄著、二〇一八年四月、徳間書店刊
『世界史の中の縄文文化』安田喜憲著、平成十六年十一月、雄山閣刊
『縄文時代の歴史』山田康弘著、二〇一九年二月、講談社刊

高木　勲

香川県丸亀市出身。昭和31年、東京大学経済学部卒。
八幡製鉄（現・日本製鉄）入社、同社および関連会社を経て
裁判所調停委員、司法委員を務める。
著書『阿倍仲麻呂―最初の国際文化人・千三百年の事績』
（レーヴック社。2010年3月刊）

日本文明論

―日本人に訴える、もっと自信と誇りを―

2020年3月30日　初版第1刷発行

著　者　高木勲
発行者　谷村勇輔
発行所　ブイツーソリューション
〒466-0848 名古屋市昭和区長戸町4-40
TEL：052-799-7391 / FAX：052-799-7984
発売元　星雲社（共同出版社・流通責任出版社）
〒112-0005 東京都文京区水道1-3-30
TEL：03-3868-3275 / FAX：03-3868-6588
印刷所　シナノパブリッシングプレス

万一、落丁乱丁のある場合は送料当社負担でお取替えいたします。
ブイツーソリューション宛にお送りください。
 ISBN978-4-434-26708-6

澳門 Macao
1557(P)
アパリ Aparri〔大港〕
カガヤン
Cagayan
ルソン〔呂宋〕Luzon
1570(Sp)
洋
南
海
(南
シ
ナ
フィリッピン
Philippines
1564(Sp)
マニラ
Manila
1571(Sp)
パネイ
班隘
ミンダナオ〔魍根礁老〕
Mindanao
1596(Sp)
1596
ザンボアンガ
Zamboanga
スルー
蘇祿
テルナテ Ternate
1521(P),
1606(D)
チドール Tidore
1522(Sp)
ジロロ
Jilolo
1521(Sp)
ブルネイ
文萊
Burnei
メナド Menado
1677まで(Sp)
バチャン
Batian
モルッカ(香料)諸島
Moluccas
テ
ル
ナ
テ
王
国
K. OF TERNATE
ネオ〔淳泥〕
neo
セラム
Ceram
セレベス Celebes
1635(D)
バンジェルマシン
Banjermasin
アンボイナ
Amboina
1605(D)
バンダ
Banda
1602(D)
国 K. OF MATARAM
タ Suracarta
1586~1755
チモール Timor
1612(D)
国
バリ Bali
ビマ Bima
ヨクジャカルタ)
13
10°
14
0°
15
10°
16
R
130°
S

13世紀末大元は連邦化

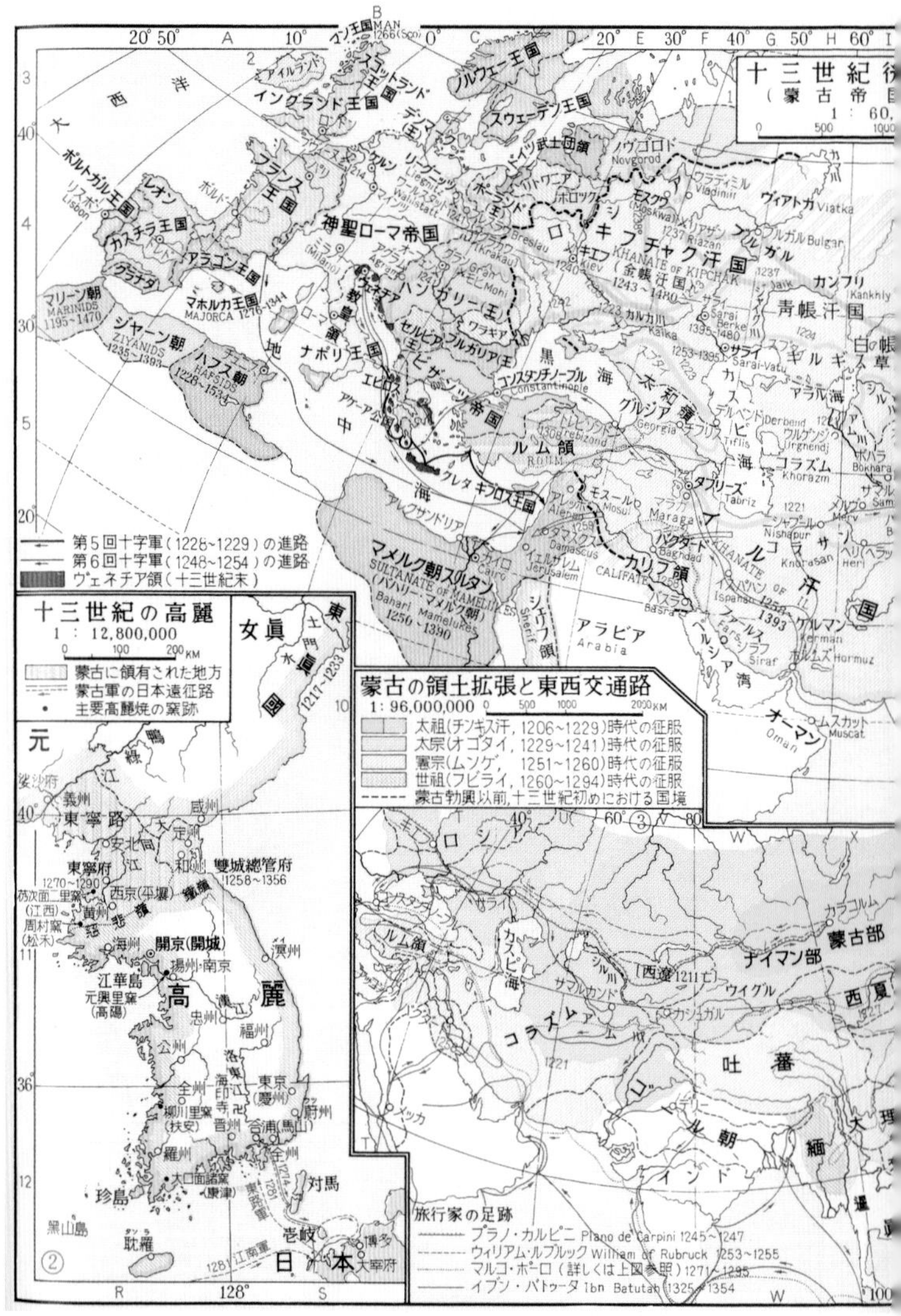

出典©亀井高孝、三上次男、林健太郎、堀米庸三
『世界史年表・地図』（吉川弘文館 2004年4月刊）

27

十三世紀の世界（蒙古帝国）

㉞16・17世紀アジアの東南アジア部分拡大図
赤印（日本人町）赤中白印（日本人在住地）

出典©亀井高孝、三上次男、林健太郎、堀米庸三
『世界史年表・地図』（吉川弘文館 2004年4月刊）